世界歷史有一套之

後發先至的美利堅 上

世界歷史很精彩· 世界歷史可以寫得很好看

楊白勞◆著

目錄

造一個草原
造一個草原
要一株苜蓿加一隻蜜蜂
一株苜蓿 一隻蜜蜂
再加一個夢
要是蜜蜂少
光有夢也成

——埃米莉·狄更生

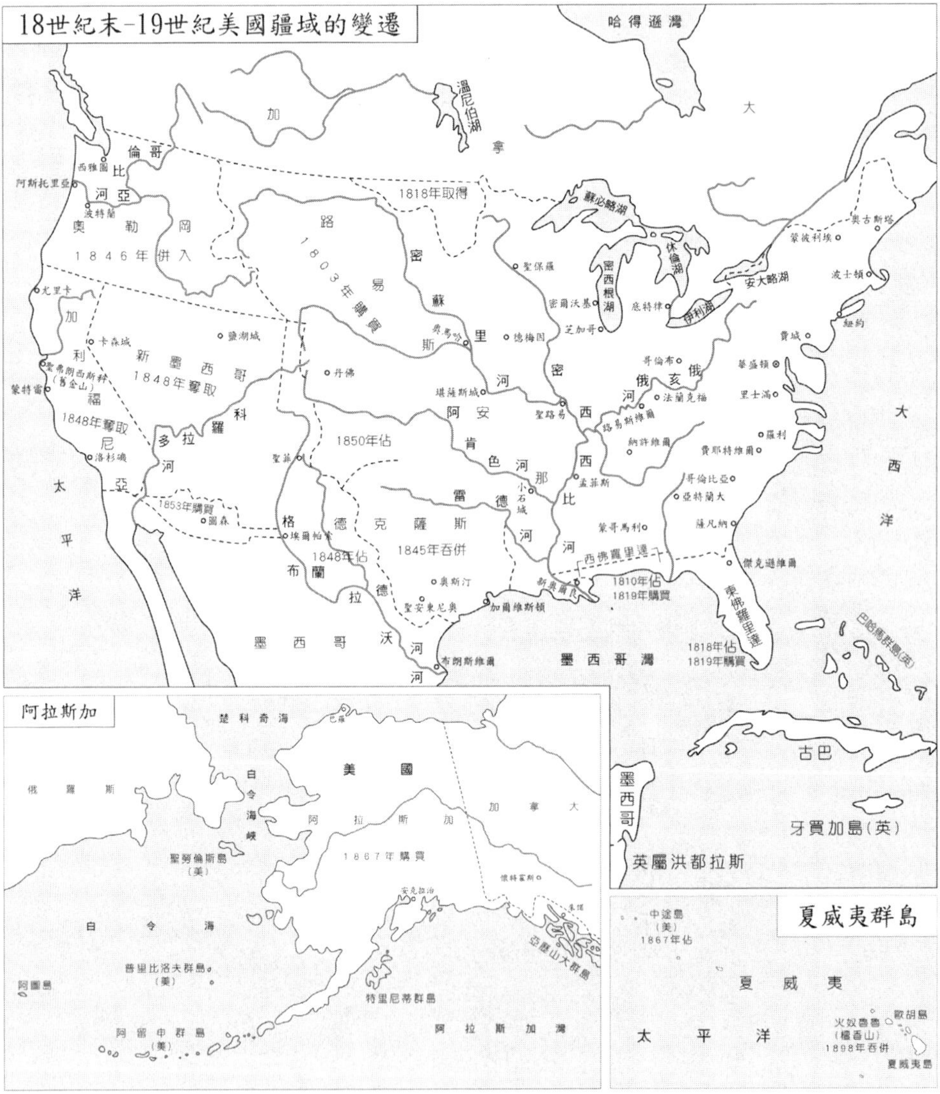
18世紀末-19世紀美國疆域的變遷
哈得遜灣
溫尼伯湖
加
拿
大
1818年取得
蘇必略湖
密西根湖
休倫湖
安大略湖
伊利湖
倫哥
比
河亞
西雅圖
阿斯托里亞
波特蘭
奧勒岡
1846年併入
路易斯安那
1803年購買
密蘇里河
聖保羅
密爾沃基
芝加哥
底特律
德梅因
奧馬哈
堪薩斯城
聖路易
密西西比河
俄亥俄河
哥倫布
法蘭克福
路易斯維爾
納許維爾
奧古斯塔
蒙彼利埃
波士頓
紐約
費城
華盛頓
里士滿
羅利
費耶特維爾
哥倫比亞
亞特蘭大
蒙哥馬利
孟菲斯
小石城
塔拉哈西
傑克遜維爾
東佛羅里達
1818年佔
1819年購買
西佛羅里達
1810年佔
1819年購買
新奧爾良
鹽湖城
卡森城
新墨西哥
1848年奪取
丹佛
科羅拉多河
加利福尼亞
1848年奪取
尤里卡
舊金山
蒙特雷
洛杉磯
1850年佔
聖菲
阿肯色河
雷德河
1853年購買
圖森
埃爾帕索
德克薩斯
1845年吞併
1848年佔
格蘭德河
奧斯汀
聖安東尼奧
加爾維斯頓
布朗斯維爾
墨西哥
沃河
墨西哥灣
太平洋
大西洋
巴哈馬群島(英)
古巴
牙買加島(英)
墨西哥
英屬洪都拉斯
阿拉斯加
楚科奇海
巴羅
俄羅斯
白令海峽
美國
阿拉斯加
1867年購買
加拿大
聖勞倫斯島
(美)
費爾班克斯
安克拉治
朱諾
白令海
普里比洛夫群島
(美)
亞歷山大群島
阿圖島
特里尼蒂群島
阿留申群島
(美)
阿拉斯加灣
夏威夷群島
中途島
(美)
1867年佔
夏威夷
太平洋
歐胡島
火奴魯魯
(檀香山)
1898年吞併
夏威夷島

一、新大陸

舌尖上的旅程

說美國歷史肯定要從哥倫布開始，而說哥倫布，要從「吃」說起。

先給大家介紹一種叫「十三香」的東西，十三種香料的混合物。稍有烹飪知識的人都知道，在烹調肉類的時候，如果不放入生薑、桂皮、丁香、胡椒之類的東西，那肉味肯定不讓人開胃。中國人將這些香料按一定比例組合，根據烹飪的食材不同，適量投入，打造出一個「舌尖上的中國」。

歐洲人比咱家人晚熟，老蠻夷，能吃飽就不錯了，對食物的品質沒品味沒追求，也種不出花樣繁多的五穀雜糧。農業主流就是捕魚或者養牲畜，在寒冷的歐洲北部地方，越冬時牲畜沒有飼料，只能全部殺掉，殺完後如何儲存肉類可成了問題了。沿海國家不缺鹽，可以醃成鹹肉鹹魚。仕巨長的一個歷史時期內，歐洲蠻夷只有一種調味品，那就是鹽。他們難道不知道有肉桂丁香之類的東西可以提升食物的味道嗎？知道，可他們買不起。

歐洲不產香料，自古以來，上述說到的十三香大都產自印度、中國或者其他東南亞國家。隨著絲綢之路，還有一個叫馬可波羅的人自稱在中國生活了幾年，「編了」一本遊記（歷史學家對馬可波羅的中國之行一直抱有懷疑），東方便向西方敞開一扇華麗的窗戶，模樣各異的香料發散著讓歐洲人瘋狂的奇香。

香料的功能很強大：能讓肉類的味道更鮮美，還可以對食物防腐，延長肉類的保存時間；歐洲人喜歡釀葡萄酒，在沒有玻璃瓶分裝的時代，紅酒桶一開封，如果不及時喝完，剩下的液體很快變身為醋，適當加入香料，就可以掩蓋酒漿變質的味道；而眾所周知，幾乎所有的香料都有一定的藥用價值……

根據「吃飯是為了活著，活著也可以為吃飯」這個普世真理，香料幾乎是歐洲人不可或缺的生活必須品。於是，從東方到西方的香料貿易，又是一項日進斗金的生意。在其中轉手的阿拉伯人為了壟斷，一邊賣香料，一邊滿嘴跑舌頭編瞎話。一度歐洲人都認為這些神奇的香料是長在神祕的仙島，島上有噴火龍或者巨型蝙蝠等各種怪獸把守，阿拉伯人搞點兒胡椒豆蔻，隨時要變身為奧特曼，經歷九死一生的戰鬥，於是歐洲人傻兮兮地願意支付巨款購買，讓香料的價格在歐洲比黃金還貴，是奢侈品中的奢侈品。歷史上，為了香料貿易，還發生過數次規模不小的戰爭。

不管是編瞎話還是哄抬物價，阿拉伯人在中世紀之前，基本還是能保障歐洲上流有錢人的需要，價格雖然貴，供應尚可持續。進入十二至十三世紀後，因為蒙古人和土耳其人的征伐，尤其是一四五三年，君士坦丁堡陷落後，東西貿易的陸上通道基本就斷絕了。

陸路不通就下海吧，香料從南亞下水航行過阿拉伯海，經荷莫茲海峽或者亞丁灣到達埃及，埃及的亞歷山大港就成為香料進入歐洲的中轉站。《羅馬帝國睡著了》中說過，在東羅馬死亡或者即將死亡的那幾年，整個地中海是被義大利的幾個航海共和國控制的，威尼斯把主要競爭對手揍了一遍，從此便獨家壟斷了從亞歷山大港將香料接進歐洲的暴利生意，威尼斯人日進斗金了。

看威尼斯一個小破國家，因為有幾條破船，就這麼得瑟，其他歐洲人鬱悶啊。好在呢，古希臘時代就有個叫畢達哥拉斯的人，他提出我們生存的這片土地啊，其實是個圓球，我們全都像動物園的狗熊一樣，每天拼命踩著腳下的球等著別人喝采呢。隨著科技的發展，越來越多的資料顯示，我們生活的世界真是個球。於是乎，聰明的歐洲人就想：威尼斯人算個球啊，我們如果西出大西洋並一直向西，只要地球真是圓的，肯定可以找到那個傳說中的，有各種怪獸把守的香料之地，為歐洲人帶來高品質的生活。

聽著真有點兒扯，可是，這的確就是十五至十六世紀那個波瀾壯闊的大航海時代的重要背景之一，為了香料，也為了國際貿易日漸增加，歐洲大陸日漸枯竭的金銀礦藏。

好了，請出男主人公吧，他生於義大利的熱那亞，他應該有個曾用名，不過我們還是按習慣叫他哥倫布好了。

哥倫布生於一個還算體面的織布商家庭，顯然他的興趣不在織布上，他從小就表現出非凡的航海天賦和過硬的身體素質，他最重要的一項特質是：他篤信地球是圓的，篤信不管他航行到哪個天涯海角，他都不會突然剎不住船從大地邊緣墜落到不知道什麼樣的空間裡去。

膽大身體好有技術，要出海，他只剩贊助人了，這種漫無目的、行蹤無著的旅程就是一場豪賭，哥倫布需要賭本。當時哥倫布第一個想到的，就是葡萄牙王室。

眾所周知，是葡萄牙吹響了出征大洋的號角，這個伊比利半島上的彈丸小國，第一個衝出了歐洲大陸，率先建立了強大的殖民霸權，為歐洲人打開了新的想像空間。彈丸小國之所以有如此遠大的追求，源自葡萄牙歷史上最著名的一位王子，被稱為「航海者」的亨利王子。

從七世紀開始，伊比利亞半島的日子並不好過，來自北非的穆斯林（在當時被稱為「摩爾人」）征服了半島大部分地區，要不是遭遇法蘭克王國著名宮相查理·馬特的阻攔，摩爾人已經進入了歐洲腹地（參看《德意志是鐵打的》第二章）。

伊比利半島上的基督徒高呼著「收復失地」的聖戰口號，跟摩爾人你來我往戰鬥了幾百年，終於將摩爾人的勢力壓縮在南部一帶。在戰爭中半島上逐漸成型壯大的基督教國家，就是後來的西班牙和葡萄牙。一看葡萄牙這種憋憋屈屈的地圖形態，不用查歷史書，我們猜都能猜到，葡萄牙肯定是西班牙中分裂獨立出來的。

葡萄牙獨立後，只有狹長的一條沿海土地，除了大海幾乎一無所有，而因為獨立時的羅馬教皇有訓示，葡萄牙不敢向自己的原宗主——西班牙隨便叫板，他家如果想尋找資源，增加財富，擴充實力，拍教皇馬屁，只能對南方的摩爾人下手。

以當時葡萄牙的實力，對摩爾人下手可不能光憑膽子大就行了，葡萄牙人聽說，地中海對岸的非洲，可能有信仰基督教的政權，他們就考慮，要到非洲大陸去，尋找盟友，兩頭夾擊摩爾人。於是，葡萄牙就找離他們最近的非洲海岸動手了，他們的目標是摩洛哥的休達。

一四一五年，葡萄牙國王帶著自己的三兒子亨利，突然進攻摩洛哥的休達城，一天之內就佔領了這個城市。休達城現在叫做塞卜達，在地圖上非常好找，因為它正好是直布羅陀海峽的南岸，扼住地中海進入大西洋的咽喉。

休達之戰幾乎可以說是歐洲人對外殖民的開始，而葡萄牙王子亨利也一戰成名。根據那個時代騎士王子的特點，此時的亨利應該披掛甲冑，直入非洲大陸開始凱撒一樣的征伐。可亨利王子愛好比較特殊，他不喜歡陸地，他更看重大海，他早先癡迷於古希臘學者各種地理著作的閱讀，他對航行海上探尋那些未知的大陸更有興趣。

亨利王子回到葡萄牙，他已經定下了通過海洋征服大陸的發展思路，建立了航海學校，重點發展海軍，建設艦隊，系統培養航海需要的各種人才。

葡萄牙帝國就是這樣崛起的。一四一八年開始，葡萄牙的海船開始沿非洲西岸南下，亞速群島、馬德拉群島、迦納利群島被陸續收入葡萄牙的版圖。而在非洲大陸上，葡萄牙人的收穫也讓人眼紅。

剛開始葡萄牙的船隊並沒找到希望中的黃金、香料或是去印度的航線，葡萄牙人只好隨手抓幾個黑人賣到歐洲去當奴隸，居然收益很不錯，如此一來，就開創了讓歐洲人臭名昭著的奴隸貿易。後來，隨著對非洲西岸探險的深入，富饒的非洲被迫向殖民者張開了懷抱，在迦納，葡萄牙人發現了黃金；在象牙海岸，有名貴的象牙，這就是我們熟悉的黃金海岸、象牙海岸……

葡萄牙人一邊探險一邊建立相應的貿易點並發展為殖民地，亨利王子一四六〇年去世時，葡萄牙的船隊已經抵近赤道。在隨後的三十年裡，葡萄牙的航海家繼續南行，終於讓好望角出現在歐洲人驚歎的視線中，而當葡萄牙人繞過好望角尋到了大西洋到印度洋的通道時，也宣告阿拉伯人壟斷亞歐貿易時代的終結，葡萄牙這樣一個彈丸大的農業小國，因此躍升為歐洲最富有的殖民帝國！

出發

都知道葡萄牙王室是最看重航海和探險的，哥倫布想開闢新的航道尋找新的機會，自然先想到遊說亨利王子。可對亨利王子來說，去往印度的航道，早就不算是世界之謎了，根據他的計算，他一直致力於開發的非洲西海岸一路南行的航線，肯定是從歐洲到印度的最短路徑，有人想到大西洋以西去找印度，純屬閒得無聊，可以無視。

哥倫布在各個航海國家遊說，推銷他的西行計畫，沒人搭理他，男人們都有自己的主意和見解，不容易被人忽悠，哥倫布只好去忽悠女人。

不是容易被忽悠的女人都是蠢女人，哥倫布忽悠成功的這位，在整個地球人類的發展史上，都算是數的著的頂尖女人，她就是伊莎貝拉一世。

伊比利半島上對摩爾人「收復失地」的運動中，早期產生了大量基督教小國，老楊在之前的幾本書中都介紹過，比如納瓦爾王國、阿拉貢王國、卡斯提亞王國等等。到了十五世紀，根據各種聯姻、內耗或者是整合，伊比利半島實力最強的基督教國家就是卡斯提亞王國和阿拉貢王國，而葡萄牙正是從卡斯提亞王國中分裂出來的。

伊莎貝拉是卡斯提亞王國的公主，她的國王哥哥本想讓她嫁入葡萄牙王室，這個頭腦清晰志向遠大的女子為自己選擇了阿拉貢王國的繼承人。在國王哥哥死後，通過跟自己侄女的一場內戰，伊莎貝拉取得了卡斯提亞王國的王位，成為伊莎貝拉一世女王。不久，她的丈夫繼承了阿拉貢王國，兩口子成為兩個國家的共治國王，雖然看起來這兩個公司還是各有各的經營，其實已經可以認為是正式合併了。

合併後的國家也就是早期的西班牙，女王兩口子的主要工作就是向伊比利半島上的摩爾人發起最後的攻擊，打響了綿延七百年的「收復失地運動」的收官戰，一四九二年，摩爾人在半島北部的小國被消滅，西班牙大致統一了半島。

就在伊莎貝拉一世跟摩爾人激戰時，她收到了哥倫布的遠航計畫書。睿智的女王一眼就看出了這場冒險的價值。只是，戰中的西班牙並不富裕，全部的資源要用來打仗。伊莎貝拉一世於是將哥倫布留在西班牙，按月支薪水養著，只等著自己手頭一寬綽，就讓這個義大利人派上用場。

整個戰中，女王兩次宣哥倫布到前線見駕，就為跟他討論出海事宜。當時大部分的西班牙貴族都覺得女王被忽悠了，這個義大利騙子肯定會讓女王血本無歸，女王力排眾議，堅持了自己的態度。戰爭勝利後，女王變賣了自己的首飾，借貸了一筆款項，勉強湊齊了哥倫布的旅費，配置了三艘船隻和八十多名各種人員。

一四九二年八月三日，船隊從西班牙的帕洛斯港出發，哥倫布隨身攜帶了一封女王給中國皇帝的書信，也攜帶著女王滿滿的期望。

因為對哥倫布的資助，西班牙的伊莎貝拉一世女王在世界女王排行榜上地位頗高，其實這位女王也算我們的老熟人了，她有兩個我們認識了很久的閨女，一個是著名的瘋女胡安娜，生下了神聖羅馬帝國最鼎盛時的皇帝查理五世；另一個是英王亨利八世的原配王后凱薩琳，因為她堅持不跟亨利八世離婚，導致了轟轟烈烈的英國宗教改革運動。（參看《德意志是鐵打的》和《老大的英帝國》）。

一四九二年，西班牙女王自己並不知道，她的信如果沒有跑偏，應該是被明朝的孝宗皇帝朱佑樘讀到。在咱家大明的十六位帝王中，孝宗是數得著的好皇帝，他臨朝的十七年被稱為「弘治中興」，是大明近三百年歷史上最和諧昌明的一段歲月。而朱佑樘同學在中國兩千年帝王史上形象最健康的一點就是：這位同學是中國皇帝中唯一堅持一夫一妻過了一輩子的，除了自己的皇后，孝宗皇帝沒有冊封任何後宮的嬪妃，該同學是中國史上私生活最檢點的帝王。

作風純良的朱皇上，就算他知道有個金髮碧眼的外國女王正不遠萬里給他送信來，相信他也不會爬上紫禁城的屋頂，天天望穿雙眼翹首企盼。

而哥倫布一往情深的目標——印度呢？此時的印度正是混亂而分裂的德里蘇丹王朝後期，壯麗的莫臥爾王朝的開創者正預備南下，將四分五裂的印度一舉攻陷呢，所以，他家更沒心思迎接不知道哪裡來的船隊了。

哥倫布這個夥計不懂禮數，去人家串門也不先打招呼，不告而訪還不認識路，所以只好在大西洋裡亂竄。大西洋倒是懂禮數的，這麼大一池子水，驚濤駭浪也好，風平浪靜也好，都有一定的規矩，會形成規律的洋流，只要不觸礁翻船或者餓死，亂竄的船隻總會被送到各處陸地上。

冠名權

一四九二年出發的第一次遠航，哥倫布帶領著三艘船和八十多名船員，經過十個星期看不到希望的漂泊，在所有人頻臨崩潰，水手即將譁變時，加勒比海上的巴哈馬群島在晨曦中向哥倫布張開了懷抱。懷著各種激動，哥倫布隆重其事盛裝登陸了一個小島，根據出發前與西班牙國王的協議，哥倫布代表王室佔領他到達的土地，他將是所有新土地的總督或者省長。於是哥倫布自說白話地找片空地，插上十字旗，宣布這個島為西班牙所有，他將之取名為聖薩爾瓦多。

成功讓哥倫布欣喜若狂，他留下部分人駐守小島，抓上幾個懵懵懂懂的當地人返回了西班牙。他堅稱自己到了東印度群島，抓來這些膚色曖昧傢伙，顯然是印度人，「印第安人」這個稀里糊塗的稱謂就坐實了。

更欣喜若狂的是西班牙國王兩口子，既然中了六合彩，就趕緊去兌錢啊。哥倫布回家半年後，他又被打發出門了，這一次，他帶領十七艘船，一千五百多號人，還有牲畜、農具、種子等過日子的傢伙，顯然預備讓西班牙人去新的土地落地生根，當然更重要的是把當地的金銀財寶盡快搞回西班牙。

這一次，哥倫布到達了海地，放下西班牙人，這裡就成為了西班牙的殖民地。當地土著印第安人除了被強加一個莫名其妙的名字，還莫名其妙地從世外桃源的閒居生活一頭栽進地獄，成了西班牙殖民者的奴隸，哥倫比一手開創了印第安人的奴隸貿易。

哥倫布擁有西班牙國王承諾的對新土地的管理權，可這傢伙真沒什麼管理才能，新殖民地亂糟糟的，尤其是他自己還要關心於更重要的事：都到了東印度群島了，印度怎麼還找不到呢？

第三次遠征繼續，哥倫布從委內瑞拉踏上了南美大陸，這一次他有點兒覺悟了，因為委內瑞拉境內有大型的淡水河流，說明這裡不光是個群島區，還應該有一片大型陸地。

佔領的土地越來越多，哥倫布的控制能力毫無提高，這些西班牙的殖民地總處於內訌中，似乎經濟效益也沒有到達西班牙國王的預期，不爽之下，哥倫布被押回西班牙解釋，最後雖然被釋放，卻失去了對他找到的那些土地的管理權力。

哥倫布明白，他的處境一定要在找到印度後才能改善，一五〇二年，他第四次出發，終於達到了巴拿馬的達連灣。他猜想，印度一定就在隔壁，只要穿過巴拿馬地峽妥妥地能找著，可惜他過不去，只好折回。

他需要西班牙國王更多的支援，給他更大的權力，他聲稱自己已經觸摸到了遠東的邊界，再走一步，就成功了。西班牙國王兩口子已經認定這廝不靠譜，不跟他玩了，兩年後，哥倫布在貧病交加中死去，死不瞑目。

十六世紀，遠東地區對於歐洲已經不算神祕之境，很多文獻資料、小道傳聞、地方特產能顯示出遠東的諸多特點，哥倫布到達的大陸，他的所見所聞跟之前的亞洲印象並不雷同，他為什麼非要死心眼地認定他到的是印度呢？

讀死書讀壞了。大航海時代之前，歐洲有本被封為圭臬的地理學巨著《地理學入門》，西元一百年前後的托勒密著作。出生於埃及的托勒密被認為是古希臘天文學和地理學界的大拿，主宰了人類很久的「地心說」也是他的理論。

這本書闡明了地球是圓的，圓形就有周長，只是托勒密的測量似乎出了問題，現在我們都知道，地球的周長大約是四萬公里，而托勒密的資料，少了近四分之一。自稱在亞洲混得風生水起的馬可波羅，遛達了一圈後，自以為是地把亞洲大陸估計得過寬，哥倫布在家一計算，從歐洲向西到遠東的日本，距離真不遠，所以，他堅信，他發現的就是東印度群島。而其實在葡萄牙人開始沿非洲探尋印度時，他們就開始質疑，托勒密的資料不準確了。

在哥倫布第一次遠航返回西班牙時，他受到了特別的禮遇，稍微對航海有點熱情的人，都視其為偶像。在西班牙的一個專為遠洋船隻供應設備、儀表和配套設施的商行裡，一位來自義大利佛羅倫斯的普通經紀，認識了哥倫布這位義大利的同鄉英雄。

經紀叫做亞美利哥・韋斯普奇。十五世紀出生在佛羅倫斯的人，如果有一份體面的職業，一般都有很好的出身，受過系統的教育。

亞美利哥對哥倫布的經歷很神往，他也有條件出去走走，最重要的是，亞美利哥不迷信權威，不管是托勒密還是哥倫布，總要自己親眼看過才知道到底是怎麼回事。於是，他登上了葡萄牙探險隊的船隻，去到了哥倫布找到的「印度」。

根據有爭議的記載，亞美利哥也進行了四次遠航，並在巴西登上大陸，發現了亞馬遜河口。亞美利哥詳細描述了他的遠航見聞和當地的風景、物產、人情等，形成了非常有價值的文獻。而他經過分析後確認，亞洲大陸不可能延伸到這麼南端，既然當地的風物如此新鮮，聞所未聞，可見這是一片歐洲人尚不知曉的新大陸，托勒密認為地球上只有亞、歐、非三個洲的說法不對，而如果這真是一片「新大陸」，那麼這片大陸與哥倫布朝思暮想的印度之間，應該有一片大洋。

亞美利哥的「新大陸」理論公開發表後，讓歐洲人很震動，而很多學者也意識到，似乎只有「新大陸」這個說法，能解釋那片神祕的大陸。一五〇七年，當時一位德國學者重新整理世界地圖時，這塊新發現的大陸，就被命名為亞美利加州。

對於美洲大陸沒有用哥倫布來命名，很多人覺得很冤，認為亞美利哥是佔了個便宜。凡事總有個因果。同樣是四次遠航，哥倫布和亞美利哥的動機完全不同。哥倫布大費周章說服了西班牙國王，讓他有機會出海，他並沒有本著科學探尋的目的，他最大的目標是遠東的金銀和香料，事實屢屢給他打擊，他還死不改口，很可能是礙於顏面。他忙乎了半天，西班牙國王在家望眼欲穿，如果不是印度，西班牙王室的臉面呢？所有的費用找誰報銷呢？在古巴登陸時，哥倫布要求全體手下宣誓，眾口一詞，腳下的土地是中國的一部分，而不是一個不知道什麼來歷的小島，不接受他說法的，要受一百鞭子。存著這種偏執的念頭，哥倫布根本不會擦亮雙眼好好了解探究他發現的土地，他也絕對不會接受這是一片「新大陸」的說法。

亞美利哥不同，他是作為導航員上船的，目的地的經濟效益能收穫的並不多，他反而可以放下所有的功利心，以一個科學客觀的眼光發現新的東西。所以同樣是四次航行，哥倫布越混越衰，而亞美利哥因為帶回了大量翔實的介紹文字，逐漸被歐洲的地理學界認識，並引起重視，最後取得了美洲的冠名權。當然，我們不能因此質疑哥倫布的偉大成就。

二、誰能在此立足

哥倫布猜想只要穿過巴拿馬地峽就是日本，亞美利哥認為穿過巴拿馬地峽應該會看見一片大洋。實踐是檢驗真理的唯一方式，一五一三年西班牙人巴斯克·德巴爾沃亞穿過了巴拿馬地峽，他驚歎，原來還有這麼大一池子水，過去的幾千年，歐洲人宅在家裡研究天文地理，居然完全不曉得！

這一大池子水當然就是太平洋，名字來源於麥哲倫。西班牙國王不待見哥倫布了，但對美洲土地的野心是按捺不住的，他們繼續贊助有潛力的航海家。麥哲倫就是在西班牙國王的支持下，勇敢地航行到了美洲的最南端，穿越了暴風驟雨的海峽，進入了大洋。他穿越的海峽，從此就用他的名字命名為麥哲倫海峽，而經過海峽的風暴，等候他們的大洋顯得如此平靜，所以，麥哲倫將之命名為太平洋。

歐洲的航海家終於繞地球一圈後，新大陸被證實了。到十六世紀中葉，西班牙人沿新大陸海岸向北方漫溯，一直走到了現在美國的奧勒岡州和加拿大的拉布拉多一帶。西班牙人爽了，既然是新大陸，誰先搶到算誰的，我家哥倫布發現的，當然是西班牙的。西班牙宣布他家擁有整個新大陸，葡萄牙當然不幹，兄弟倆爭得厲害，逼得羅馬教皇出面給兩家定條約，劃地盤，不過，隨著西班牙實力漸長，他獨吞美洲之心，似乎誰也攔不住了。其後的近百年，西班牙在南美建立了龐大的海外帝國，運回本土大量的金銀財富，讓西班牙成為地球上第一個日不落帝國。

西班牙在新大陸這麼張狂，歐洲其他的國家只能乾瞪眼看著嗎？當然不是，法國、英國、荷蘭這幾個有條件出大洋溜達的國家，哪個都沒坐視。

在美洲站穩後，西班牙的船隻往來如梭，將殖民地上的財富運回老家。看得眼熱的英國和荷蘭，選擇了最省事的辦法，就是直接在海上打劫商船。有個英國海盜船長德雷克，親自完成了環球航行（麥哲倫死在半路了），不僅讓自己命名的海峽留在地圖上，還打劫了西班牙的南美殖民地，劫掠了西班牙商船，回到英國，被英國女王授予騎士。

德雷克的成功太勵志了，英國人三觀盡毀，都認為當海盜是極光榮的事業，從此不少英國年輕人，踏上了出海玩命的人生道路，西班牙的船隻就成了這幫亡命之徒的眼中肥肉。

西班牙終於被惹毛了，一五八八年，一百三十多艘西班牙戰艦，組成著名的「無敵艦隊」浩浩蕩蕩地殺向英國的西南海岸，預備一次將英國人打服，讓他們永遠不敢再騷擾西班牙發財。

這場海戰的情況在《老大的英帝國》中描述過了，無敵艦隊遭遇了意想不到的慘敗，幾乎全軍覆沒，英國人的損失可以忽略不計。此戰後，江湖態勢立時逆轉，從此大英帝國熠熠上升，西班牙帝國暗淡褪色。

海戰的失敗，不僅讓西班牙失去了江湖地位，更重要的是失去了所有的威風，全歐洲都知道這傢伙並不是不可戰勝的，所以，新大陸不再是被西班牙罩住的禁地，所有人都可以去分一杯羹！

一六〇三年，法國人尚普蘭隨著一群皮毛商到達了北美，在對北美的大西洋沿岸考察一圈後，一六〇八年他在魁北克角登陸，建立了針對印第安人的防禦堡壘，最後成了法屬的永久殖民地，也就是現在加拿大魁北克市的前身。

一六〇八年，英國人亨利・哈德遜在荷蘭的支持下，也來到了北美，並登陸沿著一條大河航行了很久，他堅信，這條水道能把他帶到太平洋去。這條大河，後來就用他的名字命名為哈德遜河。雖然哈德遜河沒將荷蘭人帶到太平洋，但荷蘭的勢力就在紐約周邊生根了。跟當時的法國人一樣，主要的貿易是皮毛，這些皮毛貿易點漸成氣候後，佔據了現在的曼哈頓島，並建立了一個新的城市，新阿姆斯特丹。

英國人呢，他們更早。大約在一四九七年，也就是哥倫布的第二次和第三次航行之間，英國人就到了北美洲的東北海岸，雖然英王對這些探險家涉獵之地都宣布擁有主權，可建立一個實在的殖民地似乎都沒有成功。

十六世紀晚期，有個叫瑞雷的投機客，在現在的美國大西洋沿岸轉了一圈，抓了兩個印第安人回到英國。根據瑞雷的調查走訪，現在北卡羅萊納州北部的這一片，似乎是塊風水寶地。瑞雷趕緊跟女王要求，將這塊土地命名為維吉尼亞，他將代表女王去實現佔領。伊莉莎白一世女王對於自己的名字用於北美殖民地沒意見，但對投資瑞雷就沒有興趣，瑞雷只好自籌資金出發了。

女王的眼光是敏銳的，瑞雷的探險隊雖然成功地抵達了「維吉尼亞」，但這些人並沒有在此安居立足，英倫的第一批美洲移民幾年後神祕地消失了，有人說是被附近的印第安人滅了，也有人說，他們是集體皈依了印第安的部落，後來，在維吉尼亞一帶的印第安部落中，出現灰色眼睛的一群人，他們很可能是最早的「美國人」了。

雖然很艱險，英國人還是跟國王要求殖民地探險的權益。到英王詹姆士一世時，頒布新的特許狀，來自倫敦的商人們再次向維吉尼亞地區進發。

一六〇七年，一百零四名英國人進入切薩皮克灣，為了防止被印第安人襲擊，他們深入內地，找個密林環繞，地勢低窪，潮濕悶熱，特別不適合人類居住的地方安營紮寨，並命名為詹姆士敦（Jamestown），是英國在新大陸的第一個殖民地。

三、墾荒記

風中奇緣

有個詞彙叫「歐洲中心主義」，顧名思義，就是世界上所有的事都從歐洲人的角度出發，以他們的視角解讀，西方人認為歐洲文明高於其他地區，必將是主宰。所以，歐洲向外殖民是有道理的，所以，就有了所謂哥倫布發現新大陸這個說法。

哥倫布發現或者不發現美洲，那片大陸早就在那裡，不悲不喜，生靈不息。我們公認印第安人是美洲大陸的原住民，這個說法其實不準確。根據達爾文的理論，如果人類是猴子進化的，那所謂原住民就應該是本地猴子變化的結果，印第安人跟美洲大陸的猴子們沒有親緣關係。

現有資料對印第安人的來歷似乎沒有定論，說哪裡的都有，尤其是印第安人膚色曖昧，長相還不好分類。比較多人認可的是，歐亞大陸的獵人們從白令海峽到阿拉斯加一帶狩獵。遠古時期天氣惡寒，白令海峽是一片陸地，很容易就從歐洲串門到美洲去。隨著地球變暖，陸地消失了，獵人們回不去，就留下繁衍並跟隨飛鳥季節一路向南，出現了所謂的「美洲土著」——印第安人。

礙於本書的篇幅，印第安人歷史，老楊將放在南美卷時詳說。這個創造了燦爛文明的族群，在科技文化發展方面，有點兒偏科，封閉在另一個半球的生活，也讓他們看起來雄壯的體格不堪一擊。歐洲人堅船利炮還攜帶著肺結核天花之類的病毒，常規武器加生化武器完美配合登陸時，印第安部族和印第安文化就一觸即潰了。

歐洲的探險家們普遍個人素質不高，在他們眼中，裸著大半個身子靠狩獵打魚為生的棕色人群就是蠻夷，如果自己的武力高出對手無數倍，在搶對方東西的時候，大可不必講究紳士或者騎士風度。雖然也有資料顯示，早先到達美洲大陸的白人，受到了印第安人客氣的款待，雙方還進行了友好的物物交換，但主旋律，最多的時候裡，雙方還是殘忍地互相殺掠。

印第安人以部族為單位生活，種類繁多，只能是以居住相鄰使用同一種語言來區分了。比如莫名其妙就成了英國殖民地的維吉尼亞一帶，這裡大約有三十個部落，他們屬於阿爾岡琴語系，組成聯盟，推舉了某位酋長為聯盟老大，叫波瓦坦，那這一片印第安群落，我們叫它波瓦坦族了。

回到一六〇七年的詹姆士敦，英國人伐木修寨子，建起了自己的居住地，豎起幾米高的柵欄，防範印第安人。可自然環境比印第安人凶險，還無可防備。英國人選擇的新家園，是個沼澤地帶，沒物產，也種不出食物，倒是夏天蚊蟲毒瘴，冬天惡寒刺骨一樣不缺，第二年，英國人就死剩了一半，直到約翰・史密斯被推舉為詹姆士敦最高行政長官後，驚人的死亡率才得以控制。

說到約翰・史密斯，自然會聯想到美國迪士尼公司在一九九五年出品的一部動畫片《風中奇緣》，片中那位金髮碧眼，健壯俊朗的男主角，就是約翰・史密斯，而這部經典迪士尼電影，的確是演繹自真實的歷史。

約翰作為雇傭軍隨船到達新大陸，倫敦公司許諾他可以獲得殖民地管理部門的某個職位。作為軍人，尤其是曾參與過和土耳其這樣的「異邦」作戰的軍人，約翰比其他的探險者，似乎更容易適應環境。可因為他不服管束，航行中，他一直被羈押，下地後，他也只能從事繪製地圖之類的工作。

一六〇七年底，約翰在深入探險中，被波瓦坦部落擒獲。一個白人獵物，著實讓印第安人興奮了一把。波瓦坦將約翰示眾展覽後，要將其當作祭品殺死。正當約翰的頭被按在懸崖邊的巨石上，波瓦坦預備用木棒將其腦殼打裂時，一位「風一般的女子」不知道從哪裡衝出來，將約翰的頭抱在懷裡。

這是《風中奇緣》的畫面，劇本是根據約翰自己的描述改編。約翰・史密斯在回到英國後，將自己的新大陸經歷著書出版，影響較大，所以約翰還被認為是美國歷史上第一作家。只要是作家，即使是寫歷史寫遊記的，都不能盡信。

保護了約翰沒被打死的「風一般的女子」叫做波卡洪塔斯，這個翻譯太土鼈，既然她已經身在迪士尼的公主序列中，我們更願意接受寶嘉康蒂這個高大上的名字。

寶嘉康蒂是波瓦坦的女兒，是他百多名兒女中的一個。說起來寶嘉康蒂是公主，可對一個衣服都穿不嚴實的部落來說，這個公主算不上是尊貴。跟睡美人、白雪公主不同，寶嘉康蒂沒有標誌長裙禮服，她的經典造型是，長髮及腰，身體半裸，林中河畔，隨風起舞，粉色的花瓣如蝴蝶在她身旁縈繞。

約翰在書中描述，他將被行刑時為寶嘉康蒂所救，電影中，更是渲染了一份沒有結果的美麗愛情。書寫的離譜，電影改編更離譜。歷史上的這一刻約翰二十八歲「高齡」，是個模樣中等的矮子，寶嘉康蒂芳齡不到十二。大叔公開覬覦蘿莉的故事盛行於二十世紀中期，《蘿莉塔》小說的發表，在十七世紀時，約翰還不敢隨便杜撰未成年的印第安公主是愛上了自己。

寶嘉康蒂救下了約翰，也讓回到詹姆士敦的約翰轉變了思路。印第安人不是不可理喻，既然兩邊一定要比鄰而居，完全可以互通有無，做個好鄰居。約翰努力學習印第安語，並與波瓦坦和他的部族建立了良好的關係，而寶嘉康蒂更成了一個友善的使者，她經常出入詹姆士敦，跟英國的男孩子們自由嬉戲，打成一片。在英國人遭遇饑荒時，善良的小公主送去食物，幫助殖民地渡過了艱難的日子。

好景不長，英國人畢竟是侵略者，必定要一步步蠶食印第安的家園。約翰在一六〇九年的一次事故中受傷回國治療後，詹姆士敦和波瓦坦的關係再次惡化。這一年，英國人遭遇新大陸最嚴酷的寒冬，所有的食物都消耗殆盡，為了存活，有人開始吃死去的親人。

就在英國人絕望中預備放棄詹姆士敦時，望眼欲穿的救援總算是來了。不僅帶來了補給，也帶來了規矩。一六一一年在殖民地新總督的統治下，一部「戴爾法典」問世，這是一部針對殖民地的法律，被稱為是「神聖的、道德的、軍事的法律」。

這是美國史上第一部法典，重點是強調不准吊兒郎當，遊手好閒，沒事幹就是犯罪。在詹姆士敦這種地方，要想找點能產生效益的事，還挺不容易的。有個叫約翰・羅爾夫的傢伙，怕因為閒著被治罪，只好挖空心思給自己找業務。

哥倫布發現新大陸之初，就發現了煙草，輸出到歐洲後，深受歡迎。雖然英政府已經宣布，煙草不是個好東西，但大家都知道，這東西，一旦沾染，戒掉太難。西班牙政府一直控制著美洲的煙草輸出，煙草種子都被小心保密，防止外傳。

羅爾夫的新業務就是種煙草，他不知道用什麼辦法搞到了煙草種子。詹姆士敦雖然鳥不生蛋，土壤還挺適合種煙草的。剛開始煙草的品種不好，羅爾夫不斷嘗試，經過各種試驗各種改良，終於種出了深受英國人歡迎的維吉尼亞煙草。到一六一六年，煙草出口，詹姆士敦總算開始有進益。

煙草種植前途大好，可種植業有兩個必須的條件，一是土地，二是人力。在新大陸，土地似乎不是問題，就是民工荒沒辦法。這時，最會做生意的荷蘭人，急顧客所急，想顧客所想，突然到訪，賣給種植園二十個黑人！

有了黑人，新大陸的種植業陡然被打開一個新的上升空間。後面的事大家都知道，源源不斷地黑人被賣到美洲為奴，奴隸貿易風生水起。

一六一九年七月三十日，隨著又有幾批人來到詹姆士敦落戶，殖民地找了個房間當作「議院」，召開了一周的議會，會議審議了《戴爾法典》，組建了上院和下院，加上一個代表國王的總督，建立了一個跟倫敦一模一樣的行政體系。

就這樣，在詹姆士敦，美利堅的初生之地，即使是那樣的簡陋破敗狼狽不堪的日子裡，吃了上頓沒下頓的英國殖民者，他們居然還認為一個議會和一部法典是必不可少的，而與這種先進的意識配套的卻是日益增加的黑奴，這個神奇的組合形態，在後來的日子裡強勁地左右著美利堅歷史的走向。

約翰・史密斯前腳剛走，後腳詹姆士敦就和波瓦坦發生了戰爭。打了幾年後，英國人設計綁架了寶嘉康蒂公主，想以她為籌碼與波瓦坦談判。談判期間很僵持，寶嘉康蒂公主毫無壓力，樂得在詹姆士敦當人質。她與所有人關係不錯，有人教她英語，有人向她傳教，那邊談判還沒有結果，這邊公主已經受洗皈依，改教名為瑞貝卡，更重要的是，她與羅爾夫相愛了。

對英印兩邊來說，這樣的結果其實不算壞事。寶嘉康蒂在英國和印第安兩邊的祝福中，成為羅爾夫夫人，印第安公主成了英國煙草種植園的老闆娘，當然也換來了婆家娘家兩邊難得的和平。

印第安公主皈依，並嫁入詹姆士敦，對以殖民為主要業務的維吉尼亞公司，是個重大利多，一定要大肆宣傳。寶嘉康蒂跟羅爾夫回到了倫敦，她的確受到了一位公主的禮遇。可不幸的是，她在美洲大陸，森林蒼翠，湖泊淨藍的環境中成長的軀體，不足以應對倫敦大都市的喧囂和骯髒，她染上了肺病，死在回美洲的船上，年僅二十二歲。

一位美麗善良的印第安公主總是有許多故事可以構造的。寶嘉康蒂作為美國家喻戶曉的人物，其文化地位，肯定是迪士尼公主系列中，最尊貴的一個，有人說她是美利堅之母，如果沒有她，英國殖民地不會存活，以後的美利堅也就無從談起了。理性地分析，不論是印第安的老男人還是英國來的老男人，他們的計畫應該不會被一個小姑娘所左右，那些年，殖民地的歲月裡，英國殖民者和印第安部落，打有打的道理，和也有和的考慮，但從寶嘉康蒂的經歷來看，英國文明尤其是基督教文明對美洲大陸的滲透力太強大了，能實現佔領的往往不是兵器的力量，而是信仰的力量。

天路

詹姆士敦磕磕絆絆總算站住了。維吉尼亞公司的廣告效果也不錯，種植園需要人工，殖民地需要人氣，新大陸會吸引更多的英國人麼？

在倫敦，關於詹姆士一世登基前後的故事，「地主」們比較了解了，從亨利八世瘋了一樣換老婆到亨八的三個孩子瘋了一樣地手足相殘，再到伊莉莎白女王殺掉自己的侄女——蘇格蘭女王瑪麗，也就是詹姆士一世的親媽，所有這些跌宕而血腥的故事，都是為了宗教，根源都是十六世紀初歐洲那場聲勢浩大，驚天動地，改變了整個世界歷史軌跡的宗教改革。

在這場如火如荼的宗教改革大潮中，英格蘭不算落後份子，也絕對不算是先進。改革後的英國國教，形式上看著有點不倫不類，號稱是跟天主教劃清了界限，可在很多繁文縟節上，還繼承並發揚著天主教的傳統，保持著自己的主教和教會。因為這種改革拖泥帶水不俐落，就讓國內產生了一批叫做清教徒的激進份子，要求深化改革，徹底清理乾淨天主教的殘餘流毒，回歸基督教的本真。激進份子也有程度之分，其中有一些覺得實在跟英國的教會無法溝通，就索性跟國教決裂，成立了自己的組織，他們按照自己對《聖經》的理解信仰上帝，這些人，就是清教徒中的分離派。

從伊莉莎白一世到詹姆士一世都清楚，英國國教的最後確立，中間有多少妥協和犧牲。清教徒嘰嘰歪歪的要求，相當影響和諧，而分離派居然叛教獨立，那更是不懂事到了極點。根據歷史經驗，殺人是解決不了這種宗教爭端的，唯一的辦法，就是讓這些分離派分離得更遠一點，既然已經從國教中分離了，索性更加從英國分離，到別的國家嘰歪去。

英國混不下去了，要堅持信仰，還能去哪裡？此時此刻，全歐洲信仰最自由，宗教環境最寬鬆的國家，就是荷蘭。

十六世紀中葉，接受了基督教加爾文宗的尼德蘭人民，開始反抗他們的宗主國——天主教的西班牙。經過一場著名的尼德蘭革命，北部地方獨立成為荷蘭，是地球上第一個資本主義的共和國。因為這個背景，可想而知，荷蘭肯定是當時歐洲在基督教信仰方面，心態比較開放，尤其是對清教徒最為寬容的國家。

英格蘭諾丁漢郡北部有個小鎮子，叫斯克羅比，十七世紀最初那幾年，這裡吸引了遠近鄉鎮一批分離派教徒，在兩位牧師的帶領下，祕密地做禮拜，堅持著他們不為國王所容也不為當時法律認可的信仰，其中有個很虔誠的小夥子，來自一個還算富裕殷實的家庭，他叫威廉・布拉德福德，當時他還不到二十歲。

詹姆士一世登基後，分離派知道，英格蘭是待不住了。斯克羅比的小聚會也很快進入了英國主教的清剿日程。沒有選擇，只有逃亡，歷盡辛苦，來到了荷蘭的阿姆斯特丹。

宗教改革時代，西歐的任何一個基督教國家都不敢說是風平浪靜的，阿姆斯特丹也有自己的宗教矛盾。英國人初來乍到不好插手別人家的宗教事物，先找個安靜的地方低調存身是上策，他們選擇了一個叫萊頓的小城開始了異鄉的生活。

萊頓是商業經濟發達的城市，英國人住下後如願成立了自己的社區，也許在初來的那段時間，這些漂流者以為是找到了真正屬於自己身體和靈魂的家園，若干年後，當威廉・布拉德福回憶記錄這段日子，他發現，萊頓不過是去往那個真正屬於基督徒神聖之地的起點，而他們終將會踏上上帝安排的旅程，所以，他們是一群「天路客」（相當於「朝聖者」）。

天路客非常不情願地融入萊頓的商業環境，他們成為織工或者紡工，每天從事繁重重複的體力勞動，年輕人成了家，並生了孩子，孩子正在一步步成長為純粹的荷蘭人。

如果願意被同化，天路客就不用背井離鄉了。這不是他們想要的生活，而想要建設真正屬於自己的家園，首先是要有自己的土地，不要被各種現成規則的束縛。從這個標準上講，美洲大陸是個值得考慮的選擇。

一六二〇年九月六日，「五月花號」，一艘大約能負載一百八十噸的三桅商船，從英國西南的港口普利茅斯出發了。船上的人獲得政府頒發的土地許可證，可以到英屬的維吉尼亞去建設一塊殖民地。因為出發前的種種扯皮紛爭討價還價，信仰虔誠頭腦簡單的天路客還經常被欺騙，所以，到真正出發時，船上一百零二名乘客中，分離派的天路客就只有三十五人，其他人除了跟天路客一樣的清教徒外，還有些揣著發財夢去異鄉冒險的農民、工匠、漁民等。

九月份橫渡大西洋去往美洲，是一趟不負責任的旅程，因為小船不僅要頂著大西洋上強勁的西風，還要跟為英倫三島帶去溫暖的墨西哥灣暖流對抗，除了經常遭遇風暴，有一段時間，平均時速只有兩英里。

三千英里的路程，走了整整六十六天，終於在一個寒冷刺骨的日子看見了陸地。船長也是頭次來，也沒有可靠的導航設備，雖然看見了大陸，但他確信，肯定不是他目標設定的那個哈德遜河的河口，它位於維吉尼亞以北，不像是英國政府批准他們定居的那片土地，更不像是有英國同胞經營過的地方。

時間已經是十一月底了，這趟超出想像的苦旅耗盡了船上的食水，也耗盡了所有人的忍耐。天氣惡寒，很多人出現了敗血症的症狀，看見大陸的那一剎那，堅強開始崩潰，不管哪裡，不管有沒有政府許可，不走了，找地方上岸，就在這裡安營紮寨！

「五月花」靠岸的地方，是科德角。這可能是上帝應許的地方，英國政府可沒同意，好在共同生活了六十六天，有事可以商量，馬上要進入鳥不生蛋的蠻荒地帶了，為了防止大家被環境逼成野人，先訂規矩吧，在沒有政府沒有法律的情況下，自己擬定自己的行為規則。

一六二〇年十一月十一日，人類歷史上最偉大的文字之一，《五月花號公約》誕生了。這份被稱為美利堅立國之源的文件，非常簡單，重要的文字是以下的內容：

……為了上帝的榮耀，為了推進基督教的信仰，為了國王和國家的榮譽，我們遠涉重洋，在維吉尼亞北部地方開拓第一片殖民地。我們在上帝面前盟誓簽約，自願結成民眾自治團體。為使上述目的得以順利實施、維護和發展，也為將來能隨時據此制定和頒布有益於殖民地全體民眾利益的公正平等的法律、法規、法案、憲章和公職，我們全體都保證遵守和服從……

公約的中心思想是：建立一個民眾自治的團體，並以此為基礎逐步完善制度和法規！看明白了嗎，公約的重點是民眾自治，並在符合廣大民眾利益的基礎上產生律法和政府，是最基本最純粹的民主。

民主歸民主，也只是男人的民主，船上四十一名成年男子簽字，讓這份公約正式生效。

為選擇最適合的登陸點，「五月花號」沿著海岸又遛達了一個月，最後他們找到了一個看起來很靠譜的港口，大陸上有小山圍繞，還有一條清澈的小溪。就這裡吧，按出發的港口命名，以後這裡就叫普利茅斯，是「五月花號」乘客未來的家了。海灘上有一塊大石頭，乘客們踩著這塊巨石登上大陸，這塊大石頭現在是美國尋根遊的重要景點。

既然連「鐵達尼號」這樣的高檔船隻橫渡大西洋都難以保全，「五月花」這艘小木船沒有被風暴打成碎片，成功地靠上美洲大陸，不能不說是一個奇蹟，六十六天的旅程，雖然不幸死去一人，卻有一個嬰兒誕生，所以看見大陸時，船上神奇地還有一〇二人。

就此感謝上帝還為時尚早，一六二〇年冬天的美洲大陸，奇寒冰冷，沿岸氣溫到了零下二十多度。艱難的海上航程沒有大規模的死亡，「五月花」貼著海岸尋找定居地的一個月裡，就死了好幾個人。可相比較他們即將到來的生活，過往的種種，真不算是地獄。

感恩

天路客登陸的地方，在現在美國的東北角，早年約翰·史密斯曾帶船造訪過，在他的著作中，他稱之為新英格蘭地區，而後這個地區的陸續建立的六個殖民地——普利茅斯、麻塞諸塞、羅德島、康乃狄克、新罕布夏、緬因被統稱為新英格蘭，這個名字也一直被美國的歷史沿用。

「五月花」在海上折騰了幾個月，乘客們剩了最後一口氣，按照傳說，如果一登陸就遭遇剽悍的印第安土著，這一船人就交代在異鄉了。大家別忘了，既然白人已經造訪過這個區域，自然也將西方的病毒帶進這方淨土，天路客踉踉蹌蹌地登陸，他們沒有遭遇印第安人的抵禦，因為這一帶的印第安人，主要是萬帕諾亞格這個部落，基本已經被所謂「處女地流行病」折磨，死得差不多了。

單純的印第安人不知道自己族群大規模死亡的原因是白人的「生化武器」，愚昧中，就會對自己的信仰產生懷疑。而印第安部族之間，經常互相傾軋，打架是避免不了的。突然一個部族死了這麼多人，很容易遭到其他部族的欺負。聰明的印第安部族酋長，比如萬帕諾亞格的酋長馬薩索伊特，就決定轉換對白人的思路。

天路客登陸的那一年，在北美東北部地區是個小冰河紀，能冷死人。惡劣的條件下，食物匱乏，頭三個月，一半的人死去了。好在越冬時，他們發現了印第安人埋下的作物種子——老玉米，撐過了最艱難的日子。

跟詹姆士敦的投機客不同，天路客不是來找金子的，他們是來建立一個純淨家園的，在初來乍到之時，絕對不能釋放敵意。幸運的是，他們有兩位早年被抓到英國的印第安人，已經學會說英語了，可以充當導遊翻譯中間人，天路客和馬薩索伊特酋長建立了聯繫。

馬薩索伊特酋長需要藉助英國人先進的武器，幫他阻擋其他的部族。作為交換，印第安人無償地教會了天路客，如何捕魚如何狩獵，哪些東西能採摘，哪些東西要種植，將小魚蝦掩埋進土裡，可以改良土壤，種出莊稼，尤其是好吃又營養，還不需要精耕細作就能收成的玉米。

第二年的十月，天路客的作物豐收了，英國人擺了三天的流水席，請馬薩索伊特酋長帶了九十名印第安人來吃飯，再次確定了友好的雙邊關係。

如果英國人像中國人那樣懂事，深諳酒席文化，這幾天的宴席上，估計是所有人跟酋長稱兄道弟，然後把他灌個五迷三道。事實是，在酒桌上叫你大哥的，你一定要防範。馬薩索伊特酋長覺得「攘外必先安內」，藉助英國人的力量讓周遭的印第安同胞不敢小覷自己，是個高明之舉，他絕對沒有想到，他一手扶持安頓下來的英國殖民者，會為他的後代、他的家園帶來什麼。

美國建國後，華盛頓總統就建議將這個感恩聚餐保留作為公共節日，一八六三年，時任總統林肯宣布，每年的十一月最後一個星期四為感恩節，成為固定的國家節日，到一九四一年羅斯福總統時，他再次確定十一月的第四個星期四為正式的感恩節日子，美國人和加拿大人，舉家團圓，吃一頭火雞，搭配玉米、南瓜等，著名的梅西百貨會有一年一度的盛大遊行。

在很多人的印象裡，這個感恩節似乎是為了感念印第安的友善，幫助最早的美國人存活並繁衍了。但其實，不管現在的美國人如何美化他們的心思，對於佔領了印第安人家園這件事，美國人的愧疚度並不高。天路客是虔誠的信徒，是為了信仰可以拋家捨業不遠萬里從蠻荒開始的基督徒，他們唯一會感恩的，只有上帝。而其後確定感恩節的幾位美國總統，哪一個的出發點都不是想向印第安人表達點什麼。在美國人看來，如果印第安人幫助了殖民地，那也是上帝安排的，如果上帝安排印第安人為白人讓路，天路客的後代們也不用手下留情。

因為跟印第安人的友好相處，普利茅斯殖民地在和諧中發展壯大，人口也越來越多，據統計，現在大約有百分之十的美國人，是當年普利茅斯最早移民的後代。這些人結合的基礎是不可戰勝的強大信仰，加上還有《五月花公約》這種白紙黑字的世俗規矩作約束，普利茅斯人雖然顯得結構鬆散，卻是凝聚力最強的一群人。比起最早登陸的投機客，這些以建設上帝應許的家園為目標的人，更加不畏艱苦，更加自律。

根據公約，普利茅斯人選舉了威廉・布雷德福為總督。

天路客來到新大陸，第一是沒有英國的官方許可，第二是欠了英國投資人的債務，布雷德福帶領普利茅斯人一直過著比周圍的殖民地貧困的生活，但他們終於靠著各種勞作還清了欠下的債務，並取得了政府承認的移民許可。

等拿到了官方許可，就可以佔有土地，布雷德福包產到戶，讓普利茅斯的每家人都擁有了自己的耕地。布雷德福將他們在新大陸的艱苦墾荒生涯如實記錄下來，他被認為是美國第一位歷史作家。

四、十三個革命老區

寫美國的歷史地理難度稍微小些，第一，他家的歷史不過就是兔子尾巴那麼長；第二，因為他家的國際地位和文化滲透，全世界的人對他們家多多少少都有些了解。有條件的中國家長都計畫把孩子送到美國去讀大學，美國的名校大部分都在東部，以至於對美國東部那些州，都有點耳熟能詳。這一篇，老楊給大家講講，這些大名鼎鼎的州，中國孩子夢想去求學生活的地方，是怎麼在當時蠻荒的陌生大陸，神話般絡繹發展起來的。

普利茅斯墾殖園基本算成功的，而分離派們也感覺獲得了上帝的應許之地，快樂地在大西洋西岸種玉米，養牲畜，跟印第安人玩腹黑，日子過得貧瘠艱苦卻也自在逍遙，至少，在信仰上帝這個重大的民生問題上，獲得了很大發展和自由。可是，留在英國的清教徒，他們的日子彷彿是越來越黑暗了。

一六二五年，英王詹姆士一世崩了，兒子查理一世繼位。全世界都知道查理一世是個苦命人，他自己當然是不知道的。他接班後，跟議會不合，想把英國往天主教的道路上帶，清教徒的日子，就更不好過了。

因為有了普利茅斯這片海外熱土，有些清教徒就覺得，可以踩著分離派的腳步，離開前途難料的祖國。

一六三〇年，有一部分比較低調，隱藏得比較好的清教徒，獲得了在新大陸建立殖民地的資格，為了商業考慮，他們成立了麻塞諸塞海灣公司，計畫到美洲進行漁業貿易，也順帶著把一批新的殖民者帶到美洲。

這是十七世紀北美移民規模最大的一次，有十七艘船一千多人穿越了大西洋，在查理斯河的河口，建立他們的大本營，這個大本營，就是波士頓港。

一千多號殖民者圍繞著波士頓散開，建設各自的居民點，這又是一個獨立的小社會。既然英國政府暫時管不到也不想管這裡，跟前兩個殖民地一樣，波士頓就設置了自己的政府機構，管理和整合這個新社區了。

麻塞諸塞海灣公司自動轉變為麻塞諸塞殖民地的政府，行政中心設在波士頓。這次的移民人多力量大，能力越大責任也越大，所以，麻塞諸塞政府就給了新殖民地新的要求：他們要求這批新的殖民者，根據清教徒與上帝之間的盟約，打造一個純潔無瑕不受任何魔鬼撒旦干擾，可以給全世界的基督徒做榜樣的，完美的基督教社會，而波士頓被他們自稱為「山巔之城」，也就是山頂上的城市，被世人仰視並仰慕。

新的殖民地也面臨著殘酷的生存淘汰，好在有普利茅斯這個鄰居，最困難的時候，總是能收到老鄉親切的問候和他們產出的各種食物，雖然第一年也失去了三分之一的人，但麻塞諸塞殖民地還是飛快地發展起來了。

麻塞諸塞灣跟普利茅斯不一樣，不能光解決吃飽活著的問題，他們對上帝有更高遠的承諾，他們要打造基督教世界的樣板啊。要實現這個目標，不僅所有的居民要保持純淨虔誠的信仰，政府更是應該嚴格按照宗教標準做事，用教義指導各種行政行為。麻塞諸塞殖民地的這些清教徒，最後發展為基督教的衛理宗。他們不脫離英國國教，只是想充分淨化國教。衛理宗教徒並不是太寬容，在當時的麻塞諸塞殖民地，其他信仰都是不被認可的。

根據英國的教訓，遇上宗教不寬容的地方，可以選擇離開，北美大陸廣闊大地呢，此處不留爺，自有留爺處。

第一個高調離開麻塞諸塞的異見人士叫羅傑・威廉斯，年輕而想法多的傳教士。他認為，政教一定要分開，宗教是聖潔的，政治是骯髒的，糾纏在一起，怎麼能建設無瑕的基督教社區呢？麻塞諸塞政府由不得一個黃毛小子胡說八道，殖民地的宗教迫害方式就是放逐。走吧，蠻荒的大地，哪兒涼快哪兒待著去！

羅傑・威廉斯是個頗有個人魅力的人，他跟納拉甘西特族的印第安人建立了交情，還跟他們買了一片土地，建立了新的殖民地，也就是羅德島。因為羅傑自己是個隨性的人，他親手建立的羅德島殖民地成為當時宗教最寬容的地區，羅傑願意接受各種宗教的人，一時間不少「異見人士」加盟入住，這片社區也慢慢發展起來了。

越是宗教統治極端的地區，越容易產生新的宗教思想。羅傑・威廉斯不是唯一反抗麻塞諸塞政府的人，有個叫安妮・哈欽森的女子又跳出來讓殖民地政府頭痛了。

安妮在早期的美國歷史上可是個了不起的人物，很多人說起她，有點聖女貞德的感覺，因為在當時當地，不管宗教改革或者宗教辯論、宗教衝突演化到什麼程度，都是男人的表演，女人是沒有任何宗教政治甚至是社會地位的，而安妮一個弱女子居然就向麻塞諸塞政府和教會發起了挑戰。

安妮的宗教理論最重要的一條是，人是獨立的個體，每個人都可以在內心與聖靈結合，不需要教會甚至不用讀《聖經》。最驚世駭俗的是，她認為女人應該在宗教世界擁有自己的地位。

雖然有十三個孩子，這位媽媽卻一點不家庭婦女，她到處發表演說，組織聚會，居然很快為自己招攬了大批粉絲，男的女的都有。

麻塞諸塞政府想治安妮的異端罪，誰知安妮的宗教素養比法官強多了，法庭辯論後，她只能被安上一個煽動的罪名，舉家被驅逐，也去了羅德島。

安妮離開後，她的信徒們也都陸續離開了麻塞諸塞灣，沒有去羅德島的分散到了新罕布夏和緬因地區。這兩個地區是兩個英國人在一六二九年，獲得英國議會的同意建立的兩個獨立的殖民地。一直經營得不太好，新移民都不願意去，虧得麻塞諸塞灣偏執壓抑的宗教氣候和安妮的鬥爭，讓這兩片殖民地突然就提高了人氣。

波士頓以西一百多英里的地區，是康乃狄克河流域，河谷地帶土地肥沃，吸引了很多家庭定居。某個反抗麻塞諸塞政府的教士，帶著自己的信徒們建立了哈特福市，隨後以這裡為中心，成立了自己的殖民社區，順便也有了屬於自己的政府。

康乃狄克殖民地是因為不滿麻塞諸塞的宗教壓抑，可還是有人覺得波士頓政府過於懈怠，應該有更嚴苛的宗教政策，於是，更偏執的這幫人也跑了，他們跑到紐哈芬地區，組建自己的政府。

清教徒尤其是分離派覺得自己在英國受迫害，捨生忘死要到新大陸建設新的家園，可大家別忘了，整個宗教改革，英國被整的最慘的應該是天主教徒啊，他們難道不想找個地方跑嗎？

英國天主教徒主要的逃跑方向是西班牙，也有一些人想為他們建設一個庇護家園，所以，北美的殖民大潮中，又多了天主教這一支，他們的領袖是巴爾的摩男爵。

巴爾的摩男爵是個聰明的天主教徒，既然天主教不受待見，就先敷衍著號稱自己是新教徒。他念念不忘的，就是幫那些死心塌地拒不改教的天主教徒尋找一塊安全樂土，他向英王要求一片北美的殖民地，只是，還沒拿到有關文件，男爵就去世了。

男爵的兒子接手了特許令，用查理一世的王后瑪麗命名的新殖民地，叫馬里蘭。男爵委任自己的弟弟成為總督，於一六三四年到達北美，馬里蘭殖民地就算誕生了。

說是要建設天主教的家園，可願意去北美的天主教徒很少，馬里蘭想要成氣候，還是需要新教徒的，所以巴爾的摩男爵鼓勵新教徒加入馬里蘭大家庭。男爵熱情好客的必然結果，就是在馬里蘭這個本預備給天主教打造的樂土裡，天主教又變成了少數派，還被新教徒擠兌。馬里蘭殖民地的政府是天主教的，新教徒人多勢眾，總是能佔上風，一六四四年，新教徒甚至趕走了總督。

五年後，總督才帶著軍隊收復了自己的地盤，也受了教訓，知道在馬里蘭這種地方，宗教千萬不能偏執，於是，北美地區第一部宗教寬容的法案就出爐——《馬里蘭寬容法》，他們認可的寬容僅限於對基督徒。

以上殖民地加上最早的維吉尼亞，都建立於十七世紀的早期，馬里蘭殖民地後，英國有很長一段時間，沒有大規模的往北美搬家的活動，因為英倫三島亂套了（參看《老大的英帝國》之四十一到四十五）。

查理一世終於跟議會操傢伙動了手，克倫威爾和新模範軍橫空出世，一六四九年剛開頭，查理一世就掉了腦袋。砍國王的腦袋，這種戲碼千年難遇，英國人都躲在家裡看熱鬧，誰都捨不得離開。直到克倫威爾和他兒子下課，查理二世捲土重來，大家才想起來，大洋那頭，還有好多地盤沒主人呢！

查理二世復國成功，有些親隨需要打賞，他也想到了美洲，和那些不要本錢的土地，於是人筆一揮，就把從維吉尼亞到佛羅里達半島大片土地全部賞給八位爵爺。這片土地，根據查理的拉丁語名字，被叫做卡羅萊納。

八位爵爺是不會跑去蠻荒之地吃苦受罪的，他們找個經紀人，代替他們經營這片地盤，沒什麼想像力，也就是開闢幾個種植園，種煙草。

經紀人不負爵爺們所託，一登陸上岸就開始有色有聲的殖民地建設，發廣告招徠英國人，頒布了《卡羅萊納基本法》，該法例也崇尚宗教自由。土地政策頗為優越，這項法例不僅僅是想吸引英國本土的移民，他們還想撬其他殖民地的牆角，讓他們跳槽到卡羅萊納建設。

卡羅萊納殖民地有個很大的問題，那就是它太大了，這麼大的一片區域，受到南北兩頭不同鄰居的影響，經濟發展差距也逐步擴大。

這批殖民者在北美大陸建設的名城就是著名的查爾斯頓，以這個興盛的港口為中心，卡羅萊納的南方地區農產品貿易發展迅速。因為土地肥沃，種植業發達，很快就白手起家暴發了一批有錢的種植園主。而北方，一直沒有規範和系統的種植發展，小農們也是東一片西一片地開荒，在貧瘠的土地上討生活。南北差距貧富差距，都造成整個卡羅萊納地區動盪不安。差異巨大的兩個地區無法整合在一起，乾脆分開吧，十八世紀初，卡羅萊納分成了南北兩部分。

不能光打賞功臣，還有皇親國戚也要分一份的。卡羅萊納批出去不久，查理二世就將康乃狄克河西岸到德拉瓦灣東岸之間的土地封給了弟弟，約克公爵。

用遙遠的完全沒見過的新大陸封賞手下，查理二世絕對可以隨心所欲，自說自話，管他的，朕隨手一劃，你們自己過去圈地，能圈到你就住下種地，圈不到的只能說你自己沒用，朕反正是封給你了。

當約克公爵拿著地圖看到自己的新封地，他不曉得是該笑還是該哭，王兄太給力了，居然把荷蘭人佔有了幾十年的殖民地——新阿姆斯特丹也封給我了！對，查理二世封給弟弟的這片土地，中心地區，就是新阿姆斯特丹港。

王上封的，不能不受，好在呢，整個十七世紀，英國人一直跟荷蘭過不去。對事不對人，荷蘭是個新教國家，英國人擠兌他們跟宗教無關，誰讓他家是當時的海洋霸主，英格蘭也想稱霸大洋，要先敲掉荷蘭小兄弟。

一六六四年，北美地區最黃金的港口易主，英國人用武力、實力搶奪了這個地區，約克公爵樂滋滋地將其更名為紐約，當然也是來自他的名字。

不管紐約現在繁華到什麼程度，約克公爵拿到手裡時，不過是一片爛沼澤地，荷蘭人沒有搬家移民的打算，就想做點小生意，所以對殖民地的建設，沒有周邊的英國人上心。其實約克公爵也不很上心，他拿到王兄的特許狀，轉手就將這塊地分封給了自己的兩位親信，盟友。其中一個親信，就用自己出生的英格蘭小島為自己封到那塊地區命名為叫紐澤西。

紐約不是這場北美英荷之戰的唯一戰利品，當年瑞典佔領的德拉瓦灣地區曾被荷蘭搶走，這次也落到英國人手裡了，剛轉手時，德拉瓦地區是被劃入紐約殖民地的管轄範圍，後來約克公爵又將它賣給了佩恩家。

說到佩恩家，就不得不提及宗教衝突期間，在英國另一個受到嚴重迫害的教派，也就是貴格派。大家千萬別暈，要不是這些花樣繁多的教派，美利堅就不是現在這個樣子了。

貴格派也是屬於跑得比較遠的一幫人，主張烏托邦式的自由平等，當然更加反對奴隸制；教徒之間沒有尊貴之分，甚至沒有專門的牧師，統一用姓名或者你、我、他互相稱呼，最可貴的是提倡男女平等，所以，這一派的教徒對宗教改革的要求比分離派還要激進呢。可以想像，這幫人在英國絕對沒有好下場，男教徒當然是上絞架，而女教徒，正好符合女巫的標準。

像這種帶著點理想主義的教派，只要不被滅絕，總會逐漸吸引不少人的，包括英格蘭朝廷裡，也開始有貴格派的思想在滲透，佩恩家的公子就被這種思想感染了。在牛津大學求學時，小佩恩因為自己的宗教行為不當，被學校開除。失學後的佩恩成了職業教徒，到處宣講貴格派教義，淪落為監獄的常客。

威廉・佩恩不僅是愛爾蘭的大地主，也是英國皇家海軍的上將，是標準的倫敦權貴。自從蘇格蘭國王入主倫敦，因為不能適應英王的收入方式，經常入不敷出，查理一世最後搞掉了腦袋，就跟他瘋狂要錢很有關係，這一朝的英王跟人借錢都成了家常便飯了，佩恩家就是英王的債主之一，大約價值一萬六千磅的債務，國王就是欠著不還。

老佩恩上將在一六七〇年去世，小佩恩是繼承人，也繼承了這筆對國王的債權。查理二世現在有了還債最佳的辦法，就是拿北美的土地抵數。對小佩恩來說，他正幻想著，要建立一個屬於貴格派的沒有迫害沒有打壓的自由地，雙方就這樣一拍即合，查理二世樂滋滋在馬里蘭和德拉瓦之間劃了一個圈，也說不清楚多大，你自己去開闢吧，只要不招惹到鄰居，你發展到哪裡都隨便。

佩恩在英文裡是Penn，這個詞必須用來給殖民地命名，佩恩登陸後，發現這裡森林密布，於是這個為貴格派預備的樂土，就被稱為賓夕法尼亞，翻譯成中文很萌，叫佩恩的樹林子。佩恩的樹林加上德拉瓦地區，這個殖民地比英格蘭本土還大，殖民地首府，就設在費城。

貴格派宣揚眾生平等，在佩恩看來，印第安人或者其他國家人，都應該跟英國人一樣是平等的，佩恩從上岸就對印第安人很客氣。這種開放寬容態度，自然也能吸引更多其他種類的移民，加上賓夕法尼亞地區氣候土壤條件都不錯，很快成為殖民地發展中的明星。

佩恩按自己的想法有點兒天真地想建設一方眾生平等的樂園，在當時是顯得太突兀，太先鋒了，北美地區其他的殖民地有點跟不上，他自己也屢屢遭遇各種打擊和欺騙。雖然打造了一個堪稱完美的殖民地樣板，佩恩自己的下場不算太好，死時也很潦倒，但是他創立的這個宣揚平等民主自由的地區，是後來北美獨立戰爭的重要基石，費城是《獨立宣言》簽署地，以後美國的社會國家形態和憲法，或多或少都受了佩恩的啟迪和啟發。

東部諸州大體都成型了吧，十七世紀的殖民地建設就到此為止了，稍懂歷史的都知道，英格蘭在北美的殖民地有十三個地區啊，仔細算下來，好像還有一個沒有出生哦？

對，十三兄弟最小的那個，是出生在十八世紀中葉的喬治亞殖民地。這個殖民地的誕生源於一位善長仁翁的好心腸，詹姆斯・奧格爾索普將軍，德高望重的老將，高尚的人、純粹的人、脫離了低級趣味的人。

當時英格蘭監獄裡有不少欠債的囚犯，這些人不是十惡不赦之徒，只是因為欠債無力償還，有些人可能要被終身監禁。奧格爾索普老將軍就決定，向英王申請一片殖民地，安置這些債務囚徒，還有一些馬上要淪為囚徒的赤貧的農民和工匠們，給他們新生的機會。

這不僅僅是個單純的慈善想法，因為這些囚犯關在英格蘭也是佔地方浪費口糧，如果讓他們「流放」北美，多少總能給英格蘭帶來些收益。而作為一個軍人，奧格爾索普還有軍事層面的考慮。他申請的殖民地，除了安置囚犯或者赤貧的英國人外，最好還是一個防禦工程，防禦誰呢？當然是南部佛羅里達的西班牙人和印第安人。按照這個思路，這片以慈善為第一目的建立的殖民地，它最佳的位置當然是在南卡羅萊納到佛羅里達之間。

這是英國殖民地在北美大陸的最南端了，典型的熱帶氣候，草木繁盛，奧格爾索普認為，他可以建設出一個漂亮而繁榮的伊甸園。

其他的殖民地大部分都是某種宗教理想的產物，成立之初所依仗的，是成員們對上帝的承諾，而在如何建立自己的家園這個問題上，除了他們感覺到的上帝意志，很少有限制或者束縛，所以，生產、生活帶有很大的自主性，在與自然環境對抗中，他們也逐漸建立了最適合自己的生存形態。

喬治亞不一樣，喬治亞是軍人建立的，它的建設必須是有規範有條理的，條條框框的，怎麼活，怎麼做，怎麼生存，白紙黑字先寫清楚，所有人照章執行，不得有違。遺憾的是，奧格爾索普大叔對他建立的這片伊甸園並不真了解，對於如何管理一群漂洋過海重獲新生的窮人們也沒有心得。十八世紀了，願意到北美討生活的英國人並不多了，奧格爾索普的宣傳吸引的大部分是蘇格蘭、愛爾蘭、德國、瑞士等大批外國人，當然還有猶太人，這幫人在喬治亞生活了一陣之後，實在受不了管理階層的剛愎自用和不懂變通，於是就紛紛跳槽到別的殖民地去生活了，這樣一來，喬治亞是英國在北美最後一片殖民地，也是當時發展最緩慢落後的一個地區。

五、新大陸新生活

白人的世界

前後一百年間，北美大陸有聲有色就建立出一條面積遠遠大於英國本土的英倫海外熱土。這片熱土根據殖民地最初所有者分類，可以分為業主殖民地、公司殖民地、皇家殖民地三類。顧名思義，英王直接封賞的，就是業主殖民地；殖民者根據合同契約組織在一起，合股來到新大陸的，就是公司殖民地；英王擁有所有權，直接統轄的，當然就是皇家殖民地。主人性質不同的殖民地，管理發展方式是不同的。但在新大陸靠天吃飯的環境裡，地域的差距造成的發展差異更大。所以，大家根據位置，又將早期的英國殖民地分為新英格蘭地區，中部殖民地和南方殖民地。

新英格蘭地區包括後來的新罕布夏州、麻塞諸塞州、緬因州、羅德島州和康乃狄克州。這裡土地貧瘠，石頭多，冬季又冷又長，不適合發展耕種。可新英格蘭人發現，石頭和冬季都是財富。在新大陸如火如荼的發展期，花崗岩的需求是很旺盛的；而新英格蘭最牛的出口產品是冰塊，在沒有冰箱的年代，尤其是同緯度地區，美洲地區夏季比歐洲更熱，冰塊是多麼高科技的財富。

這片殖民地大都由虔誠的清教徒構建，對於他們來說，上帝的恩典是無所不至的。在花崗岩和冰塊還沒有為新英格蘭帶來巨大財富之前，海洋已經給予他們足夠的發展所需。麻塞諸塞灣裡肥美的鱈魚，為該地區帶來最初的繁榮。

新英格蘭東北地區，有茂密的森林，木材在當時的價值，絕對可以媲美現在的石油。要捕魚需要船，有木材可以建大船，有了大船就可以全世界到處跑，很快，波士頓港成為世界上數得者的造船基地，到十八世紀中期，英國百分之三十的海上貿易，其船隻都來自新英格蘭地區。

船運是國際貿易之本，新英格蘭商人智商比較高，在海邊放眼看一圈後，他們就下了一盤很大的棋：西印度群島的甘蔗可以釀成一種口味不錯的酒，新英格蘭地區逐漸發展為蘭姆酒的中心，煙酒都是不可抗逆的東西，很快，新英格蘭人發現，蘭姆酒走向世界市場，可以當錢用，尤其是在非洲，蘭姆酒可以換到黑奴，然後將黑奴販賣到西印度群島，再將那裡的蔗糖換回新英格蘭，繼續釀酒。這個天才的三角貿易在現今被認為是非常邪惡的，幾百年來飽受詬病，但從技術上講，誰說不是一門絕頂聰明的生意呢。

新英格蘭地區大都是清教徒，做生意似乎很靈活，但在宗教文化方面就略為保守。相比之下，包括紐約州、佛蒙特州、紐澤西州、賓夕法尼亞州和德拉瓦州在內的中部殖民地，就寬容多了。氣氛柔和的地方更容易吸引殖民，來的人品種流雜，中部地區的財富製造門路更是五花八門。

發展最快的核心城市就是賓夕法尼亞的費城，大約在英國人進入新大陸一個世紀後，這裡就已經有居民三十萬，城市建設井井有條，道路寬敞，房屋齊整，大小生意都興旺。漸漸地，這裡成為整個英屬十三個殖民地的中心，並以核心的地位吸引著整個殖民地人團結集中辦大事。

而這個區還有一個引人注目的城市，就是從荷蘭人手上接管的紐約。早先荷蘭殖民時，這裡就吸引了歐洲各國移民，雖然街上行走的，各種類型的人都有，但還是荷蘭的氣質，在很長一段時間內對紐約產生最大的影響，除了當地遍布的荷蘭風格建築外，作為商業明星的荷蘭，它為紐約留下的，是濃郁的商業氣息讓它其後發展為一個文化多元的商業大都會。

南部殖民地包括：維吉尼亞州、馬里蘭州、北卡羅萊納州，南卡羅萊納州和喬治亞州，其中維吉尼亞州和馬里蘭州早先被稱為切薩皮克地區。

切薩皮克地區主要的經濟來源就是煙草種植。歐洲的老煙槍們讓這裡的種植園主暴富，也讓更多的人毫無理性一頭紮進種煙葉這項偉大的事業。不管多麼刺激的商品，過剩總是要跌價的。切薩皮克的煙草種植園似乎感覺不到供求與價格的關係，到了一定的時刻，歐洲的煙草價格暴跌，但這一點不影響他們的種植熱情，還大量買入黑人奴隸擴大種植規模。

南卡和喬治亞，濕熱的氣候，適宜於水稻種植。來自西非，生下來就種水稻的黑奴，似乎就是為這個業務預備的。水稻逐漸成為南卡和喬治亞地區的經濟支柱後，黑奴顯得益發重要，我們不能想像金髮碧眼的白人捲著褲管在水田裡插秧的景象。

除了水稻，在南卡緯度較高的地區，不適合種水稻的地帶，有人引入了西印度群島的靛藍，這種作物能提煉出藍色染料，在歐洲市場供不應求。

在水稻成為卡羅萊納主要農作物之前，黑奴就被輸入到了這裡，卡羅萊納也就成為了美國歷史上第一個所謂的蓄奴州。

農業經濟發達的南部雖然有錢人很多，大多是土豪，守著自己偌大的種植園，吆三喝四地使喚奴隸，並沒有太繁華先進的都市生活，也就是南卡的查爾斯頓成為重要的港口城市，稍微有點城裡的感覺。

殖民者們找到了適合自己的生活方式，在新大陸存身繁衍。因為和歐洲緊密的貿易關係，歐洲的各種風向會及時感染新大陸。比如進入十八世紀，啟蒙思想滲入了歐洲，也飄向了北美。

其實就算沒有啟蒙思想的影響，新大陸這些人，看著像是一群流民，其實他們非常崇尚文化和文明建設。他們大都是虔誠的教徒，對於他們的信仰來說，沒有文化，讀不懂聖經，直接影響生活品質。在一六四七年，麻塞諸塞就通過法律，要求每個城市建立一所公立學校。聽上去要求不高，如果想想他們還處在日常食物匱乏的生活狀態，這個法律就顯得非常了不起。

實際上，在更早的一六三六年，也就是「五月花號」來到北美不到二十年時，麻塞諸塞州議會就根據神甫們的要求，在劍橋興建了美國歷史上的第一所大學，它就是哈佛大學，以牧師約翰•哈佛的名字，這位哈佛牧師死後將自己所有的藏書和半副身家捐給了學校。當年的哈佛，是一座徹頭徹尾的神學院，以培養神甫為第一目標。

清教徒需要神甫，在新大陸的英國國教徒也需要牧師。幾十年後，在維吉尼亞的威廉斯堡，以英王和女王名字命名的威廉和瑪麗學院建立，成為美國的第二所大學。

第三所大學則是著名的耶魯，由保守派公理會教徒興建，他們不滿哈佛大學越來越自由的宗教氛圍，於十八世紀初在康乃狄克州的紐哈芬成立了這所名校。

啟蒙思想傳入新大陸，和傳統的宗教信仰融合，為教育的投入打下良好基礎。十八世紀中期，普林斯頓大學、哥倫比亞大學和賓夕法尼亞大學這些大家夢寐的名校都出現在新大陸的東部。隨著時間的推移，這些大學中培養宗教公務員的任務不斷淡化，開始致力於傳播世俗的文化知識。其中，由班傑明・富蘭克林牽頭成立的費城學院，也就是賓夕法尼亞大學，因為學科搭配比較全面實用，顯得最為高端大氣上檔次。

在美洲，同樣是殖民地，在十三州混，比在西班牙統轄下混舒服很多。西班牙人更看重將殖民地的資源刮地三尺送回母國，對殖民地和當地人的監控管束是非常嚴苛的，每一分錢都要被西班牙人抓在手裡。而在英國，國王忙著轄制議會顧不上殖民地，議會忙著收拾國王更沒有精力，北美的十三州，在沒有上層機關的管束中，野蠻生長。雖然沒人管，可英國人自律啊，他們按英國的形態給自己上規矩，各州都成立了自己的地方政府，有模有樣的。

十八世紀中，美洲的地方議會幾乎完全控制了殖民地徵稅、頒布法律、任命人事、撥款等大事，雖然英王方面還是派來總督指手畫腳，但因為殖民地的預算控制在議會手裡，總督就算不爽，也改變不了任何事。

每個州的地方議會，都認為自己是個小型的國家，獨立自主，跟其他議會沒有關係。雖然州政府日漸壯大有錢有勢，但他們還是感覺需要一個強大的母國在身後當背景，所以，就算英王不管他們，殖民地人民對英國還是有依賴之情，對英王還是有效忠之心。為什麼英國政府早先並沒有殖民地獨立之虞呢?因為他們發現，殖民地人對英國的感情絕對好於跟其他殖民地州的感情，這些人團結起來脫離母邦，在當時幾乎是不可想像的。

在新大陸站穩腳，有了自己的政治、經濟、文化建設，殖民們越來越將新大陸當作自己的家園，上帝應許之地。這時，有個矛盾就必須解決了，殖民人口會越來越多，需要更多的土地和資源，而且，到底這片土地，誰是主宰，也需要徹底搞清楚。殖民和印第安人如果各不相讓，勢必是一場以滅絕一方為結果的爭鬥。

印第安人的世界

一說到美國歷史，殖民者對印第安人的排擠、掠奪、屠殺必是重大罪狀之一。不過，說到印第安人這幫鄉親們，我們也只能搖頭歎氣，哀其不幸怒其不爭。

北美的印第安人零散組合成三百多個部落，長期按氏族公社的規矩生活，不思上進，不學無術，沒事就互相往死裡打。打架的結果有贏有輸，他們的思想境界還沒進化到會使用奴隸，所以打贏的那方一般就是將輸的那方盡數屠殺；為了戰場上的績效考核，還發明了割頭皮這種計算方式，割頭皮割得手腳麻利的，容易當上酋長之類的高級幹部。

說是印第安土著深愛自己的土地，不惜與外來侵略者一戰，可他們對土地的佔有也沒個合理合法的方式。今天住東山，看著西山日頭不錯，朝向好，就整個部族遷徙過去了，過幾天發現東山的小風吹著緩和，說不定又遷回來，你這麼溜達，誰知道哪塊地是你的啊？

殖民地快速擴張，步步壓擠印第安人的生活空間。印第安人不會飼養大型牲畜，他們靠野生牲畜為生，殖民者將牛羊馬引入了當地，還開欄飼養，這些「奇怪物種」時時光顧印第安人的莊稼地，踐踏人家的作物。

越來越多的殖民者帶來各種歐洲疾病，也讓印第安人快速縮減。印第安人已經意識到，白人已經嚴重威脅到自己的生存，而他們到最後也沒意識到，當地的那麼多印第安土著，左鄰右舍的同胞兄弟，是可以團結在一起抵抗侵略的。

一六三七年，居住在康乃狄克河谷一帶的佩科特人比較神氣，他們打敗了附近的莫西幹部落，洋洋得意的，對康乃狄克河上的白人商船發動攻擊。麻塞諸塞的總督組織人馬報復，冤冤相報，衝突就不斷升級。到年中六月五日，麻塞諸塞和康乃狄克地區的民兵組織，聯合跟佩科特人有仇的兩個印第安部落，一舉包圍了佩科特人用柵欄為屏障的要塞，五百多名印第安男女老幼，全部被殺，而附近的村落更是被付之一炬，逃出來的人大都被亂棍打死，被追回來的賣為奴隸，佩科特族幾近滅絕。這場慘劇威懾了新英格蘭地區的印第安人，在後來的幾十年時間中，都不太敢跟白人拼命。

好歹是印第安人，血性總是有的，四十多年後，終於有個印第安英雄，讓白人殖民者付出了慘痛代價。

還記得「五月花號」上的那群天路客嗎？他們靠著萬帕諾亞格部族的酋長馬薩索伊特幫助，建立了普利茅斯「根據地」，在異鄉生存下來。

普利茅斯人都是清教徒，打家劫舍的事不幹，普利茅斯的土地日益擴大，不是搶來的。馬薩索伊特酋長對印第安同胞沒有像對英國人客氣，對他來說，更重要的事是找白人買軍火打其他部落，沒錢的時候怎麼買呢？土地換唄。

普利茅斯人可不是為了發財來的，他們要建設上帝應許的家園，所以在這個地區，精神文明特別重要，其中的重中之重，就是如何讓印第安人皈依基督教。有個叫約翰・伊里亞德的教長，將《聖經》翻譯成阿爾岡昆語，在印第安部落中傳播。為怕已經皈依的印第安基督徒在部落裡「被帶壞」，獲得了新的土地後，普利茅斯建立了好幾個祈禱鎮，給「祈禱的印第安人」定居。

到馬薩索伊特死的時候，他的部落基本已經陷入殖民地的重重包圍中。印第安人出門就進了殖民者的城鎮，要遵守殖民地的法制和規矩。白人的法律，對圍著獸皮帶著羽毛的印第安人來說，怎麼都是束縛，無端端地，在自己家裡住著，怎麼突然多了這麼多臭規矩呢？

接班馬薩索伊特的，是他的長子，當了酋長沒幾天，就被普利茅斯法院傳訊，說他違反了部族和殖民地之間的土地協議，涉嫌私賣土地。一位酋長，雖然沒有皇冠龍袍，也代表著印第安群落的無上尊貴，他居然是被普利茅斯的士兵端著刺刀押走的。案子還沒審，這位新酋長就暴病而死。沒有證據證明是殖民者下了黑手，但很多印第安人都認為，酋長是被白人毒死。

繼位的酋長梅塔科米特就堅信自己的哥哥是死於殖民者的謀殺，在白人殖民者那邊，新酋長被稱為菲力浦王。許多年來，這位菲力浦王一直頭腦清醒地保持著對白人的防備，還有日漸增加的仇恨。當教長來給他傳教時，他一把扯下了教長的鈕扣，舉在教長面前，告訴他，自己對基督教的興趣，如同對這顆鈕扣，隨後將鈕扣丟在地上。

炸開積怨的導火索，是一位皈依的印第安人的死亡。定居在祈禱鎮的印第安新教徒們，看起來跟過去的同胞漸行漸遠，有些印第安人，進入白人的大學求學，走出了不一樣的人生。部落中有個叫塞薩蒙的印第安人，從哈佛畢業後，回到故鄉，在菲力浦王身邊做翻譯。有次他探聽到，菲力浦王可能對殖民地發動襲擊，便向普利茅斯當局打了小報告，隨後不久，他就被人謀殺。

普利茅斯當局鎖定了凶手，三個萬帕諾亞格部落的人被判罪處死，其中有菲力浦王的親信，而這件事，似乎也跟菲力浦王脫不了干係。

新仇舊恨之下，菲力浦王終於拔劍而起，三年時間裡，擁有長槍的印第安土著軍隊，一舉摧毀二十多座麻塞諸塞州的城鎮，殺了一千多人，並進攻到距離波士頓不到二十英里的地方。

這是殖民者落地生根後，遭遇的最大規模的土著反抗。殖民者的反擊也有效率，殖民地的民兵也忠勇善戰，而最好用的，當然是萬帕諾亞格部落的仇家，以敵制敵。前面說過，面對殖民者來襲，印第安人的腦袋裡，就是沒有團結抗戰這根筋。除了其他的印第安部落充當「皇協軍」，皈依的印第安基督徒也起了重要作用，有的成了帶路黨，有的直接替英國人作戰，有的成為密探和間諜。

菲力浦王最後不出意外是死於印第安同胞之手，屍體被斬碎，頭顱被送到波士頓，整個殖民地為此歡呼。

這就是史上著名的菲力浦王戰爭，戰爭的規模，現在看是算不得什麼，但在當時，整個新英格蘭地區的每個家庭都被捲入，千餘農舍被毀，十幾個城鎮成為廢墟，千餘平民死亡，對當時的城鎮人口規模來說，算是損失非常慘重了。

印第安方面呢？萬帕諾亞格部落的損失不好估計，至少十之八九的人口是不在了，剩下的不是被賣為奴隸，就是融入其他部族，萬帕諾亞格，這個給美利堅歷史帶來過極大影響的印第安部落，就此凋敝，消散在塵煙中。

這段以菲力浦王戰爭為核心的，殖民者和印第安人的戰爭，只算是白人滅絕印第安的人的第一階段。菲力浦王的鐵血抗爭，沒給其他的印第安人太多啟示，後來的歲月裡，印第安人還是覺得，可以在周遭的敵人環伺中，玩點三國演義之類的高端智謀，結局就是，大好的河山便宜了橫空出世的美國人。

神的世界

前面說到，十七至十八世紀的北美殖民地，也許貧瘠也許艱苦，但出於對信仰的堅持，文化方面並不算太落後太愚昧，也出了幾個屬於北美的文化名人。

在文學界，要說美國歷史上第一部重要著作，《美洲基督教史》應該是可以考慮的作品。聽名字似乎是一部歷史書，它比較翔實地介紹了當時社會政治的一些情況，總督和牧師的傳記，各教堂和大學的運作，包括跟印第安人的戰爭，當然最重要的，他還是要記錄殖民者將基督教帶入新大陸後的發展狀況，提出了自己對宗教未來的發展思考甚至是憂慮。

作者叫科頓・馬瑟，在那段時間的美國歷史中，姓科頓和馬瑟的大都是知識份子，科頓家和馬瑟家是波士頓附近著名的書香門第，馬瑟家還專給哈佛大學培養校長。

科頓・馬瑟算是個現代型學者，博學多才，思想先進。在殖民地最早提倡接種天花疫苗，還普及哥白尼的學說，熱衷自然科學的探索，他被推薦為倫敦皇家學院的院士。

按說，這麼一個人物，就算宗教信仰虔誠，也不至於跑偏，走入偏執。馬瑟恐怕是因為對自然科學過於熱衷，沒事有些超自然遐想，他將自己捲入了殖民地一場慘烈而又低級的鬧劇。

一六九二年，麻塞諸塞地區已經非常繁榮，波士頓周邊地區更是頗有都市規模了。人的劣根性就是，日子一好過，就喜歡瞎折騰。距波士頓二十四公里，有個叫賽勒姆的海港城市，是新英格蘭地區最為古老的海港，也是早期移民登陸的地方，清教徒為主，信仰虔誠。

這年年初，教區的牧師帕里斯家兩個女孩，他的女兒和侄女突然發了怪病，要麼就昏睡不醒，醒來就尖叫、滿地打滾、歇斯底里或者無端痛苦地呻吟，幾天後，又有幾個女孩子發了相同的病。以當時的醫學水準，醫生束手無策。醫學解釋不了的事，最適合胡說八道。大家還記得，天主教在歐洲取得統治地位後，就開始大肆「獵殺」所謂「女巫」，對女巫的忌憚和厭恨，跟著清教徒來到了北美。

賽勒姆的高人一分析，這絕對是鬧女巫了，各種手段施展了一通於事無補後，大人們就逼問這些犯病的孩子們，是不是被女巫所惑，他們當然是認為，只有抓到女巫本人，才能施法將其消滅，才能從源頭上解決這個怪病。

女孩子本來就是病人，再被家裡的大人用這麼嚴肅、嚴重的樣子逼問，腦子更嚇糊塗了，交代出幾個她們特別不喜歡的老女人，她們想，如果世界上真有女巫，肯定就是這三個人的樣子。

其中一個是牧師家的女奴，提圖巴，她是來自西印度群島的印第安人，沒事的時候，喜歡給女孩子們講故事。她是印第安人，又是奴隸，還跟女孩子走得最近，肯定是第一嫌疑。提圖巴是個聰明人，看情勢嚴峻，乾脆順著大家的意識，說自己的確是個女巫，而且賽勒姆還不止她一個，有為數不少的女巫，隱藏在社區裡。

出大事了，麻塞諸塞的總督剛從英國回來，就立即組建了特別法庭，專辦女巫案。既然是特別法庭，就特事特辦，也沒個法理依據，提圖巴檢舉的人抓來審，只要你承認自己使用巫術，還能揭發同謀，保證不隨便使用巫術害人，就能獲釋，死不認罪還死不悔改的，殺無赦！

前後抓了兩百多號人，有二十人被處以極刑。其中十五名「女巫」四名「男巫」被吊死，有一位老者用了兩天時間，被巨石活活壓死。大家可以分析一下，這二十個人，為什麼不認罪逃過一死，正因為他們是最虔誠的，寧可死也不願玷污了自己教徒的清白，應該說，這二十個人的死，如同殉道。

鬧劇最喧囂的時候，我們的大學者，科頓・馬瑟出版了自己的論調《無形世界的奇蹟》，從一個受人敬仰的大學者的角度，給予了這場審判以「科學」支持，他認為，巫術是真的存在的，而且跟魔鬼撒旦有密切的關係！

監獄裡關著百十號嫌疑人，還不斷有人被問吊，如此人命關天的時刻，一個「黑嘴專家」真比女巫害人多了。

科頓・馬瑟注定要將自己這一項人生汙跡永久留存於史了，幸好他的爸爸，哈佛大學的校長，克里斯・馬瑟要給馬瑟家族留點兒顏面，他提出，這麼大規模緝捕女巫的行為，也許正是魔鬼在背後操弄，吊死無辜清白的人，正中了魔鬼的圈套，他以一個悲憫的基督教學者的態度提出：就算放過十個女巫，也比抓錯一個無辜的人好！

克里斯・馬瑟說服麻塞諸塞議會停止了這個鬧劇，有關的法官陪審團都向公眾表達了歉意，關押的疑似女巫也被釋放。那些得了怪病的女孩子，竟也都慢慢痊癒了，最初的「檢舉者」承認，自己的確是說了謊。這場把小城弄得翻天覆地的所謂「女巫」案，終於結束。

三百年之後的一九九二年，麻塞諸塞州議會通過決議，讓死者平反，並表達了對他們的尊敬。而克里斯・馬瑟提出的寧可放過十個，也不能錯殺一個的精神，則永久成為了美國司法的重要原則，也是我們現在需要宣導的司法良心。

根據美國人沒心沒肺的性格，慘案過去後，他們的紀念方式一般是輕鬆快樂的。現在這個叫賽勒姆的小城，就成了「女巫」文化的中心，經常舉辦相應的活動，萬聖節之類鬧騰的日子裡，尤其熱鬧。

女巫案真是吃飽喝足「作」的結果，研究基督教在美州發展史的科頓・馬瑟在發現巫術之外，也沉痛地發現，隨著物質條件不斷優越，殖民者越來越世俗、功利，信仰似乎也不純潔了，好多人都忘卻了，他們來到這片新大陸肩負的使命。

清教徒來到新大陸，第一代銘記對上帝的承諾，艱苦墾荒，創造了殖民地的繁榮。到第二代、第三代，就沒有那麼清晰而忠誠的信念了，物質世界的興旺似乎總伴隨著精神世界的衰落。

十八世紀中葉，為了重建殖民地的精神信仰，啟動曾經那樣熱烈激昂的宗教環境，北美地區爆發了一場意義重大的宗教復興運動，被歷史學家稱為「大覺醒運動」。

既然是鼓舞大家恢復虔誠的信仰，自然少不了是牧師的引導。喬納森・愛德華茲是大覺醒運動最為重要的牧師，是美國最早的神學家，也被認為是奠定了美國哲學思想的第一代思想家。

愛德華茲不到十三歲就進入耶魯大學學習，二十一歲成了耶魯的首席教師，後來他接管牧師祖父的教堂，開始佈道。

清教徒一直有個觀點，認為自己是被上帝揀選的少部分人，注定要活出不一樣的榮耀來。愛德華茲則認為，沒有揀選不揀選的分別，上帝的仁慈和愛惠及所有的男女，不管是上等人、下等人，聰明人、笨人，都能通過虔誠的信仰得到上帝賜予的美和快樂。

愛德華茲後，許多優秀的，頭腦清晰的神學家走出教堂，擺脫各種複雜的宗教儀式，走進基層，到底層信徒中傳教佈道。喬治・懷特菲爾德牧師從一七四〇年開始，巡迴整個北美殖民地傳播福音。懷特菲爾德口才出眾，才華橫溢，佈道時激情四射，吸引了萬千信眾。不管是城市還是鄉村，聽說懷牧師來了，所有人放下農具、工具、飯碗趕到現場，屋裡坐不下，就在門外聽，他讓整個大覺醒運動達到了頂峰。

大覺醒運動各種觀點、論調、思想，應該是更專業的基督教書籍討論的問題，作為一本歷史書，老楊重點講講這個運動，對美國歷史的發展有什麼重大的意義。

有人說，大覺醒運動是獨立戰爭的先導，使整個殖民地的團結造反成為可能。

按說來到北美殖民地的人活下來都不容易，明明可以聯手成一家人，互相照應，可他們就是生生地分成了互不搭理並不團結的十三個獨立集團。分裂的根本原因就是宗教信仰上的差異，加上來路各異，品種流雜，殖民地的人們似乎很難融合在一起。

大覺醒運動的牧師宣導的是信仰的正能量，覆蓋所有人的愛與快樂；降低神職人員的地位，強調個人的信仰體驗；各種儀式的正確性或者動作細節都不用苛求；不同教區的分界更不重要；充分的信仰自由和思想解放；最重要的是強調宗教寬容。受到來自歐洲的啟蒙運動影響後，這些「大覺醒運動」的思想又被鍍上了理性的光芒。這就形成了既覆蓋普世價值又帶有美國特色的一種美式基督教。也就是說，在宗教信仰這個最重大的問題上，殖民地的人先取得了默契，為後來終於能整合成一個國家，形成一個民族奠定了基礎。而這種對宗教的思考和復興運動，對美國社會似乎有很好理療作用，於是，後來的美國歷史發展中，類似的大覺醒運動又發生了好幾次，一步步將美國社會、美國文化、美國人塑造成今天這個樣子。

六、大哥打架小弟遭殃

英格蘭的美洲大陸在成長，得益於大英的無為而治。這實在說不上是大智慧或者手段高明，因為十七世紀的英格蘭太忙了，小島子的事都處理不清楚，更別說海對岸這片新大陸了。

為了省去大家翻看英國歷史的時間，老楊照例用一段快板書介紹一下美洲大陸從誕生到翅膀硬了這段時間，英國本土的故事：詹姆士進城到了倫敦，英國的議會讓他頭痛，三十年戰爭傷筋動骨，查理一世磕磕絆絆接了王位；國王想去歐洲打架，宗教國事羈絆他理想，查一想給議會上規矩，議員們就組織軍隊收拾國王；內戰的結果很淒涼，查一提前去了天堂；新模範軍崛起很囂張，革命成就克倫威爾獨裁王；護國公沒有延續輝煌，兒子顯然不夠氣場，查二回家王朝復辟，為繼承權議會產生兩大政黨；詹二想復興天主教，英國議會亂了手腳，幸好長公主是個明白人，嫁個荷蘭的威廉王也信新教。光榮革命真正玩得漂亮，威廉和瑪麗共坐朝堂，大英的議會完勝全場，英國的憲政這才正常。

上面這段快板書，說的是從一六〇三年到一六八九年的英國本土歷史。荷蘭執政官威廉成為英王，終結了英國百年的憲政之爭，在議會眼裡，威廉是個很乖的英王。乖就要獎勵和鼓勵，幫他實現願望，威廉最大的人生理想，就是收拾法國人。

不管是不是威廉的願望，收拾法國人對英國人來說是義不容辭的，回顧歐洲的歷史，英法歷史的中心內容是，不自己打自己的時候就互相打。進入殖民地時代後，英法的戰爭加上了新的內容，那就是對海外殖民地的爭奪，還有，這兩家的恩怨中，從來少不得一個重要配菜，那就是西班牙。

大家翻看一下《聞香法蘭西》吧，英國的光榮革命前後，法王是光彩耀眼的太陽王路易十四。十七世紀後期，因為存了法國自然疆界的野心，十四在歐洲大陸四處出擊，招惹西歐主要國家結黨反法，讓反法同盟成為歐洲國家一個大好傳統。

也就是路易十四的擴張，跟荷蘭威廉結仇，所以，威廉一成為英王，英格蘭就義不容辭地加入了歐洲的反法同盟，找路易十四報仇。這一場戰爭，是西歐主要國家結盟對抗法王，在歐洲大陸被稱為大同盟戰爭。歐洲開打，殖民地的軍隊肯定要跟中央一條心，盤據在北美的英法軍隊也動了手，這是分賽場，被稱為威廉王戰爭。

雖然跟英國人建設新家園的理想不一樣，法國人以貿易和爭奪資源為主要目的對北美的開發也從不懈怠，以魁北克為中心，他們沿河南下，見到順眼的地盤就宣布佔領，十七世紀末，他們來到了密西西比河的三角洲地區，從此這裡就是法屬路易斯安那。

英國人還在海邊忙碌，法國人已經操後路進入了腹地，這個進展，跟法國對印第安的態度很有關係。法國人主要為了做貿易，他們建立的據點、貿易站和教區第一訴求也是生意興隆，和氣生財，所以，在與內陸印第安人的交往中，他們顯得更隨和，更好相處，當然也就優先在內陸站穩了腳跟。

而印第安人呢？這些灰頭土腦的小土著們，自以為無師自通學會了權謀，殊不知他們已經開始犯致命錯誤。有些印第安人因為跟法國的皮毛生意交好，就支持法國人；有些印第安人因為英國製造業發達，工業品讓他們喜歡，就選擇跟英國人一邊。明明是來掠奪自己家園的敵人，小土著們還以為自己可以玩離間、玩蹺蹺板，兩頭漁利，夢想著英法兩敗俱傷，印第安人不戰而屈人之兵，一舉幹掉兩大仇家。可惜，他們入戲太深，功力太淺，終於玩死了自己。

威廉王戰爭開始於一六八九年，在西歐大陸，路易十四強悍地跟大同盟軍隊打了十年，雖敗也牛，而北美戰場上，法軍也沒給王上丟臉，打成平手，英軍不能攻克魁北克，法軍也吃不掉波士頓。

法王心理素質好，大同盟戰爭沒給他什麼陰影，很快十四又野心勃勃地操作了西班牙王位戰。戰爭起因和過程（請大家參看《聞香法蘭西》之二十），同樣，這場持續十二年的歐洲惡鬥，北美依然是分會場，被稱為安妮女王戰爭，這個時期，大英之主是秉性羸弱的安妮女王。

西班牙王位戰的結果，是路易十四的孫子如願成為西班牙國王，法蘭西付出的代價有點大，除了整個國家被打疲，財政幾乎崩潰，還失去了不少海外領土，在美洲，英國人收下了法國讓出的新斯科細亞和紐芬蘭，從位置上看，等於是法蘭西佔據的加拿大地區，向雄霸海洋的英格蘭敞開了大門。

現在西班牙的國王是波旁家族的，而在美洲大地上，西班牙本來也是英格蘭的對頭，喬治亞州的成立就基於這個環境背景。西班牙王位戰之後，因為南美的貿易，大英跟西班牙摩擦不斷，還爆發了所謂的「詹金斯耳朵之戰」。這種小打小鬧頗不過癮，於是兩邊都渴望機會讓他們擴大打架規模。

一七四〇年，哈布斯堡家族想讓公主登基為帝，未遂，普魯士趁機揩油佔領西里西亞（參看《德意志是鐵打的》之二十三）。英格蘭的王室現在是德意志漢諾威家族的，守土有責，怕普魯士動作太大，傷及自家的領地，於是，英國又加入了奧地利王位爭奪戰。美洲大陸連鎖啟動，爆發了喬治王戰爭。

喬治王戰爭看不出英法誰贏了，土地易手的規模也不大。這時兩邊都知道，北美的糾紛，肯定要有一場惡戰來決出高下的。

公平地說，法國人是最早到達湖區、俄亥俄和密西西比地區的歐洲人，如果不用考慮印第安人的感受，這部分地區理論上應該就算歸入法國的版圖了。

英國人不這麼想，英王更不這麼想。不論是哪種殖民地，國王給的特許令最多標示了土地的南北邊界，東西邊界是沒有的。因為英王也不曉得從北美東海岸向西深入，這片大陸到底是個什麼態勢，他也不想知道，他只管簽字蓋章，你能跑多遠就跑多遠吧，被豺狼野獸或者印第安人吃掉，後果自負。如此一來，英國人天經地義地覺得，不管是俄亥俄還是密西西比，那都是英國殖民地向西部內陸的延伸，雖然英國人暫時還沒過去，不等於那個地方我們英國人就放棄不要了。

一七四八年戰爭一結束，法國人開始在俄亥俄地區修建密集的防禦公事和要塞，自然還配合設立貿易點和定居點，英國人非常不滿。

一七五四年夏天，法國人更在匹茲堡建立了一個貿易點。匹茲堡現在是屬於賓夕法尼亞州，在當時，英國人認為它在維吉尼亞殖民地之內，等於法國人欺負到家門口了。維吉尼亞的總督派了個少校軍官帶著人去辦交涉，美國歷史第一位男主角，喬治・華盛頓就這樣首次出鏡了。

頭回亮相，不算太拉風。法國人一點不給未來的美國總統面子。華盛頓同學年輕氣盛啊，他想，我帶著軍隊過來跟你商量，你都不給面子，我回去怎麼跟總督交差呢？兄弟們，動手！華盛頓帶去的一百五十人襲擊了一夥法國人，衝突中有大約十位法國佬喪命，就這樣，華盛頓算是一手拉開了法印戰爭的序幕，也同時拉開了隨後歐洲大陸七年戰爭的大幕。

為什麼叫法印戰爭，當然是因為印第安人摻和其中。雖然也有支持英軍的印第安人，不過印第安人對法國人，尤其是在戰爭初期的幫助更大。

戰爭最開始的兩年，英軍被削得很慘，來自英國的統帥以為自己是在歐洲大陸率領騎士團作戰，預備找開闊場地，布下戰陣，研究好造型再動手。法軍在印第安盟友的教導下，完全放棄傻不拉嘰的騎士作派，躲在森林裡、樹叢中放冷槍。

挽救了英國頹勢的，是大不列顛史上最優秀的首相，威廉・皮特。因為北美大陸吃癟，英國人憋著一股邪火在歐洲大陸找法國人晦氣。七年戰爭在一七五六年開打，威廉・皮特臨危受命領導英軍在全球範圍，多個戰場作戰，而北美戰場，一直受到皮特首相特別的關照。

英國人掌控大局的決定性勝利是在一七五九年，法蘭西在北美的心臟，魁北克陷落，一年後，在蒙特婁，法軍宣布投降。

歐洲大陸的戰爭，因為新的俄國沙皇突然對普魯士國王效忠，戰局逆轉，英普聯盟取得大勝，如此一來，在一七六三年的《巴黎和約》中，法蘭西含著熱淚宣布，他家在北美的殖民計畫和之前所有的努力，化為雲煙。在和約中，西印度群島和印度的大部分法屬殖民地轉讓給英國，從加拿大到密西西西河東部的地區全部讓出，密西西比河以西的法屬土地，法國人則交給了西班牙；戰中英國佔領了古巴，西班牙為了維護自己在南美的統治，在地圖上盤算了一下，最後只能忍著心痛用佛羅里達將古巴換回。

英國人空前強盛，從東到西控制了整個北美的東海岸，土地面積成倍增加，而法國人從此就徹底離開了這一地區，永遠失去了新大陸。他們憂憤難平啊，後來的法王咬牙切齒，發誓有一天寧可傾家蕩產賠上性命，也要報此血海深仇，誰能想到，他還真做到了呢！

七、玻璃心要當心

新首相三把火

七年戰爭尾聲時，英王喬三接掌了王位，新科英王一改之前漢諾威王族在英倫大地的水土不服，意氣風發想要「做真正的國王」。於是，戰爭中鋒頭鼎盛的首相，威廉•皮特只好下課，給喬三的老師讓出首相之位。

喬三的老師hold不住倫敦的政局，舉薦了出身於英國老牌政治家族的喬治•格倫維爾接班。

七年戰爭英國打贏了，面子掙大了，銀子花海了。英國人分析計算下來，主要的戰場還是北美，最多的錢都砸在北美殖民地上。殖民地也是自家的領土，保衛國土是天經地義的，可在戰中，英國軍隊對「美國人」很不滿。

首先是他們戰鬥力低下，作為本地人，在戰場上幾乎不能給予英國軍隊有效的支援；自私自利，任何物質都明碼標價，沒有一點擁軍的態度，疑似通敵，美國的商人毫無敵我觀念，有奶便是娘，居然還跟法國人保持貿易，讓敵人身陷「人民戰爭」的汪洋大海，居然還衣食無缺！

在英國人看來，「美國人」變得如此散漫不羈，是早年間帝國的無為而治留下的弊端，要扭轉這個局面，對北美殖民地的控制必須加強，殖民者需要嚴厲調教。而且，英國收編了原法屬的殖民地，殖民地看起來是擴大了一倍多，但這個地區的法國人和與之同盟的印第安人，都是不安定的因素。沿海殖民地的人民聽說西部的土地是屬於英格蘭的了，肯定貿然西進，很有可能與法國人、印第安人發生戰爭或者引發其他的麻煩。為了不出亂子，也為了英國本土權貴在北美利益重新分配，英國政府頒布命令，不准殖民地人跨越阿帕拉契山脈到西邊去。戰後，大約一萬英軍留在殖民地，號稱是維護殖民地的治安和安全，主要目的是防範印第安人，當然也為了監控預備西進的「美國人」。

英國人對美國人在七年戰爭中的總結和批評讓「美國人」很忿忿不平，他們認為自己在戰中也出錢出糧賠了不少性命隨同母國作戰，軍功章上就算沒有一半，也不應該遭受批判。而且突然留下一支軍隊駐守在殖民地，說是防禦外敵，殖民們卻感覺，這夥人不倫不類的，怎麼看都是留下監視自己的。於是戰後，大西洋兩岸的關係，有點微妙的不妥。

我們小時候學的世界歷史，說到美國獨立的根本原因，最熟悉的某過於，英國對北美殖民地，横徵暴斂，終於逼反了「美國人」。所謂「横徵暴斂」就是亂收稅亂收費嘛，究竟英國人在北美殖民地收了哪些「昧心錢」呢？

喬治・格倫維爾上崗了，英國的政治世家都有些裙帶聯繫，格倫維爾家族跟前首相威廉・皮特家族是近親。

在格倫維爾看來，殖民地的問題就出在政府對他們太寬鬆了，殖民地產生的費用，當然是殖民地負責解決，這難道不是天經地義的事嗎？所以，這位新首相預備向北美地區增收稅賦。

首相大人新官上任三把火，第一把火，他預備捍衛《航海法》的權威。十七世紀時，護國公克倫威爾上位，為了跟荷蘭爭奪海上霸主之位，頒布了著名的《航海條列》，大意就是，只要發往不列顛及其殖民地的貨物，必須使用英國的船隊，違者貨物罰沒。就是這個條款後，英國戰勝荷蘭，雄霸大洋了。

《航海法》在後來的歲月被多次修改，但主體思想基本沒變，都是嚴格限定某些貨物必須使用英國船隻。進入重商主義時代後，這項法案就更苛刻了，尤其是針對殖民地的部分：英屬殖民地的產品，只能直接運往英國、愛爾蘭或其他英屬殖民地，不得繞航；從美洲殖民地進出口貨物只能使用英國船隻，亞洲和非洲殖民地同理；只有英國國民才能與殖民地貿易，殖民地進口只能經由英國或者愛爾蘭；羊毛等殖民地生產的特定產品只能出口到英國港口；所有運往英國殖民地的歐洲貨物，必須由英國船隻經由英國運輸。

法例是很刻薄，美洲殖民地很不爽，但也沒讓他們難以忍受，大英政府粗放式管理，上有法例下有對策，北美地區的走私生意一直是如火如荼非常猖獗的。

格倫維爾首相宣布，《航海法》必須嚴格遵守，並對走私犯展開嚴打，一旦抓住，送交海軍法庭審判，沒有陪審團，因為他知道，殖民地選出的陪審團，絕對不會判「美國人」走私有罪的。這下，殖民地的商人感覺到有壓力了。

第二把火，首相又搗鼓出兩部法例，於一七六四年在英國議會被通過，一個是《糖稅法》，另一個是《貨幣法》。

《糖稅法》顧名思義，就是對白糖徵稅。那個時代，不管是英國還是美洲，釀酒生意總是好做的。前面說到，新英格蘭地區已經將蘭姆酒當作是主要出口業務，而蘭姆酒就是由甘蔗釀製的。

西印度群島的甘蔗產地基本都是殖民地，大都被控制在法國、西班牙或者荷蘭手裡。雖然《航海法》規定，蔗糖之類的東西，殖民地必須從英國進口，可釀酒商又不傻，我能搞到西印度群島的便宜貨，幹嘛繞彎使用英國的暴利產品呢。

怎麼控制酒商的胡作非為？好辦啊，所有西印度群島進入殖民地的蔗糖，統統加稅！這是《糖稅法》。

《貨幣法》是這樣來的：都知道來美洲謀生的殖民者不富裕，他們過來時，身上也沒帶著很多英鎊。而有錢的領主們，他們天天等著殖民地給他們送錢呢，更不會把鈔票送來美洲了。這樣一來，美洲大地十三州，這麼些人口，這麼多貿易，在美洲沒找到金銀礦之前，貨幣奇缺。貿易沒有貨幣怎麼辦？最早就是毛皮啊、貝殼啊、魚骨之類的東西代用，看著比原始人還可憐。後來各殖民地政府急群眾之所急，發行了一種可以在北美使用的貨幣，也就是美元的老媽——「殖民券」。

格倫維爾首相聽說這個事後，很不高興！太兒戲了吧，你們殖民地幾個鄉民，就敢自己印鈔票玩，這還有沒有王法了？馬上取締！給英國繳納的各種稅收，必須是真金白銀，你們那些破紙，立馬燒掉，不准流通！

三部法例被首相這麼一掄，幾乎可以說得罪了殖民地大部分商人和種植園主。普通老百姓，一家子守著一片土地，自給自足，沒受影響，所以情緒穩定。沒想到首相這第三把火，就燒到了殖民地所有百姓的身上，他預備玩《印花稅法案》了。

《印花稅法案》也不是專門針對殖民地的，因為不列顛國內一直是實行的：所有官方文件、報紙、契約、合同、單據包括紙牌，只要是印刷品，一律要貼上印花。這些印花由專門的網點銷售，金額不等，最大也就是兩便士。

這項稅收可是人人有份的，只要是個人，管你是掃街種地的還是倒馬桶的，手上肯定有印刷品吧，不可避免都要去買印花來貼上。這樣一來，殖民地的老百姓也開始咒罵首相了。

要說格倫維爾首相這三把火是苛捐雜稅，他自己肯定覺得委屈。仔細分析一下，這幾項法例都不算離譜。最關鍵的是，不管英國人怎麼收，他們都是考慮了美洲大陸的接受能力的，比如印花稅，對美洲徵收的額度，要比英國本土小多了，而且這筆稅收，也幾乎全部用在了殖民地。

「美國人」可不這麼想，七年戰爭中，英國政府真是投了不少錢到美洲戰場，「美國人」還敵友不分兩頭貿易，所以，北美戰中的經濟蓬勃發展（這都快成美國傳統了）。戰後，進來的英鎊少了，整體經濟就出現了蕭條，這個時候跟「美國人」收稅，他們肯定是一肚子牢騷。而且，對「美國人」來說，從他們來到新大陸，一直是自治自立自由的，雖然都願意效忠英王，可不願意有實際上的表示，殖民地各地區都有自己的政府，「美國人」自己選出來的，有事自己解決，實在不勞倫敦的各位大爺記掛。可現在倫敦的議會，居然敢越過殖民地自己選出來的議會，收「美國人」的稅，哪有這種道理啊?!萬一這次讓倫敦的政客們如願了，以後「美國」殖民地就真成他們提款機了，「美國人」還能有好日子過嗎？

handsome 組合

根據歷史經驗，革命這東西，門檻挺高的，一定要百分之八十以上的底層百姓認同才可能成功。而我們都知道，底層的百姓，不是被逼到「亡亦死，舉大計亦死」這種山窮水盡的份上，絕對不會隨便反政府。

「美國人」也同樣，到現在為止，他們還以自己身為大英帝國的子民為榮，在他們心裡，對大洋對面倫敦的認同感和依賴感，絕對要高於對其他同樣在美洲艱苦謀生的美國老鄉的感情。面對「剝削」，雖然茶餘飯後咒罵首相，心有不滿，他們的生活真沒受到巨大的影響或者打擊，如果中間沒有其他的因素挑撥刺激他們，咒罵一陣後，「美國人」差不多就麻木了，每天罵罵咧咧地交稅，每天罵罵咧咧說倫敦人當我們二等公民，每天在微博上罵罵咧咧批評政府無能，只是北美依然安全地留在大英的版圖裡。

革命有兩大要素，第一，憤懣激動的百姓；第二，天才的煽動者和組織策劃者。也許美洲的百姓還不算太憤懣太激動，可天才已經橫空出世了。

行業規矩，革命如果不成功，挑唆領導革命的，是死無全屍的逆賊；但如果革命成功，逆賊就逆轉為「國父」。在美國，「國父」是要用複數的。

如果革命之前我們幫大英政府擬定一個十八世紀北美大陸的逆賊榜，第一個上榜的，應該是約翰・漢考克。

約翰・漢考克，男，生於一七三七年，二十七歲那年他是北美首富！漢考克的成功，不是勵志故事，他不過是會投胎而已。他的叔叔，波士頓老牌商人——湯瑪斯・漢考克，那才是勵志典型，從一個書店的小夥計成長為北美著名的富商，自學成才成為哈佛教授，還將漢考克家族打造成北美世家，波士頓議會的召集人老湯瑪斯沒有兒子，收養了侄兒，二十七歲的約翰繼承家業，不僅年紀輕輕成了首富，自然也當仁不讓成為波士頓議會的中心人物。

漢考克家發跡靠做貿易，從英國進口成品包括高檔工業產品，再把美洲當地的原材料或者資源發回英國去。英國為了保護自家的產業，在殖民地設了很多限制：都知道英國養了好多羊，都羊吃人了，所以啊，美洲大陸的羊毛和羊毛產品肯定是禁止的，甚至不准美洲發展製帽業；英國工業發達，產品齊全，所以工業設備和產品就由英國人獨家壟斷，美洲大陸就算有條件有技術，也不准涉足。如此一來，需要從英國進口的東西很多，英美之間的貿易是門收益極高的生意。

約翰・漢考克接下家業那年，正好是一七六四年，新首相上任燒了三把火。本來戰後美洲經濟蕭條，貿易量縮減，收入肯定比叔叔在時差點兒，如今《糖稅法》問世，約翰在家一算，一年裡外多了幾萬英鎊的稅錢啊。幾萬英鎊，在當時當地，絕對是一筆巨款。

約翰很不服氣，我一接手就攤上這事，年底報表上利潤不明顯，不明真相的圍觀群眾肯定認為我是個沒用的富二代，敗家孩子。約翰膽大，早年一直被叔叔放在倫敦管理辦事處，深諳倫敦官僚的行事風格，所以他想都沒想就開始走私，每年花個三兩千打點海關，幾萬英鎊說省就省了。

《糖稅法》可以躲，隨之而來的印花稅約翰可躲不掉了。他家貿易量大，單據合同之類的也多，想像這筆印花應該是不少。再多也只是印花稅，對漢考克家來說，肯定是小錢。但如今約翰升級為一個走私商人了，膽兒很肥，心態更不一樣了，這不是錢多錢少的問題，所有來自倫敦的稅，小爺一分都不願意交！印花稅沒法走私，躲不掉，行，那我就公開抗稅！

抗稅這個事是個群體工作，一個人再牛都成不了氣候。要抗稅，你必須說服一群人跟你一起抗。世界上最難的事，第一是將別人兜裡的錢弄到自己口袋裡，第二是把自己的思想裝入別人的腦子裡。約翰有經商天賦，從小也被當商人培養，精通把別人的錢賺到自己口袋裡，但說到把自己的思想植入別人的大腦，約翰就不行了，他雖然下定決心抗稅，但他的出發點大部分是從私利出發，以這個出發點和約翰的能力，想說服廣大美洲人民一起對抗母國，難度太大。

幸好，上帝給約翰安排了天造地設的幫手，絕配。

話說約翰家小時候有個鄰居，亞當斯家，家裡也有個差不多大的孩子，叫約翰・亞當斯。這位約翰後來也進了哈佛，修的是法律，學霸，人生道路很順遂，約翰・漢考克成為首富的時候，約翰・亞當斯也是個北美地區頗有聲望的大狀（訟務律師在香港俗稱大狀）了。

兩個約翰是好朋友，約翰・漢考克更喜歡約翰・亞當斯的堂兄，他叫塞繆爾・亞當斯。塞繆爾鐵定也可以算是大英帝國逆賊榜上的頭號人物！

塞繆爾成為「逆賊」前，是個逆子，雖然也畢業於哈佛。當時的哈佛沒現在門檻高，稍有條件的北美子弟，尤其是麻塞諸塞本地戶口的，入學都容易。哈佛畢業的想有出息，要麼成為宗教人士比如牧師，要麼就是做律師。塞繆爾學了法律，在牧師和律師之間權衡後，他選擇經商，將來可以接管家裡的釀酒生意。

從塞繆爾參加工作，他就沒讓大人省心。這孩子全身上下都是反骨啊，天生一個造反派，他哈佛畢業時的論文題目就叫《論殖民地人民是否可以合法地抵制英國法律》，公然教唆人違法！家裡給找個工作，他不好好幹，每天到處打聽哪有「違法」行動，好積極參與。上班被抄魷魚後，自己做生意，把家裡給的本錢賠光。好在再不濟，還是可以接管家裡的酒廠嘛。做了酒廠老闆更離譜了，不管哪有政治活動，他立即就關門放假，頂風冒雪也要參與其盛！在這種經營態度下，家裡的酒廠天經地義地倒閉了！

這樣的人，不給他一個伸展反骨的機會，恐怕一輩子就惹是生非擾亂社會治安了。好在大英政府及時挽救了塞繆爾，隨著《糖稅法》的出爐，塞繆爾找到了人生目標和事業追求，那就是，造英政府的反！

塞繆爾有思想有激情會煽動，加上漢考克在背後提供金援，這個反動組合就算正式成立了。我們給他們起個名字叫「翰塞組合」吧（聽上去非常 handsome，這兩位大佬應該沒有意見）。

造反天才塞繆爾出手不凡，他很快就為整個北美的抗稅行動找到了義正言辭的口號和綱領：無代表則不納稅！

無代表不納稅不算什麼新鮮口號，因為英國人毫不陌生。幾個世紀前拋出的《大憲章》究其本質，就為限制國王亂收稅。民眾選出代表進入議會，如果議會通過收稅，哪怕砸鍋賣鐵，老百姓也會繳得毫無怨言。因為代表是自己選的，代表表達自己的訴求，但，最怕的就是被代表。

議會改革前的大英議會，是老牌地主和大商人的天下，受財產限制，議員名額在英國本土也分配不公，更不可能給殖民地人一席之地了。所以美洲人說，我們在議會下院沒有代表，所以倫敦政府通過的對殖民地收稅的法律則是暴政！

這是無可反駁的論點，倫敦的議會也不能自己打自己的嘴，他們非常無奈地說，其實下院有殖民地的代表啊，所謂的「Virtual representation」（虛擬代表）嘛！這種回答簡直就是調戲「美國人」了！

要發動群眾，不能沒有媒體，約翰出錢，塞繆爾操盤，誕生了《波士頓紀事報》，誰說這個報紙是嚴肅真實的，老楊第一個不答應，在當時，這報紙的主要功能就是唯恐天下不亂！

翰塞組合效率很高，真是將波士頓地區的反抗情緒激發出來了，塞繆爾馬上因勢利導，成立了「自由之子社」，有報紙有幫派，加上英國政府還非常配合地出籠了旨在得罪所有「美國人」的印花稅，事情很快就鬧大了！

不信邪的倫敦

在「自由之子」組織下，抗稅活動風生水起。買印花的網點被砸，稅務人員被恐嚇，印花被燒毀。在「自由之子」內部，人員素質是良莠不齊的，不少是經濟衰退的失業漢，參與鬧事時，尺度是不容易控制的，以至於波士頓發生了攻擊總督府的事件。

新英格蘭地區開始號召所有人抵制英貨，婦女們夜以繼日地紡織，以配合抵制來自英國的紡織品。還有個地區的未婚少女們互相約定，如果遭遇認同印花稅的求婚者，二話不說，踢他出門。

一七六五年十月，紐約召開了「印花稅法案代表大會」，有九個殖民地派代表參加了，對歷來不甚團結互相不賣帳的殖民地來說，這絕對是大事了。在會上，雖然所有代表都認同，美洲殖民地依然認可對大英的「絕對從屬地位」，但倫敦來的稅目，只要不是美洲自己的議會通過的，「美國人」堅決不交！這次會議再次動員北美人民，要「全面抵制英貨」。

幾個月後，眼看著對北美出口降到三十年的低點，倫敦議會坐不住了！印花稅能收幾個錢啊，議會中的大商人、大地主直接損失已經巨大了，因小失大，芝麻沒撿到還把西瓜丟了，必須立即廢止「印花稅」！

北美抗稅活動的第一輪較量，彷彿是以殖民者勝利告終，然而倫敦是放不下這個顏面的。格倫維爾首相辦事不利，下課換人，新首相上臺後就對北美發出訓斥：真是一群刁民啊！你們以為取消印花稅就算你們贏了？臭美！「無論什麼問題，英國議會都有權力制定針對殖民地和『美國人』的法令！」

這個時候放狠話已經沒用了，既然「印花稅」可以廢，其他讓北美不痛快的法令都值得推敲。看著殖民地的律師商人們帶著「美國人」越來越囂張，英國議會只好把高齡的老威廉・皮特請出來組閣，指望他的政治智慧能平息局勢。

老威廉此時出山，力不從心，嚴重的痛風和精神方面的毛病，讓他不能理事。這時，一位非常神氣傲嬌的英國佬，財政大臣查爾斯・湯森出現了。

湯森認為，不能因為殖民地幾個刁民鬧事，政府就不跟美洲收稅了，可以收得聰明點嘛。於是，湯森同學頂著壓力，毫不懈怠地拋出了「湯森法案」。

法案包括兩條：第一條，湯森要強化一七六五年頒布的「兵變法」，這個法的主要內容就是：英國的軍隊駐紮北美，殖民地的居民應該為他們提供住宿和補給。前面已經說到，「美國人」對於英國軍隊不倫不類留在北美心存芥蒂，如今還把這筆費用強加於殖民地，居民們肯定不會配合擁軍。英軍的司令部設在紐約，為了保障「兵變法」執行，湯森果斷解散了紐約的議會，他認為紐約沒了議會，就沒人組織鬧事了。

「湯森法案」的第二條還是收稅，收關稅。湯森覺得，印花稅人人有份，政府直接收，容易激發矛盾。關稅主要是針對商人，消費者是間接交稅，不直接從腰包裡掏錢，說不定他們就沒意見了。關稅的徵收品種包括：所有從英格蘭進口的油漆、紙張、鉛墨、玻璃、茶葉等。配合新關稅實行的，是政府升級的收稅手段，比如大英的海關官員可以隨便進入殖民地的任何場所：民居、店鋪、倉庫，去搜查沒收走私物品。

湯森同學顯然不是來平息事態的，他往北美的革命火種上又澆了一桶汽油，遺憾的是他自己看不到他自己闖的禍，因為一七六七年，這夥計突然死掉了。接班幫他滅火的英國首相，是諾斯勳爵。新的這輪抗稅行動，不僅是原來的波士頓地區了，紐約和費城都加入回應，後來連一向不摻和，跟倫敦保持友好關係的南方種植園主也加入行動，聯合抵制被「湯森關稅」加價後的所有商品。

北美的抵制行動總是能快速奏效，英國議會權衡利害，只好預備再次低頭，將「湯森關稅」取消，可惜這個態度還沒傳到北美，就出了大事了。

熱血波士頓

北美地區尤其是波士頓的殖民者，對抗稅的行動鐵了心，動作也不斷升級，英國海關被騷擾得無法正常工作。於是，四個常規軍團進駐波士頓，隨時預備鎮壓亂黨。

前面說過，英國派駐在北美的軍隊，是一群身分尷尬的傢伙。他們替英政府打工，薪水卻要在殖民地領取，還要在殖民地自主解決吃住問題。殖民地人從來不待見他們，軍餉也難以保障，生活相當艱苦。大兵們恨「美國人」不擁軍，「美國人」恨大兵們百無一用還浪費食物，兩邊都看不順眼。而一發現有製造事端的苗頭，《波士頓紀事報》之類的媒體就大肆渲染英軍的醜陋，讓兩邊的樑子越結越深。

一七七〇年三月的一天，幾個可憐英國士兵想去波士頓一個帆船廠找個工作，領不到軍餉也要吃飯吧。帆船長的工人們驅趕他們，街上那麼多失業的「美國人」，有工作機會也不能便宜了英國大兵啊。於是兩邊發生了口角，也許還有肢體衝突。

三月五日，猜測是工人大哥們嚥不下這口氣，跑到海關大樓的崗哨去鬧事。當地的孩子從懂事就知道英國兵是大壞蛋，看見大人們去吵架，絕對不能落後，有個孩子就往崗樓裡丟擲雪球。

駐守在敵意環伺中的英國上尉已經被培養出草木皆兵的反應，一不留神還反應過激，他認為工人們搞不好就是以雪球為武器要攻佔海關大樓了，急吼吼地下令英軍做出防禦動作。

這絕對是一場混亂，其間的細節，老楊一直找不到權威的現場描述，英美兩國的史書更是各執一詞，自己肯定是佔理的，對方是粗魯的，責任絕對不是己方的。事件的結果看上去是英國人理虧，因為他們用槍支對抗雪球，還向人群開了槍，有五個居民被打死，六人受傷！

公平地說，這個事怎麼看都像是群體鬥毆失手。但波士頓的造反總部不這麼想，《波士頓紀事報》第一時間為事件定性，稱之為「波士頓大屠殺」和「波士頓慘案」，專揀驚悚的字眼。波士頓方面找到了言之鑿鑿的當事人和目擊者描述事件經過：這就是一起，英國當局，蓄謀已久，精心策劃的對手無寸鐵的北美居民的屠殺行為！

事件越傳越廣，越傳越遠，整個北美很快都風聞了各個版本的「慘案」。藉著這個事件，塞繆爾組織了波士頓通信委員會，既然叫「通信委員會」，顯然塞繆爾不滿足於在波士頓組織打砸搶燒了。因為抗稅活動表現積極，「翰塞組合」先後被選為麻塞諸塞議會議員，並成為中堅，所以現在他希望殖民地之間能聯合行動，向所有十三個殖民地宣傳大英政府的「暴政」和「暴行」，號召殖民地緊密團結在由塞繆爾領導的麻塞諸塞周圍，繼續而持久地跟政府對抗。

「波士頓大屠殺」之後，英政府非常嚴肅認真地對肇事軍官進行了審判，特別需要說明的是，在審判中，約翰・亞當斯主動請纓為英軍的上尉辯護！約翰・亞當斯當然跟「翰塞組合」是一條藤上的，為什麼要為「敵方」辯護呢？

約翰・亞當斯說得好，必須保證審判是公平公正的。雖然在殖民地開審，不能讓倫敦那邊覺得殖民地人不講法制，就算我們都不喜歡英軍，認為他們是壞蛋，他們也應該受到公平的對待，而不是製造黑幕弄死他。法律是不應該受到任何激情或者個人恩怨干擾的！在約翰・亞當斯精彩的辯論下，英軍的上尉還獲得了無罪釋放。英政府迫於翰塞組合的強大壓力，撤出了安置在波士頓的軍團，而且幾乎是同時，中止了「湯森稅法」，僅僅留下了「茶葉稅」這一項。

不能不說，英國議會息事寧人的態度非常友善，可事態已經發展到這個程度，「翰塞組合」是不會罷手了，因為他們已經有非常明確的目標了，那就是，讓北美大陸，完全徹底脫離英政府的統治和轄制，雖然這個想法，在當時肯定讓很多「美國人」震驚和不能接受，甚至塞繆爾都不敢公開地發表這個終極理想。

「翰塞組合」在等待，在預備，他們知道，英政府的傲慢和財政窘況，一定會導致他們再次犯錯。果然，諾斯動爵，不負重望，為北美的革命，填上了重要的一把乾柴！

禍起於「湯森稅法」沒清理乾淨的「茶葉稅」，主要肇事者，是曾經風光無限的東印度公司。

英屬東印度公司受女王特許，幾乎代表英王君臨印度，又是商業機關，又有行政職能，機構越來越大，內部的問題也越來越多。到十八世紀中晚期，東印度公司遭遇了嚴重的經營困難，幾乎不能再為帝國製造效益。印度是英王王冠上的明珠，東印度公司就是明珠的守護者，印度有多重要，東印度公司就有多重要，為了保護大英的頭號國企度過難關，一七七三年，國會通過了《救濟東印度公司條例》，而其中最重要的內容就是認可東印度公司的茶葉在北美貿易的壟斷權，讓他們在最短的時間內，將庫存的一千七百萬磅茶葉出清變現。

以前北美殖民地人想喝口茶葉流程是很複雜：東印度公司從印度一帶收茶葉——運到英國——英國的茶商從東印度公司買入茶葉，算是一級批發商——美洲的進口商跟一級批發商購入，這是二級批發商——二級批發商將茶葉進口到殖民地——殖民地的零售商到進口商手上進貨賣給殖民地居民，總算是喝上了。大家算算，上面四層買家都要賺錢，美洲的主婦買茶葉掏錢時，手難免會哆嗦。

好在東印度公司不光英國有啊，荷蘭的東印度公司也風生水起的，他們也販茶葉，美洲商人不都是走私高手嘛，他們聯手荷蘭，繞開英國霸道的「航海條列」，為北美殖民地提供便宜好茶。

英政府想出來扶植英國東印度公司的方法簡單有效，以後東印度公司的茶葉，經過英國轉運的，英政府給退一半的關稅，然後直接拉到美國的港口去，找北美自己喜歡的代理商，想怎麼賣就怎麼賣！

東印度公司直接對消費者，沒有中間商，關稅可以減免，所以，這些庫存茶葉進入北美，價格是非常低的，甚至還低於荷蘭走私茶。

便宜茶葉發往北美，這應該算是巨大的利民舉措吧，在倫敦方面看來，殖民地人民應該歡欣鼓舞才是。他們怎麼也想不到，北美人反應這麼大，拒絕得如此強硬。

「美國人」為什麼拒絕便宜茶葉？首先，它肯定是直接傷害了殖民地茶葉商的利益，本來賣茶葉賣得好好的，突然你政府幫著一個公司玩惡意壟斷，讓美洲茶葉商集體倒閉！今天政府可以用立法權整死茶葉商，那以後所有的產業都有被整死的風險，為了英國的利益，整個北美殖民地都可以被犧牲。這不算反應過激，是合理聯想，政府背景的壟斷，是對產業和消費者最大的茶毒！

東印度公司的茶葉船陸續來了，北美個主要港口都採取了抵制：在費城、紐約、查爾斯頓，有的港口不許船隻卸貨，有的直接封存了茶葉。一七七三年十二月十六日，當地人阻撓無效，三艘茶葉船駛進了波士頓港。

「自由之子」可不是吃素的，塞爾繆馬上組織了一夥人，化妝成印第安的莫霍克人，吱哇亂叫張牙舞爪就上了船，在船工驚愕的圍觀下，價值一萬八千英磅的茶葉被倒進了大海！一萬八千英鎊啊，在當時可是巨大的一筆款項，而這麼多茶葉倒進海裡，以後沿岸居民隨便抓條魚上來煮煮，魚湯就能當下午茶喝了。

波士頓港的運動給其他港口開闢了思路，他們紛紛開發出了適合自己地區情況的，修理東印度公司茶葉船的玩法。消息傳到倫敦，再多的茶水也平息不了議會老爺們的怒火，假髮都差點燒著！

在向波士頓索賠無果後，議會以絕對多數通過了「強制法案」，共四條：一，波士頓港立即關閉；二，大量削減殖民地自治權利；三，派往殖民的的皇家官員，如果在當地犯法即使是殺人放火強姦婦女被指控，也可以回英格蘭受審；四，殖民者有空閒房屋或者貨倉，必須提供給駐軍使用！

以上這四條不算震動？那看看第五條，著名的「魁北克法案」，規定：魁北克殖民地邊界擴充到俄亥俄和密西西比河之間，那裡的法國居民全部被劃入其中，授予這些天主教徒以信仰自由，並給予天主教徒政治權利。

清教徒因為宗教迫害來到北美，這麼長時間了，也許他們跟天主教之間的對立隔閡已經有所緩解，但是記住，宗教永遠是問題，也許授予天主教徒以平等地位算不得大事，本來殖民地的宗教氣氛已經非常緩和，可在英美開始對立，矛盾一觸即發時，英政府對天主教這種曖昧的開放態度，無疑會讓事情更糟！

既然是強制法案，當然要有強制保障，原來統率著所有殖民地英國軍隊的蓋奇將軍被任命為麻塞諸塞總督，喬治三世已經宣布「美國人」為叛逆，蓋奇將軍領兵入主麻塞諸塞，就是預備從這個叛逆的中心點開始鎮壓。

神祕第一槍

麻塞諸塞州成為嚴打對象，好像應該被孤立，誰知塞繆爾發出邀請，通過「通信委員會」的運作，十二個殖民地（喬治亞因為總督的阻擾沒能參加）居然派出代表於一七七四年九月在費城木匠會堂召開了第一屆大陸會議。

這一次碰頭開會，整個殖民地對英政府的態度是這樣分布的：大約三分之一認為應該脫離英王獨立；三分之一認為還是跟英王和解，以後有事商量著辦；剩下三分之一呢？打醬油的，等看哪邊強勢再選擇立場。

雖然在要不要造反獨立這個大型問題上沒有達成一致，但與會代表都認同，要讓英王了解北美疾苦，修正統治方式，所以最後就擬定了一份「抱怨聲明」，跟英王撒嬌：王上，我們對您的忠誠日月可鑒，可您對待我們像後娘生的，我們殖民地苦啊，那些控制壓制限制我們的法律，真不能拿出來了，受不了啦！

這是一次向大英帝國表達忠誠的大會，其中最不敬的內容就是，殖民地商定在訴求達成前，繼續抵制英貨，禁止英貨進口，馬上組織地方委員會，對出售和消費英國貨的人以制裁或侮辱；風口浪尖上的麻塞諸塞更是預備組建民兵，以防禦英軍可能對波士頓的進攻；而且大家還約定，「大陸會議」就算是殖民地的常設機構了，有時間要再開。

本來互相嫌棄的殖民地居然組團開會了，還發表聯合宣言了，稍有政治遠見的政客就應該明白，此時要適可而止，安撫民意。但諾思勳爵以為自己更聰明些，既然北美這些反賊有溫和派和激進派兩種，就完全可以分化他們，「強制法案」不用廢止，稍微協調一下，先滿足溫和派的要求再說嘛。

諾思勳爵的新思路也許會奏效，他也沒機會看到了，因為這些協調方案還沒送達北美，那邊已經開火了。

蓋奇駐紮在波士頓，有兵有槍，可波士頓人一點不怕，他們該怎麼鬧還怎麼鬧，居然還組織了民兵預備搞對抗。倫敦高層們對蓋奇很不滿，認為這夥計沒有作為。蓋奇給逼急了，行啊，我就主動出擊吧，當時英軍很多人都認為，對付北美刁民，揍他們幾次，燒幾座城池，絕對能讓他們永遠老實了。

卻說自從麻塞諸塞開始組建民兵，「翰塞組合」就更忙了，徵兵、訓練、裝備，都需要組織啊。最近這幾天，他們在波士頓西郊的萊克星敦一帶活動，而在距離波士頓十八公里的康科特鎮，已經預備了大量的軍火。

一七七五年四月十八日夜，英軍少校皮特．凱恩帶著一千人出發了。英軍一直在「自由之子」的監視中，一千人的調動，很快就驚動了眼線。威廉．道斯和保羅．里維爾收到報信的任務，策馬飛奔，趕到萊克星敦，讓「翰塞組合」趕緊跑。塞繆爾腦子很清楚，抓他們兩個反賊，一千人太多了，此次出動，多半是為了康科特鎮的軍火，所以兩人一邊逃跑，一邊組織向康鎮報信，快速轉移軍備。

英軍達到萊克星敦時，民兵們已經列陣以待了，訓練了好一陣了，還沒實戰過，第一次上戰場，端著槍手會不會發抖呢？

那神祕的一槍終於響了，誰開的，不知道！這種狀況下，槍聲一旦響起，必是一場亂戰，英軍顯然更精良更專業，很快民兵就死亡八人，傷十人，迅速撤退。

英軍首戰告捷，乘勝前往康鎮，軍火果然已被大部分轉移。而萊克星敦的死傷消息也驚動了很多人，趕回波士頓途中，大批的民兵躲在樹後、屋後、石頭後對英軍放黑槍，英軍像活靶子一樣被襲擊，逃回波士頓要塞時，有兩百七十三人傷亡失蹤。

到現在為止，所謂北美獨立戰爭第一槍的萊克星敦事件都是謎案，這載入史冊的第一槍好像不代表榮耀，英美兩國誰也不領這個功勞，都指責是對方先動手。而在萊克星敦事件中，最明星的人物不是「翰塞組合」，而是當晚騎馬報信的保羅．里維爾。因為十九世紀時，美國著名的詩人朗費羅寫下了一首長詩《夜騎送信的保羅．里維爾》，將保羅．里維爾塑造成美國英雄，千古傳奇，朗費羅這首詩很紅，連帶著保羅．里維爾就大火了。

從一七六三年七年戰爭結束到一七七五年萊克星敦槍響，中間只有短短的十二年時間，英美兩邊就由同根同種的同胞，變成了敵人，從老楊上面講述的過程來看，要說英國人真是以暴政和苛捐雜稅逼反了「美國人」，多少有點兒冤枉。

在對待暴政和苛捐雜稅這個問題上，中國人的神經是最大條的，以我們的角度看，這點子破事就哭著鬧著還造反，美國佬真正是群玻璃心，相信大英政府也理解不了這些玻璃心，至少兩邊在對某些事物的理解上出現了嚴重的邏輯分歧。

美洲殖民地為何會反，是研究美國革命史一個比較熱門的問題，各種流派都有，從政治體系上研究的，從意識形態上研究的，從社會學角度研究的，當然也有從經濟層面研究的，現在看來，這些因素都起作用，不過在當時，作用都不是決定性的。實際上，萊克星敦槍響時，不管英國人還是「美國人」，他們都還不知道，這就是第一戰，北美的革命已然拉開了大幕，而即使是最有準備，最不怕翻天覆地的「翰塞組合」，恐怕也沒料到這場戰爭的辛苦和意義。

八、常識和獨立宣言

人類天生都是自由、平等和獨立的，如不得本人的同意，不能把任何人置於這種狀態之外，使受制於另一個人的政治權力。

任何人放棄其自然自由並受制於公民社會的種種限制的唯一的方法，是同其他人協議聯合組成為一個共同體，以謀他們彼此間的舒適、安全和和平的生活，以便安穩地享受他們的財產並且有更大的保障來防止共同體以外任何人的侵犯。

當某些人這樣地同意建立一個共同體或政府時，他們因此就立刻結合起來並組成一個國家，那裡的大多數人享有替其餘的人做出行動和決定的權利。

——約翰·洛克《政府論》

約翰·洛克是十七世紀英國著名的哲學家思想家或者還有其他什麼家，他官方認證的身分，是經驗主義的祖師爺。經驗主義是有關人的認知的一種學說。西方人嘛，最早信奧林帕斯諸神，後來又信基督，當時他們認定，人的很多認知是生來就有，攜帶在基因裡的，是天賦。上帝造了萬物，在造的時候就給予了他老人家認為適當的配置。經驗主義這派認為，上帝沒那麼辛苦，人生下來就是白紙，後來的知識性格思想種種，皆是成長中對外部世界的反應和吸收。

經驗主義跟本篇書關係不大，約翰・洛克對美國歷史的影響，還是因為他關於政治和政府的研究，也就是這部著名的《政府論》。整本書的中心思想非常容易提煉，一句話就可以說明白：人是生來自由的，擁有生命、自由、財產三大權利，但為了保護這三大權利不受其他人侵犯，大家就選一些為大多數接受的人，組成一個政府，保護大家的權利；政府是民眾間根據契約產生的，當大多數人發現政府不能提供大多數人需要的保障時，這個政府就可以被炒魷魚。

萊克星敦的槍聲讓殖民地激憤，有些按捺不住的民兵從四面八方趕到波士頓增援，局勢顯得更加緊張了。一七七五年五月十日，第二屆大陸會議再次召集。

怎麼辦？宣戰嗎？當然不，到此時此刻，與會的絕大多數代表都沒想到要跟國王翻臉拼命，按老規矩，他們又通過了一份看起來很慫的《橄欖枝請願書》，再次向英王宣誓忠誠，並希望大英議會能認真考慮殖民地的訴求，平心靜氣解決爭端。

美國人此時很糾結，他們一方面組建民兵組織軍備，跟英軍動了手。麻塞諸塞議會因為波士頓局勢向大陸會議尋求增援，大陸會議立刻通過了任命四十三歲的維吉尼亞種植園主，喬治・華盛頓為大陸軍的總司令，六月上任，對抗英軍；另一方面呢，還跟英王拋橄欖枝。英王並不傻嘛，聽其言觀其行，你們這幫小刁民一邊組織軍隊在波士頓與英軍總部對峙，一邊你們說自己忠誠日月可鑒，誰信啊。

大陸會議和英王，你來我往，預備纏纏綿綿到天涯，可波士頓的戰況卻是一觸即發的。萊克星敦一戰後，英軍退守波士頓，美國民兵非常高效地將他們包圍，並在邦克山附近的布里德山上設置了據點，不久，三千英軍向一千民兵發動了攻擊。

邦克山戰役是北美獨立戰爭開始後，雙方第一場正式的戰役，雖然從士兵素質、戰備等方面來看，顯得一點兒都不正式。

殖民地民兵浴血奮戰，造成了一千多英軍傷亡，可畢竟實力上的差距太明顯，最終邦克山和布里德山兩個陣地還是被英軍佔領。

戰中，殖民地戰士們表現出來的戰鬥精神讓蓋奇將軍害怕，他發給倫敦的戰事報告中說，在對付英國人的時候，「美國人」表現出了反抗法國人時從來沒有過的精神和鬥志！

可以想像，邦克山的事傳到倫敦，橄欖枝肯定就變成了燒火棍。實際上，在橄欖枝送出後不久，聽說英王對請願書看都不願看，大陸會議已經發出了另一種聲音，宣告北美大陸可以拿起武器對抗英王暴政！雖然拿起武器，但，依然沒說要獨立！

只要沒說獨立，其實一切都可以挽回，英王和倫敦的大部分人被北美「刁民」氣糊塗了，失去了冷靜的政治思考，先是英王宣布，北美大陸為「叛逆」，居然開始在歐洲大陸招募雇傭軍平亂，兩萬來自德意志黑森的雇傭軍被派上了美洲大陸；隨後又通過了「禁止法案」：禁止與殖民地的所有貿易，封鎖港口，並宣布，殖民地的船隻在海上不受大英政府保護！

顯然是不能調和了，大陸會議預備怎麼辦？「美國人」有什麼打算呢？

一七七六年來了，年初，一本小冊子在北美大陸瘋傳，這本冊子應該是美國歷史上第一本實至名歸的暢銷書，因為他出版一個月就賣出了十二萬本！不要嘲笑這個數字，以今時今日的中國，十三億人口的規模，能賣到十萬本的書都算是讓出版社狂笑的暢銷書了，當時的整個北美，不過兩百多萬人而已！

這本冊子就是著名的《常識》，作者湯瑪斯・潘恩。

湯瑪斯・潘恩是個裁縫的兒子，家族生意是緊身內衣，小生意，最多維持溫飽而已。潘恩一輩子都沒富裕過，即使他成為美國史上第一暢銷書的作者，他也沒發財。

潘恩出生在英國本土，成年後幹了不少工作，跟塞繆爾・亞當斯一樣，屬於幹啥啥不成的，有政治熱忱，喜歡街頭活動，喜歡聽政治演講。總在這種場合晃悠，他就容易遇見政界人士，他遇上了真正的伯樂，大名鼎鼎的班傑明・富蘭克林。

富蘭克林大叔是我們熟悉的老朋友啊，他的故事，我們後面會詳細說。作為北美殖民地的外交官，那段時間他是在英國活動的。潘恩當時是個稅吏，吃了上頓沒下頓的，找個工作不容易，他還不好好幹，說話也不注意安全，因為思想「反動」被辭退了，富蘭克林看他可憐，給他寫了封介紹信，他以契約奴的身分到北美打工去了。

潘恩之前寫過些東西，也算是有點影響，要不然也輪不到他被政治迫害了，加上富蘭克林這種級別的介紹信，比大學文憑管用得多，潘恩進入北美就到了費城，給《賓夕法尼亞雜誌》當編輯，那是一七七四年年底的事。

因為這種生活經歷，潘恩跟土生的美洲人不一樣。美國人最早因為宗教迫害來到新大陸，跟自然爭鬥了快一個世紀，終於建立了自己的家園，勉強讓自己吃飽穿暖，作為在新大陸土裡刨食的鄉下人，很多美國人還是以世界第一強國的子民為傲的，對他們來說，能平靜地生活，殊為不易，就算有不公，也不期望發生翻天覆地的改變。

潘恩沒有平靜安詳生活的經歷，他在英國就生活窘迫，政府還迫害他，他離開英國時，心理上已經對那個島國產生了莫大的嫌惡，來到北美後，他正好又親眼見證了大英政府對這片平靜土地的步步緊逼，所以，當他反思北美和大英之間的關係時，他可以徹底而決絕，沒有拖泥帶水的曖昧情感。

《常識》是什麼書？徹頭徹尾的反書，核心內容就是煽顛！在這本書裡，潘恩以強大的邏輯和逐層立論駁斥了當時北美大陸盛行的「和解說」、「效忠說」等消極態度。在潘恩看來，不管是英王室還是大英政府，都已經且會更加嚴重地成為美洲的發展阻礙和大敵，不能再對大英政府抱有任何幻想，獨立是唯一的出路！

在《常識》之前，諸如此類的書不是沒有，開篇引用的洛克的《政府論》就是對亞當斯、華盛頓等革命大佬都產生過影響的啟蒙書，而殖民地不依不饒非要跟大英政府糾結出結果，也正是被《政府論》嚴重洗腦後的結果。不過，《政府論》這種書，從作者和內容看，都太高端了，沒有一點哲學社會學基礎的，也不會去讀，他充其量就是影響了一批精英，而這批精英非常認死理的就是：不可與大英政府決裂，但他們必須內部改革。

《常識》沒給人糾結的機會，潘恩沒在英國議會要不要改革，到底如何才能使大英政府改良對殖民地的態度，端正對殖民地的統治方向這些事上浪費時間，他所有的論點論據都是基於：北美必須脫離英國政府獨立，成為一個自由的主權國家。

《常識》最大的特點就是通俗易懂，他是振臂一呼「王侯將相，寧有種乎」，就吸引了無數百姓。老楊讀《常識》是中譯本，有個深切的感受，那就是，如同一個口若懸河又激情洋溢的激進份子在你面前演講，聲如洪鐘，言語犀利，反應奇快，似乎你心底閃現一個質疑或者迷惑，他馬上就會以非常清晰的論據讓你打消疑慮，一百多頁的書讀下來，擦一擦被噴了一臉的吐沫星子，老楊一拍桌子叫道：這娃說得對啊！

就是這麼個酣暢淋漓的閱讀感覺，行文果決流暢，風風火火，情感四溢，沒有絲毫矯揉造作。有些措辭雖然粗鄙，讀起來卻是相當過癮，因為你想不到會在一本思想類的書籍上讀到這樣的句子，比如，文章的第一部分，先駁斥君王論，認為國王並不是無瑕的，也不是必須存在，提到了英王威廉一世，潘恩是這樣寫的：「一個法國野雜種帶了一隊武裝土匪登陸，違反當地人民的意志自立為英格蘭國王，我們可以毫不客氣地說，這是個出身卑賤的人」；再說到，有人說我們原來作為大英的子民，經濟很繁榮，所以不能離開大英的庇佑時，潘恩的比喻也很形象：「那你還不如說，如果一個孩子是吃奶長大的，那他一輩子都不該吃肉了」，等等，諸如此類，精妙有趣的句子非常多。

老楊讀的雖然是中譯本，其實原版也不難讀，潘恩自己說了，為了照顧整個北美大陸的閱讀水準，他刻意迴避了深奧的詞彙和句子，努力讓這本小冊子，明白簡潔通俗易讀，據說這本書本來的名字叫《樸素的真理》，被一位叫班傑明・拉什的天才改成了《常識》，這名字絕對醍醐灌頂啊，一般人讀完都會覺得，是啊，這些事不就是基本常識嗎，我怎麼原來想不明白呢？

老楊是個千里之外千年之後的外人，讀這本小冊子，都想拍案叫好，如果在當時當地的北美鄉間，想到大英政府剛剛要跟我們收印花稅，還派軍隊殺了我們老鄉，再讀這冊子時，怎能不湧起對作者的滔滔不絕敬仰之情。

從《常識》的銷量看來，跟潘恩共鳴的人不少，它出版於一七七六年年初，英美的戰爭實際已經開始，大陸會議的老少爺們對戰爭的目的還在糾結。是《常識》讓他們終於算清楚了這筆帳，因為《常識》說了，花這麼大的代價，犧牲這麼多人力物力，如果僅僅是為了促進大英政府改善態度，是不是有點不值啊？好吧，我們獨立吧！

要跟母國分手了，總要發個分手宣言吧，要是大英政府還存著對殖民地的惻隱之情，打仗的時候不肯下狠手就不公平了嘛。

來自維吉尼亞的著名律師湯瑪斯・傑佛遜因為文筆不錯，接受了草擬獨立宣言的任務，他花了十八天時間寫作整理潤色，約翰・亞當斯和班傑明・富蘭克林都加入了自己的意見，一七七六年七月四日，這個眾所周知的偉大日子裡，費城的第二屆大陸會議通過了《獨立宣言》，正式向全世界宣告，北美大陸要不惜一切代價，爭取屬於自己的自由獨立和幸福。

《獨立宣言》無疑是世界歷史上最值得記錄的文件之一，內容很簡單，兩個部分：第一部分，講述獨立革命的基礎：因為人生來平等，有生存、自由、追求幸福的權力，政府的存在就為保障這些權力，如果不能保障還禍害這些權力，人民有權廢除並改變，成立符合廣大人民要求的新政府，顯然，這個論調也是來自約翰・洛克的《政府論》；第二部分，表達了殖民地百姓對英王的不滿，列舉了英王的斑斑罪行（其實大部分罪名應該問責大英議會），不管誰該負責，反正是英政府讓殖民地的百姓別無選擇，必須取得獨立主權，自己掌握自己的命運。

《獨立宣言》不僅宣布要獨立，還給自己的新國家都預備好名字了，以後北美這片熱土就叫「美利堅合眾國」了，這個名字是潘恩提議的。

宣言發布了，矛盾就沒有回轉的餘地了，即使這個未來的「美利堅合眾國」裡，還有大量的親英派，對於這個宣言的發布捶胸頓足，如喪考妣，所以，未來的戰鬥中，不僅是北美的民兵要真槍實彈對抗大英的軍隊，北美大陸的內部，愛國者們還要對抗時時刻刻預備破壞革命的保皇黨。

美國革命的各位先賢們，後來大都成為國父，受萬世敬仰，並在建國後的美國歷史中，再次出鏡表演。只有可憐的湯瑪斯・潘恩，他和他的《常識》幾乎主導美國革命的道路，改變了北美歷史的走向，可在以後的美國進程中，他就不會再出現了，出於對這位先賢的尊敬，我們草草了解一下他後來的故事吧。

《常識》之後，潘恩就成了職業革命家，這個革命家還是世界級的。

獨立戰爭開打後，潘恩加入了軍隊，寫了一系列的小冊子鼓舞士氣，這些小冊子就是《美國危機》，洋溢著戰鬥的激情，戰中華盛頓將軍會向士兵朗讀這些文字作為戰爭動員，跟《常識》的效果一樣，再次證明了在煽動情緒方面，潘恩是個天才。

戰後的潘恩志向遠大了，他說，如果給他時間，他會給所有國家寫出一本《常識》來。這話直接說就是：我有能力讓所有老百姓造反（幸好這傢伙不會用中文寫作，要不然會被當時的乾隆爺誅了九族）！

他可真沒吹牛，美國獨立後，潘恩回英國定居，在英國大搞人權言論，被英政府通緝，他只好輾轉到了法國。正得其時啊，法國大革命爆發了，潘恩當然是積極份子，被選入了國民公會。

潘恩雖然帶頭反對國王，可法國大革命，他卻支持吉倫特派，不認為非要剁掉法王的腦袋，以致被羅伯斯比爾送進了監獄。在獄中，他寫下了《理性時代》一書。書的內容從副標題就知道了：關於真偽神學的探討。

潘恩是個徹頭徹尾的反對派，反國王、反政府、他還反宗教。他本人是個自然神論者，也就是說，他相信有個上帝，但不認同上帝安排了所有事，自然神論認為，上帝造物後就休假去了，讓世界萬物都以自己的規律運行。可以想到，十八至十九世紀間，不管在歐洲的哪個國家，不管潘恩對任何革命或者人權鬥爭貢獻過多少力量，他的這套自然神論，一定會讓他很不受待見。

羅伯斯比爾倒臺，潘恩被釋放，拿破崙當政又讓他不滿，法國也不好住了，只好又回到美國。如果此時美國能接受他，美利堅獨立後，他就不用跑回歐洲了，晚年的潘恩並不好過，受盡了侮辱和白眼，還有人想殺他。一八〇九年，七十二歲的潘恩在潦倒中死去，由房東太太埋葬了他。

這位革命家的悲慘沒有因為死亡而結束，有位英國記者，是潘恩的粉絲，感念他身前淒涼身後冷清，就想把他的遺骨帶回英國，發起募捐，為潘恩修一個紀念碑。遺骸是被裝在一個小箱子裡帶回英國了，可對於潘恩紀念碑這個事，沒人理會。潘恩和一個盒子，在記者的院子裡日曬雨淋的，記者死後，家產被兒子拍賣，這盒子死人骨頭，沒人願意接手，再後來，潘恩就不見了。倒是隔了幾年，有人宣布自己擁有潘恩的顱骨，還有人宣布自己擁有潘恩的手骨和大腿骨，聽起來，這位歐美歷史上影響了無數人的偉大鬥士竟是被肢解了！潘恩是標準的「世界公民」，如今他如果真是散落在世界各地，這個結局算不算得其所哉？

九、革命！

薩拉托加大捷

《獨立宣言》頒布，北美大陸十三個英屬殖民地正式宣告反叛，從此他們就以「州」自稱。北美大西洋沿岸群情激昂，一片歡騰。雖然歷史上，就把這個日子當作是美利堅合眾國的建國日了，但的確有點自說自話，因為高興也好得意也罷，大部分的美國人都沒底，英政府已經組織軍隊要殺來了，殖民地拿什麼抵抗？

第二屆大陸會議第一個要解決的議題，就是在波士頓的近兩萬民兵。這顯然是未來抗英的主要力量了，所以必須將他們正規化，組織成大致合格的軍隊，給個編號叫大陸軍吧。

誰能統帥大陸軍，當然是華盛頓閣下，他看起來最職業。整個會議期間，他堅持穿著舊軍裝，保持著嚴整嚴肅的軍人態度，絲毫都不鬆懈。會不會打仗，能不能打仗，誰也不知道，華盛頓的軍人生涯裡，好像也沒有傲人的戰績，但所有認識他的人都知道，這位四十三歲生活富裕的種植園主，有一顆堅定的心，能在此時臨危受命，領導大陸軍以卵擊石，心理素質比軍事素質重要多了。

華盛頓說他自己不配，但也知道此事不容拒絕。接受任命後，他就馬不停蹄趕往波士頓上任，在路上，他聽到了邦克山戰役的消息，大陸軍雖然因補給不足撤出了高地，但在戰損上，要比英軍少多了，這對華盛頓來說，是個讓他振奮的好消息。

好消息沒讓他興奮多久，七月三日到達前線，華盛頓見到了大陸軍。要不是華大叔性格堅毅，當場他就會哭出來。統一的軍裝肯定是沒有的，這些農民軍穿得五花八門，襤褸得風格各異，好在造型「犀利」，士氣並不低落。最麻煩的是軍備的奇缺，大約一萬五千人的軍隊，每人配發的彈藥還不到三十發。

華盛頓打仗也許不行，但他是天生領袖，有個人魅力，一接手大陸軍，先整飭了軍紀。在大陸會議配合下，武器裝備稍有增加，一七七五年底，大陸軍就佔據了波士頓的戰略制高點，向波士頓的英軍發動進攻。

波士頓這個城市本來就難以據守，加上英國人感覺，這地方是個反英中心區，太不適合作為平亂大本營了，所以一七七六年三月十七日，大陸軍沒費什麼勁，就讓英國軍隊撤退了。

英國人撤離大陸，對大陸軍來說算不得有價值的勝利，此次英軍撤離，表明他們態度上的轉變。駐守波士頓，是為了在反叛中心鎮壓反賊，現在既然撤出去，就不為簡單平亂了，英軍預備調整戰術，組織一場正式的戰爭。

一七七六年八月，英國世家名將威廉・何奧將軍帶著三萬兩千人，其中有不少來自德意志黑森的雇傭軍，並幾百艘軍艦在長島登陸。

如果說北美哭著喊著要獨立，是大英政府的一個接一個糊塗錯誤造成的，那此次派何奧將軍領兵出征，不能不說讓人懷疑英政府腦子又短路了。不論此時兩邊如何叫囂要開打，對戰雙方的很多人，都是同根同種的同胞，從英格蘭那個小島上論，轉著彎，都有共同的熟人和朋友，甚至親戚，這樣的兵戎相見，加上英國人的紳士作派，就很難下死手。而這個何奧將軍，偏偏還是個同情美國革命的英國貴族，他的家族跟殖民地有千絲萬縷的曖昧聯繫。

果然，何奧將軍登陸，態度很溫和，一點不像來打架的。他希望殖民地直接投降，大家就省下這一場勞民傷財兼傷筋動骨。

這是十八世紀末，英軍已經在歐陸各種戰役中證明過自己，英國海陸軍加起來的綜合實力，可算是天下第一。而北美大陸軍，一萬九千散兵游勇，軍備錢糧，捉襟見肘。不管現在美國人玩經濟玩得如何駕輕就熟，獨立戰爭期間，殖民地的財政狀況，基本可以用混亂不堪來形容，所有人都認定，如無外援，大陸軍會越打越窮，越打越衰。何奧將軍出身世家，法印戰爭就享有盛名，他本人還是伯爵，面對殖民地鄉下的種植園主——華盛頓大叔，應該有極大的心理優勢。這樣天差地別的對陣，何奧將軍一登陸就勸降，是一種仁慈。

華盛頓拒絕了，一邊拒絕，一邊在登陸英軍的兵鋒下，撤離了長島，放棄曼哈頓，跨過德拉瓦河，退至賓夕法尼亞。

一七七六年的戰事，如無意外大陸軍肯定是節節敗退的。根據十八世紀歐洲人的習慣，進入冬季是不打仗的，軍隊休整，過耶誕節。華盛頓沒心思過節，所以他趁對方放假發動了攻擊，奪取了普林斯頓和特倫頓，雖然不久這兩個城市又失去了，但這次出擊對一直敗退的大陸軍也是個不小的激勵。

一七七七年，英軍心裡更有譜了。他們定下策略，控制哈德孫河流域，大陸軍和新格蘭，殖民地的東西兩部分就被切割分離，不能相顧。具體方案是，何奧將軍北上包圍奧巴尼，英國的北方軍司令伯戈因南下在奧巴尼和何奧會合，同時對奧巴尼發動進攻。

計畫啟動了，伯戈因被放了鴿子，因為何奧將軍改主意了。勞師動眾跑去奧巴尼幹嘛，眼前不就是費城嘛，大陸會議所在地，相當於叛軍心臟啊，直接打過去佔領，可以威懾整個殖民地，說不定就全體投降了嘛。何奧將軍是個喜好安逸的軍人，消極怠工，總想著讓對方直接投降，他好提前下班回家，就算對方不投降，他覺得他只要封鎖海岸，不用動手，也能拖垮北美。

何奧將軍佔領費城幾乎是手到擒來，大陸會議被迫遷移到賓夕法尼亞的約克鎮。進佔費城的途中，大陸軍也不能不作為，雙方有個倉促的交手，這場戰事我們勉強稱之為「費城保衛戰」吧，結果是華盛頓帶著殘餘部隊，撤入了一個地形險要的山谷，是美國旅遊著名的紅色經典——福吉谷，那裡現在是個國家公園。

佔領費城，何奧將軍是牛了，可伯戈因不願意了，他認為死守費城是沒有進取心的表現，還是決定按原計劃攻擊奧巴尼。伯戈因大軍遠離了自己的大本營，又沒有接應，相當於孤軍深入了人民戰爭的汪洋大海。出發後的軍隊，一邊要打仗，一邊還要尋找糧草，難免就成為民兵游擊隊的活靶，在手下著名將領被北美的狙擊手射殺後，不得不撤入薩拉托加，眼看就要彈盡糧窮時，伯戈因非常聰明地選擇了放棄。

一七七七年十月十七日，伯戈因及其部署五千人向美利堅投降，世界歷史上稱這個事件為「薩拉托加大捷」，美國的歷史書稱之為「弗里曼農莊大捷」。說是大捷，雙方戰損也就是幾百號人，戰事也不算激烈，之所以要冠之以「大捷」，實在是這場戰役，改變了很多事。所有人都說這是獨立戰爭的轉捩點，不是單純指軍事上的，因為伯戈因和五千人的投降，並沒有改變英美軍力的對比，華盛頓和大陸軍還在福吉谷貓著呢，那這場戰役究竟改變了什麼事呢？

戰場之外

戰火已經燎原，英軍當然是有自己完善的指揮系統，包括戰術人員和後勤保障，熟門熟路的。北美方面呢，大陸會議跌跌撞撞成為了指揮中心，臨時政府，他們有能力領導這場實力懸殊的戰鬥嗎？

打仗要錢，殖民地沒錢，各州也不願意聯合起來統一財政；打仗要人，殖民地有人，都是民兵，一時熱血上腦可以衝鋒，時間一長，拿不到軍餉，還隨時有性命之虞，開小差也是人之常情；打仗要槍炮，北美地區根本沒有自己的軍事工業，臨時上馬的工廠也遠遠不能滿足需要，怎麼辦？

按道理，大陸會議是北美的臨時政府，政府是有權徵稅的。可大家都還記得，到底是什麼導致了北美和英國翻臉，所以，稅這個事，誰也不敢提，不敢開頭。那就發行紙幣吧。被英政府停發的北美貨幣可以恢復嘛。問題是，貨幣不是想發就發的，在北美這麼個飄搖動盪的時期，誰也不會傻呼呼地認為大陸會議印出來的鈔票比廢紙值錢。除了大陸會議發紙幣，各州也根據自己的需要發行紙幣，結果可想而知，這些花紙頭後來只能用來糊牆。實際上，大陸會議在整個戰中，都不能建立一種有效的財政體系配合戰爭，這其中一個很大的原因，是各州之間的猜忌，打仗可以並肩上，說到錢，就釘是釘鉚是鉚，都是窮人出身，誰都不寬裕。

一個政府，不能徵稅，不能印鈔，如果需要錢，就只剩下一個辦法了，那就是借債！

大陸會議作為一個新誕生的政府，財政是搞得一塌糊塗，但在外交方面的努力卻是可圈可點的，這要感謝美國歷史上最優秀的外交家——班傑明・富蘭克林。

寫美國歷史，如果要為國父們立傳，百分之九十以上的會從華盛頓開始，但，老楊一直認為，北美的獨立，最活躍的頭號功臣，個人形象始終保持完美，綜合實力暴強的，應該是富蘭克林。

富蘭克林是一個移民家庭的第十個孩子，家境普通，供應不起這麼多孩子的教育費用，所以富蘭克林十歲多一點，就去父親的在波士頓的肥皂廠做工了。

愛學習是一種天賦，不管什麼樣的條件，好學的人都會想方設法學到東西。富蘭克林是個悟性很高的人，各個行業的手工業者都是他科學方面的啟蒙老師，而他更是抓緊一切機會閱讀和學習寫作。

後人冠給富蘭克林的各種「家」的頭銜，數不勝數，富蘭克林卻總是自稱是個印刷工，這個光榮稱號來源於他在幾年後進了由哥哥編輯的《新格蘭報》，成為一名印刷工，而後，他就一輩子沒有離開過排字版。在做印刷工時，他已經開始匿名向《新英格蘭報》投稿。

隨著成長，富蘭克林的思想也在成熟，他顯然是個「自由主義者」，政治傾向危險，哥哥對他也頗多挑剔不滿，於是，十七歲的富蘭克林開始了遊歷。邊打工邊學習，從紐約到倫敦再到費城，他做了多少份工作涉足了多少個行業數不清楚，跟他共事過的人都說他是個自律、勤勉、聰慧的人。

三十而立，富蘭克林留在了費城，開始了政治生涯，出版了費城第一份報紙《賓夕法尼亞報》。殖民地和英政府矛盾開始後不久，富蘭克林就已經站在獨立派一邊，主張適當的暴力解放北美人民了。

在費城安家的富蘭克林做了很多事，科學上的研究和政治上的事務可以列出很長的清單，但人生最大的經歷肯定是結婚生子，而讓他實現了財富自由的，是出版了一部暢銷書《窮查理年鑒》，在當時的受歡迎程度僅次於《聖經》。

《窮查理年鑒》是一本曆書，從一七三三到一七五八年，富蘭克林假託一個窮星相家查理之名，連續二十五年，編寫年鑒，配合著日曆有天氣、詩歌、占星、食譜、諺語、心靈感悟之類的內容，以老楊的理解，就算是那個時代的微博型黃曆了，裡面有許多箴言警句，有的來自富蘭克林原創，有的是他轉發的，在十八世紀後期的美國相當有共鳴，幾乎家家都有一本，富蘭克林因此收入頗豐。

最讓富蘭克林名震江湖的，就是驚人的費城實驗。我們的小學課文裡都有這個內容，富蘭克林帶著兒子，用絲綢做成風箏，風箏頂端固定一根鐵絲，在風箏線上再綁了一枚銅鑰匙，在一七五二年七月一個雷陣雨的夜晚出去找閃電玩，冒著生命危險驗證了，天上那道閃電，不是所謂的上帝之怒，就是普通的電，他因而發明了避雷針。

這個試驗百多年來一直受人爭議，試驗當時當地，只有富蘭克林和兒子威廉兩個人，關於試驗的報告，也是富蘭克林自己提交的，到底有沒有這麼一項試驗，並沒有其他的目擊證人。因為根據現有的研究，如果真按富蘭克林描述的那樣玩，這老夥計必死無疑，費城實驗後，有個俄國科學家就一模一樣學了一次，當場死亡。

後人總是多疑些，在當時，不論是北美還是西歐，都認為是富蘭克林蒙主庇佑逃過了死神，試驗是真實的。這種為科學的獻身精神，以及富蘭克林帶給世界的各種研究成果，讓他不僅在北美地位尊崇，在歐洲，他也享有盛名。當大陸會議想組建一個外交團隊，幫助新的合眾國獲取支持擺脫困境時，富蘭克林當然是對外的最佳人選。

戰爭正式開始時，富蘭克林已經是七十高齡，一七七六年，他作為民間代表被派往加拿大，希望能說服北方殖民地加入北美獨立戰爭。

大家應該還記得，激起殖民地怒火的《魁北克法案》，這項法案旨在保障加拿大尤其是法裔的權益，並給予這些天主教徒以平等權益，所以，加拿大一直是保皇派的。英美開打後，美國軍隊曾嘗試北上進攻魁北克，戰事最終失利，大陸會議無奈之下，派出富蘭克林，希望藉助富老的聲望，拉加拿大入夥。既然到現在為止加拿大也不屬於美利堅合眾國，並且還一直是英聯邦成員，就說明，富老的這次外交行動失敗了。

加拿大失敗不要緊，歐洲不能失敗。一七七六年年底，富老在兩個孫子陪同下，歷經艱難的航行，到達了法國，開始了整個北美獨立戰爭，最最要緊的外交斡旋。

英美開戰，歐洲人怎麼看？當然是拍手叫好啊。大家別忘了，大英帝國成為霸主，那是得罪了很多人才實現的。西歐主要國家，大佬法國，老牌大佬西班牙，新興小弟荷蘭，哪個都跟英格蘭有新仇舊恨，當然其中以法國最甚。

聽說英格蘭的北美殖民地造反，法、西、荷在家捂在被子裡狂笑了好幾天。笑歸笑，心裡也祈禱著讓英格蘭慘敗，但讓他們明著支持北美，他們是不幹的。公開支持殖民地獨立，成立共和國，對西班牙和法國這樣的老牌王國有點不好接受，荷蘭呢，他們心裡沒底，怕押錯了寶，北美輸了，回頭英格蘭找自家算帳。於是，他們三個整齊劃一地選擇了，偷偷向北美地區提供軍需品和物質，這錢賺得還是挺舒服的。

政府的態度不明朗，可有些歐洲貴族的確很明白。此時的法國，所有人生活都困惑。路易十六天天躲在宮裡玩鎖，瑪麗皇后玩開心農場養奶牛（參看《聞香法蘭西之二十四》），巴黎是奢華中心，衣香鬢影，紙醉金迷，整個歐洲都在追隨法國時尚，法國人感覺到了古羅馬那種頹廢。就是這段時間，啟蒙思想像一陣清風，吹散了巴黎迷眩的香氛，讓好多人心神為之激爽，突然看明白了好多事。

被啟蒙思想，尤其是盧梭洗過腦子的貴族們，看北美的獨立戰爭，意義就不一樣了。一群北美的鄉巴佬要跟強大的母國軍隊對抗，爭取自由和平等的權力，這不就是啟蒙思想宣揚的精神，這絕對是一項值得為之付出的了不起的事業啊！

第一個被感召的就是法國貴族拉法耶特，不顧法王的禁令，自掏腰包，買船，召人，閃避著海上的英國軍艦，跑到了北美，這個十九歲的年輕人甚至英語都說得不靈光。

後來的戰事，漫長而艱苦，難得的是，這個孩子一直堅守在華盛頓身邊。拉法耶特加入北美軍隊，純粹起到廣告宣傳作用，一個十九歲的世家子弟，能吃苦就很了不起了，不能指望他還會領兵作戰。

歐洲來的志願將領中，給予大陸軍幫助最大的，應該是普魯士男爵，馮・施托伊本。來自普魯士本身就是金字招牌，他成為大陸軍的訓練總長，將北美那些衣衫襤褸的農民軍調教成了合格的戰士。

來自歐洲的同情和個人幫助是杯水車薪，美利堅需要能真正並肩戰鬥的同盟，富老來法國前，北美已經派了代表在法國工作。當時著名的喜劇作家，《費加羅婚禮》的作者博馬舍，是巴黎最支持北美獨立的人，他配合法國代表成立了貿易公司，以跟西印度群島的貿易為幌子，向大陸軍提供了不少槍支彈藥。

英國人當然知道這項貿易，多次抗議，但貿易公司非常聰明地沒有留下任何證據讓英國人抓到把柄。銷毀記錄是把雙刃劍，別人抓不住把柄，自己也無法自證清白。大陸會議派出了亞瑟・李參與法國的事務，說到美國早期歷史，所有姓李的，大家都要注意，這是一個強大的家族，著名的李氏兄弟，《獨立宣言》都是他們兄弟提議下才成文的。可惜，李家在後來的美國歷史裡，形象都不太好，我們以後還會說到。

亞瑟一到法國，諸多不滿，他認定了北美駐法代表和博馬舍有貓膩，帳目都沒有的公司，怎麼可能沒有中飽私囊之類的勾當，尤其是博馬舍，他憑啥這麼積極幫助北美呢？如果這中間沒有好處，他圖啥？

因為亞瑟這一通攪和，博馬舍也覺得很沒勁，對啊，圖啥啊？漸漸地，博馬舍就不太和美國佬共事了，法國對北美的援助，遭受很大的打擊，就是在這個背景下，富蘭克林到了法國。

富老駕臨，引起了轟動。聲名赫赫的老科學家，來自一片淳樸大陸，衣衫落伍，看著挺土，可就是這麼個如同老村長般的大爺，他曾經「從天空中拉下閃電」，此時為爭取自由人權不遠萬里來到巴黎尋求幫助，帶給了法國不一樣的感動。不到一個月時間，巴黎就興起一股富蘭克林熱，街上開始售賣他的小像，有人模仿他的衣著，貴族婦女開始戴印有富老頭像的耳環；伏爾泰專門在法蘭西科學院安排了與富蘭克林的會面，兩位世紀哲人留下了經典的擁抱畫面。

法國人不好拒絕老人家的請求，但路易十六的班子還在顧慮，真跟北美同盟，就是對英宣戰，倘若再次戰敗，法國怕是吃不消。

老爺子運氣好啊，他再怎麼遊說，也比不上一場勝仗來的有效。一七七七年底，薩拉托加大捷的消息送到了巴黎，法王舒坦了，他的大臣們也說，可以跟英國人算總帳了！

一七七八年二月六日，法美正式簽署條約，結成同盟，法蘭西承認美利堅合眾國獨立，路易十六對英格蘭宣戰！

西班牙不願意貿然宣戰，老牌君主國家對幫別國反叛的事還是有底限，但他們又不願錯過收拾英格蘭的機會，英國人還拿著西班牙的直布羅陀海峽呢！於是西班牙跟法國簽訂了一個協定，願意幫著法國牽制英國。

至於荷蘭，他家比較務實，考慮得更多的是商業利益。戰中他們一船船的軍火發了大財，不介意回饋一部分給殖民地，希望這個新國家站穩後，更跟荷蘭繼續保持親密的貿易聯繫。於是，在大陸會議財政系統幾乎崩潰的時刻，荷蘭對他們提供了數量巨大的貸款，直接支撐了大陸會議的運作和獨立戰爭的繼續。

歐洲其他國家就更離譜了，由俄國女沙皇牽頭，丹麥、瑞典、奧地利、普魯士、葡萄牙成立了一個所謂歐洲武裝中立同盟，雖然名字是中立同盟，可誰都看出來，這個同盟的目的旨在打破英格蘭對北美的海上封鎖，箝制英國，後來荷蘭也公然加入了這個同盟。

所以說薩拉托加大捷是美國革命的轉捩點，就是從這一點起，英國人的戰鬥性質不再是平亂，他真是在歐、美、非等幾大洲的戰場，栽進了一場傳統的歐洲戰爭。

約克鎮大捷

回到北美，何奧將軍在費城過著花天酒地的生活，並找到了一位情婦。費城也許比不得倫敦浮華，但小城風光，空氣新鮮也是個休憩的好地方。現在有美女相伴，遠征軍的生涯更像度假了，比困在福吉谷的華盛頓日子是好過多了。而我們必須了解一個事實，何奧將軍不管是故意還是無意的放水和不作為，是華盛頓和大陸軍能夠在跌跌撞撞中存活下來的重要因素之一。

福吉谷裡的華盛頓艱苦異常，他後來回憶，福吉谷前後，是他人生中最艱難的生涯，實力懸殊的對戰，飄忽莫測的前途，時斷時續的給養，都讓大陸軍經常瀰漫悲觀情緒，開小差溜號的官兵越來越多，華盛頓當時說，他很擔心也許某一天，大陸軍剩他光桿司令一個了。

所謂兵熊熊一個，將熊熊一窩，對此時的大陸軍來說，最強悍不可戰勝的，是他們意志力驚人的統帥，雖然華盛頓也顧慮，也鬧心，偶爾也動搖，還遭到大陸會議的猜忌和政敵的黑手，但他對軍隊表現出來的鎮定和堅毅是從來沒有變過的。

那幾年也奇怪，北美大陸的冬天是變態的酷寒，大陸軍軍餉都不能保障，更別說過冬的裝備，福吉谷更是冷得像冰窖，沒想到這裡卻成了大陸軍難得的休養生息的冬營地，在這裡，大陸軍除了每天由總司令兼政委做政治思想工作，安撫心緒保持鬥志，還能見到司令夫人——北美最富有的女人，穿著樸素的衣衫，在軍營裡來回走動，跟士兵們聊天，幫著縫縫補補地打雜；此外，來自歐洲大陸最強的普魯士軍隊的軍官，自願來到這裡，每天投入極大的熱情訓練這些農民軍。這也算臥薪嘗膽吧，從福吉谷出來時，大陸軍的精神面貌整個都不一樣了。

福吉谷冬訓的成果在蒙茅斯戰役表現出來，那時，時間進入了一七七八年。何奧將軍終於被下課，亨利・柯林頓爵士成為新的北美戰區英軍司令。

柯林頓對於英軍龜縮在費城休假很不滿意，計畫將軍隊調往紐約，在北方戰場組織新的戰鬥。就在這支英軍北上的途中，大陸軍主動發起了進攻。從英美開戰，大陸軍從來都是游擊戰法，打一槍就跑，欺負英軍人生地不熟不敢全力追擊。而這一次的戰鬥，英美雙方都按歐洲傳統打法排兵布陣，舉槍互射，大陸軍居然沒有落下風，雙方戰損相近，反而是英軍怕僵持不利，趁夜溜走了。

英軍溜進了紐約，華盛頓在哈德遜河「S」型的轉彎處，築起堡壘陣地，這個陣地被稱為西點營地，若干年後，這裡誕生了一所舉世聞名的軍校。

城裡的人想出來，城外的人想進去，由此時起，雙方隔空瞪眼珠子，北方戰場幾乎就沒有值得記錄的戰鬥了。

到現在為止，似乎歐洲美洲全部都加入了戰團，我們突然想起，打得這麼熱鬧，北美的原住民在哪看熱鬧呢？印第安人依然沒有學乖，北美打成這樣，他們也想不到要聯合起來坐收漁利。紐約州西北部的易洛魁部落，是由六個印第安部落組合的部落聯盟，因為團結友愛不內訌，所以成為印第安族群的好榜樣，得以存活發展。

易洛魁本來是預備中立，但他們有部分人又很傻很天真地相信，如果英國人獲勝，他們會控制美國人西進，保留印第安人的地盤，所以比較多數支持英軍，而其他人因為故交或者利益聯繫，選擇了支持美國人，於是這個印第安族可貴的大好聯盟在一場明明有利於自家的戰爭中，被稀里糊塗毫無意義地四分五裂了。

支持英軍的印第安人做事比較絕，一七七八年的某一天，他們跑到懷俄明的谷地去，殺了一批美國人，拉來新的仇恨。一七七九年，華盛頓命令沙利文將軍領兵出擊，按總司令的說法，殺光印第安人，剝他們的皮做靴子，還要徹底摧毀印第安人的居住地，讓沒死的印第安人也無處安身。沙利文將軍不辱使命，完全是按三光政策在易洛魁人的家園裡推進，一部分印第安人被做成靴子，更多的易洛魁人在美軍光臨前流亡加拿大，後來就再沒回來過。

隨著法美聯盟成立，歐洲聯手支持獨立戰爭，英國人轉變了思路。北方戰場都是些反賊，他們從來跟英政府就離心離德；南方的種植園主們就忠誠多了，有大量保皇派，如果將戰場開闢在南方，北方無所不在的民兵和人民戰爭就不存在了嘛。

一七八〇年，南方的中心港口查爾斯頓被英軍佔領，南部真有不少親英派系拿著槍加入了政府軍。不過，南方絕對不是英國人的完美樂土，雖然種植園主很多都支持英軍，可在鄉間，農民們組織的愛國游擊隊也時刻在行動，所以，跟之前的戰鬥一樣，英軍主力根本不敢離開自己的大本營和沿海的艦隊保護，向西向內陸征戰，怕再吃了薩拉托加的大虧。

到此時為止，英軍依然佔據戰場的主動，因為十三州所有主要港口都被控制在英軍手裡，在柯林頓看來，守住這些港口，北美的軍隊，包括來自法國的遠征軍，都成不了氣候。這種打法最大的變數就是，法國人派來艦隊支援！

一七八〇年，法國遠征軍登陸，指揮的是有四十年軍旅經驗的羅尚博伯爵。老爺子戰鬥經驗豐富，在對北美大陸不熟悉的狀況下，他選擇留在法國海軍可以關照到的區域內活動。等到第二年，羅尚博部與大陸軍才在紐約北方白原市會師。

雖然法軍對大陸軍的窘迫多有了解，初見這支征戰了六年的軍隊，法國人還是嚇了一跳。到此時，大陸軍都還沒有統一制服，好多人沒有鞋，隊伍中甚至有十四、五歲的孩子！

應該說，羅尚博是上帝送給北美的禮物。這位老帥戰鬥經驗豐富，頭腦清楚，最難得的是，他定位很清晰，他是幫著大陸軍打仗的，所以總指揮還是華盛頓，即使不能同意華盛頓的戰鬥思路，他也絕對不會公開質疑華盛頓的權威。

按華盛頓的想法，此時會師，第一次重大行動就應該攻擊紐約，他天天盯著紐約看，眼珠子都快瞪出來了。羅尚博分析了紐約的駐防狀況後，非常聰明建議放棄紐約，跟法國的艦隊配合，奇襲南方的約克鎮，英軍的南方軍指揮中心現就在那裡。

法國在美洲水域的艦隊司令格拉塞上將也這麼想，在紐約和約克鎮之間，當然是攻擊約克鎮更容易，更容易產生效果。

華盛頓比較能聽取行家的意見，於是聯軍加上法國艦隊，於一七八一年十月六日就將約克鎮圍了個結實，水陸兩頭都堵上了。

之前英軍佔領沿海城市之所以這麼順利這麼流暢，主要原因就是大英海軍的制海權，而此次法國艦隊選擇約克鎮的原因就是從西印度群島趕來的法國艦隊實力大於約克鎮海域的英國艦隊，有極大的優勢。果然，英國艦隊一看到法國艦隊群，非常識相地選擇了撤出。佔據海面後，法國艦隊向約克鎮的工事開炮，應該說，這一戰，勝利屬於法國海軍。

十月十七日，英國的南方軍司令康華里伯爵宣布投降，傳說柯林頓將軍已經從紐約送來增援，只是康華里堅持不到那一天了。

約克鎮投降頗為戲劇，康華里伯爵自恃身分，可以向法國的羅尚博伯爵投降，卻不願向華盛頓繳械，可以理解，人家是貴族，華盛頓再有錢也是個鄉下地主，帶著一群民兵。來幫助華盛頓的法國和普魯士貴族們都非常紳士地堅持，康華里必須向華盛頓投降，康華里放不下架子，最後稱病不出，由他的副官出面交出了將軍佩劍，華盛頓也不示弱，派了自己的副官享受這個光榮的時刻。

約克鎮是真正的大捷，因為這是北美獨立戰爭的最後一場大戰。此戰後，雖然英國繼續佔領著主要港口，英國艦隊隨後在海上戰勝了法國格拉塞上將率領的艦隊，但，英國人被打清醒了。

在倫敦，反戰的呼聲越來越高。整個戰中，英王喬治三世一直在前臺，摻和了很多意見，約克鎮戰敗後，追究責任，卻是諾思勳爵辭去了首相之位，繼任首相向法國派出了特使，希望能跟北美代表坐下來談談。

巴黎和約

大量的歷史書，尤其是英國本國的歷史書，喜歡將北美獨立這麼大的一樁罪過，全部推給喬治三世，還讓這個可憐的英王最後把自己憋屈瘋了。客觀地說，在整個北美獨立的過程中，喬治三世沒起什麼好作用，的確是有點張狂且專斷，也許影響了大英議會不少決定。但我們都知道，作為一個君主立憲制國家的國王，喬治三世就算再勤政，也不可能完全左右大勢。英美這場戰爭，不管開戰的緣由是政治經濟還是思想意識形態的問題，一定是因為大英議會多數人支持才開打的。

有人支持也有人反對，有些理性的政客在開戰前就不看好結局，法國及歐洲加入戰團後，對前途就更加悲觀，而且，稍有戰爭經驗的人都看得出，這幾乎是一場不可能取勝的戰爭。

英國要想徹底征服北美，軍隊肯定是要實現全佔領，北美的人民已經有反叛之心，全民一心戰爭對抗，英軍跨越大洋，千里奔襲去打仗，補給全靠海軍，根本不敢離開海岸，想進入內陸並站穩腳跟幾乎不可能；而北美軍隊藉助其他國家的幫助，完全可以打破英軍的海岸封鎖；戰中，歐洲國家還趁機發戰爭財。英國人權衡之下，覺得說到底，美國人還是自己的子民，有什麼事自家不能商量，非要便宜了別人呢？約克鎮失陷後，英國國內，停戰的要求佔了上風。

雖然是英美戰爭，可停戰不是英美兩個國家就說了算的。大家想想，法國這麼搏命的幫忙，又出錢又出力，他的目的何在？第一當然是復仇，他要洗刷七年戰爭的戰敗之恥，他更想拿回戰爭中失去的地盤。而他跟共同進退的西班牙呢？第一目的肯定是拿回輸給英國的直布羅陀海峽。如果法西兩家的要求都沒有達到，他們會答應停戰議和嗎？

答案是不會，所以在法美結盟時，就有條款確定了這個內容：英美如果停戰談判，每個階段都要跟法王路易十六商議，通氣。

現在英國和美國都面臨一個難題，英國人在想，談判要不要給法國或者西班牙一點好處；美國人也在想，如果法西阻撓談判怎麼辦？

歐洲人有契約精神，紳士風度，白紙黑紙落實的內容，一般不會反悔。但在此次談判中，雖然富蘭克林老爺子認為，偷偷摸摸很不地道，但為新的合眾國考慮，也顧不得老臉了。

於是，英國和美國幾乎是背著法國人談妥了協議，在一七八三年九月三日雙方同意，一攬子辦法解決北美殖民地要求獨立的問題：大英承認美利堅獨立；北到加拿大，南到佛羅里達，西至密西西比河的領土成為新國家的合法領土；西班牙佔據米諾卡島和佛羅里達；大英繼續保留加拿大、紐芬蘭和西印度群島的島嶼。

西班牙沒有得到直布羅陀，法國更是什麼也沒得到。法國人對於美國佬鬼祟的行為十分不滿，好在有富蘭克林呢，老爺子巨大的人格魅力撫平了法國人的憂傷，英國這麼大的殖民地獨立了，英國的擴張效率也得到了抑制，想到英王在倫敦氣得發瘋了，全歐洲都在笑他丟人丟到姥姥家，路易十六又覺得這一仗打得值了。

十、憲法的誕生

仗打贏了，和約簽訂了，美利堅合眾國就這樣誕生了，從此走上了如火如荼的大國崛起之路嗎？沒有，北美十三州，從決定聯合在一起對抗宗主國那一刻起，就一直在迷茫和混沌中掙扎，不知道這條革命之路最終會走向哪裡。

棋盤格的新大陸

現在翻開美國的地圖，會看到阿帕拉契山脈以西的各州都象棋盤格一樣方正整齊，大部分州界都是筆直的直線，像是五彩拼圖。

我們見慣了中華大地曲曲折折的各種邊界，看到直線邊境就感覺有點兒古怪。在世界地圖上，被直線切分的地方不少，比如非洲大陸，拉丁美洲的一些島嶼。這些地方有個共同特點就是，都有被殖民過的歷史，後來獨立分家時，他們的宗主國，一般是英法這兩家，不負責任拿尺子在地圖上一劃，就確定了新獨立國家的邊界了。

北美雖然也是殖民地，西部的直線卻不是宗主國劃的，而是美利堅國家的人民們，本著極大的智慧和妥協精神，整體規劃出來的。

說到西部的土地，我們不得不提到，北美大陸的第一部憲法《邦聯條例》。一七七六年，北美宣布獨立，並正式對英格蘭開戰。原來各自為政的十三州，眼下需要團結協作成一體來革命了，所以肯定是需要相應的文件來保障聯合，而且，既然美利堅已經獨立成為國家，總要有部憲法吧。第二屆大陸會議就弄了一部《邦聯條例》出來。

我們現在一想到美國憲法，腦子會出現一個高高在上，閃著金光，需仰視敬畏形象，它是被自由女神捧在手裡的聖典啊。而《邦聯條例》肯定不是，他最大的特點就是，慫。

條例說起來是為十三州建立一個中央政府，可這個中央政府幾乎什麼都不是。北美十三州各自為政習慣了，都有自己的法律法規財政體系，甚至貨幣。而且他們之所以聯合起來反英，就是希望保持高度自治，獨立自由的生存現狀，所以，如果現在必須存在一個中央政府，那這個政府也最好能讓地方上保持自我，不許橫加干涉，也就是常說的小政府大地方。

中央政府只有宣戰或者和談的權力，偶爾可以調解一下州之間的貿易糾紛，而這也必須是有州委託時，中央才能插手。雖然賦予了中央發行貨幣、統籌郵政、修路搞工程之類的權力，但這些權力基本上各州也都有。條列最最坑爹的內容是：中央政府，不許收稅，可以發債！也就是碰上有錢人，就大膽跟他們借錢，至於你到時候拿什麼還，各州應該平攤一些，可沒有硬性的規定，各州有富裕，想贊助一下中央就施捨點兒，大部分的時候，是啥都要不到的，十三州都會哭窮推諉。

美利堅從出生那天就不願意慣壞了中央政府，這麼一份不敢給任何州找麻煩的《邦聯條例》，十三州還磨磨嘰嘰拒絕接受，等十三州全體通過時，條例已經出爐了四年，獨立戰爭都快打出結果了。條例中，中央政府高瞻遠矚地將邦聯定為十四個州，他們為加拿大的魁北克預留了一個位置，遺憾的是加拿大人一點面子都不給。

在《邦聯條例》下運作的美利堅政府，跌跌撞撞，磕磕碰碰，每一天都過得無比艱難。前面介紹過，大陸軍一直到戰爭結束還是一副叫花子的行頭，可見政府手頭是相當拮据。

一七八一年，獨立戰爭進入最艱苦的時間，美利堅中央政府幾乎破產，這時，一位叫羅伯特•莫里斯的富豪被選出來，出任政府的財政總監，讓他接手一個爛攤子。

雖然我們總是說，那樣艱苦的環境，大陸軍得以維持，獨立戰爭能夠堅持，華盛頓將軍的堅定執著與個人魅力起了決定性作用，但我們不能因此忽略了其他人，尤其是莫里斯的努力。就任財長後，莫里斯制定出了溫和不得罪人的稅收和財政計畫，並利用自己在商界的關係尋求各種援助和支持，終於平復當時的財政恐慌和混亂，將一場窘迫的戰爭堅持到勝利。

戰後，中央政府依然窮，這時，莫里斯等人想到了搞錢的最佳辦法，那就是賣地。

美利堅政府連稅都不敢收，徵兵都要求爺爺告奶奶，哪裡來的土地呢？英國人讓出來的啊。《美英巴黎條約》中，美利堅獲得了阿帕拉契山脈以西，密西西比河以東四十多萬平方英里的土地，讓疆域翻了一倍。這些土地是英國交給美利堅的，當然屬於中央的。

話是這麼說，可這片土地並不是無人區啊。實際上，這裡人來人往挺熱鬧的。這片被稱為舊西部的地區當時住著三股勢力，第一股顯然是原著民印第安人；第二股則是東部十三州不知死活向西尋找更好的家園的墾荒者；第三股則是附近州疆域的延伸，原來說過，最早殖民新大陸時，英王的特許狀只規定了南北界限，沒注明東西界，所以，有幾個州非常不自覺地向西擴展，如今自說自話地當作自己的領土，咬死不鬆口。

對中央政府來說，第一股和第二股勢力不足為懼，麻煩的是第三股。大約有七個州，號稱自己對這些土地有領土權，因為是自說自話決定的，所以很容易產生領土糾紛，我說這塊地是我的，你說這塊地是你的，眼看要打起來，這時候只能找中央政府調解了。調解什麼啊？這塊地跟你們雙方都沒有半毛錢的關係，交出來，中央統一規劃！

《美英巴黎條約》簽訂時，英格蘭讓出這大片土地，是憋著壞的。因為從英格蘭的角度考慮，西部土地盤根錯節，麻煩多多，美利堅政府根本解決不了，矛盾激發到一定的程度，極有可能發生內戰，所以英格蘭樂得讓老西部的土地成為北美分裂的導火線。

英國人沒猜錯，土地問題真就局部激化了，甚至東西部開始敵對了。好在北美這幫人吧，雖然玻璃心還自私自利，可遇上大是大非的危急時刻還是能妥協商量大局為重。當這幾個在西部爭地的州發現，糾纏下去後果堪憂時，他們陸續宣布放手，將土地交還給了中央。最牛的釘子戶是喬治亞州，到一八〇二年才宣布放棄。

一七八四年，以湯瑪斯・傑佛遜為首，建立了專門的委員會，從國家的角度為西部土地制定政策。第二年，美國歷史上著名的「一七八五年條例」頒布，正式建立了政府測量並出售西部土地的制度。要做到公平出售，首先在面積上不能坑人，第一步就是要制定科學的測量方法，而這種測量方法界定的地塊，當然就有直線的邊界了，也就形成了我們現在看到的美國整齊的棋盤格地圖。《一七八五條例》成為後來美利堅政府處理新土地的基礎，於是美國大部分的地區，都勘分得方方正正的。

這麼大片的土地，不能光售出就由著地主們胡作非為了，要制定相應的法則保障移民。

一七八七年《西北條例》通過，為西部建州制定了更詳細的規則：開始時，國會向每個地區派遣州長、法官等；該地有了超過五千名成年男性自由民時，就可以通過選舉，組建自己的議會，立法，不過國會保留否決州法和任命州長的權利；到自由民人口超過六萬時，那就可以正式申請成為聯邦州，享受跟之前十三州一樣的權利義務。

《邦聯條例》大約正式存在了九年不到，如果它真能保證北美新舊土地的健旺發達，就不會出現後來的美國聯邦憲法了。這個特殊時期的特殊產物，一直被當作是美利堅年輕不成熟的一次體驗，它雖然引導美利堅走過了最艱難的初生歲月，但後人說起它來，還是批評的較多，很多人甚至認為它引導初生的美利堅走入深淵，不管對《邦聯條例》有多少不滿和詬病，它對西部土地的解決辦法是帶著極大的智慧，並得到了大多數人的認可的。

窮孩子怎麼當家

既然美利堅獨立了，就別指望再跟大英帝國套交情了。美國的貨物要出口，所有英格蘭的地域都要徵收相應的關稅。日不落帝國啊，全球都是他的碼頭，美國人此時感覺到，不做大英子民，突然增加了很多費用，出口貿易變得很難做。

好吧，既然英國人收美國貨的關稅，那美國也應該收英國貨的關稅吧，問題是，怎麼收？十三個州是獨立的，他們要求各收各的稅，人家的貨物如果是發往十三州的，難道要交十三次稅？西部不臨靠碼頭的州又怎麼收呢？

美利堅不能統一對外徵關稅，這十三州之間就互徵關稅吧。既然現在歐洲國家處心積慮要組成歐盟，取消內部關稅，大家就可以知道，當時在北美，十三州之間的關稅，是如何麻煩如何制約彼此的貿易和經濟發展了。

關稅糾結已經讓商人們頭痛，貨幣更讓人崩潰，十三州都發行了自己的貨幣，通貨氾濫，在北美大陸做貿易，要認識各種鈔票，文化水準差一點的，光看錢就能看暈了。而十三州如果不屈從於統一的財政管理，這種各自為政的印鈔行為，可以想像是會造成何等劇烈的通貨膨脹了。

可還有最最麻煩的，那就是，債務怎麼處理。戰時，欠士兵們的軍餉，欠老百姓的物質款，借當地善長仁翁的錢，怎麼還，誰還？戰爭是中央政府負責的，戰時債務，當然是中央還。欠自己人的錢還能慢慢商量，欠外國的錢呢？到《巴黎和約》簽訂的那一年，新生的美利堅欠國內國外各種款項高達七千七百萬美元，而美利堅政府一年的收入，用來支付利息都不夠。

中央政府有債，地方政府也有債，中央別指望地方能幫忙，好在地方政府是可以徵稅的，所以就不斷提高稅收來平衡自己的財政。獨立後，離開英國的關照，美國的經濟貿易都不太景氣，政府催債、加稅、還亂印貨幣，人民的生活不太安逸，戰後各地都有些騷亂和暴動。

一七八六年，一位退伍的大陸軍上尉謝斯，在新英格蘭地區發動了起義，年底，吸引了一萬五千追隨者，佔領了麻塞諸塞州不少城市。波士頓的有錢人看到形勢危急，自討腰包組建了一個政府民團，終於遏制了起義軍的勢頭。

起義是被鎮壓了，給新英格蘭的衝擊還是很大的，尤其是當地的權貴階層。謝斯被捕後，受到了豁免，因為政府高層們都認為，不宜再激化矛盾。前面說過，美國從建立開始最大的特點就是能變通，從不一根筋，謝斯事件後，很多人產生了改變現狀的想法。

捂出來的憲法

一七八三年，馬里蘭和維吉尼亞因為波多馬克河的航運問題發生了爭執，後來賓夕法尼亞也加入了這場紛爭。最後，在和事佬華盛頓的安排下，大家願意坐下來和解談判或者嘗試建立一種對所有人都有利的公共商務邏輯。

一七八六年，馬里蘭州的安納波利斯，五個州派代表開了三天會，這個會議說了什麼不重要，最重要的成果是，讓美國建國時的兩位天才相遇並聯手了，他們一位叫詹姆斯・麥迪遜，另一位大名是亞歷山大・漢彌爾頓。

這兩個人性格經歷都各有不同，但對現狀的想法一致，就是必須召開全國代表大會，修改《邦聯條例》。

安納波利斯會議談不上成果，但與會者基本同意，第二年到費城去集中開個特別會議，討論麥迪遜和漢彌爾頓的提案。與會的才五個州，其他還有八個州根本沒興趣到費城去。好在，美利堅再一盤散沙，還有一個主心骨，面子很大，也就是華盛頓將軍，只要他振臂一呼，大家都不太好意思拒絕。

一七八七年五月到九月，除了死硬份子羅德島州之外十二州的五十一名代表齊聚費城，美國歷史上最為重要重大的制憲會議，在炎熱的天氣中，偷偷摸摸地開幕了。這次會議網羅了美國開國史上幾乎所有的名人，為後來強大的美利堅奠定厚實的基礎，而當時，他們的平均年齡不過四十四歲，如果將其中唯一的老人家，八十一歲的老富蘭克林拋開計算，這個平均年齡還會更低。

為什麼會議要偷偷摸摸地召開呢？因為會議要審議漢彌爾頓和麥迪遜拋出來的計畫，計畫的核心要點就是建立一個強大的集權政府，這個會議，不是要修改《邦聯條例》，它是要推翻重建一套美國憲法！與會代表都認為這個決議會引發不可估計的狀況，為安全計，決定在討論時，採取閉門磋商，嚴格保密。還真是閉門，在沒有空調的費城盛夏，美國國父們衣冠楚楚地被關在門窗緊閉的房間裡揮汗如雨地進行了四個月的頭腦風暴。

這是美國歷史上最偉大神聖的四個月，可惜會議卻規定不能留下任何現場記錄，感謝麥迪遜超強的記憶力，後來他將四個月的所有辯論寫成日記留存下來，五十年後才被公開。根據麥迪遜的記錄，會議中爭執非常激烈，天熱炎熱，空氣還不新鮮，代表有時真會拍桌子撂挑子。能夠艱難地維持四個月並取得成果，除了大家給會議主席華盛頓將軍面子，還要感謝老人家富蘭克林，代表們說話過頭會導致吵架時，老富蘭克林的智慧和慈藹都能讓局面緩和下來。

美國憲法是美國精神的代表，是美利堅的柱石，研究美國歷史，美國憲法是不可迴避的重中之重。那四個月美國國父們吵得熱鬧，我們局外人看著會覺得枯燥，不管最後產生的文件有多麼偉大。

制憲會議經過了幾個主要方案的討論，第一個是麥迪遜提交的維吉尼亞方案：國會建立兩院，眾議院由人民直選，參議員由州議會提名；議會可以否決州議會的法律；立法機關選舉國家首腦，並指派最高法院。這項方案幾乎就奠定了美國憲法的主框架，麥迪遜當之無愧成為美國憲法之父。

《維吉尼亞方案》沒讓所有人滿意，如果眾議院直選，那人數少的州，規模小的州，就明顯吃虧，於是他們的代表就拋出了《紐澤西法案》，一頓爭吵後，被否決了。

大州小州，大戶小戶，大資本家小工商戶，南方北方，吵吵嚷嚷，唇槍舌戰，天氣熱的好處就在於，吵得再激烈，大家也不會上手幹仗，因為都懶得動。

一七八七年七月，三項最後的妥協案被妥協出來了，第一項《康乃狄克妥協案》：眾議院每州代表數目由自由民加一定比例的奴隸數量決定；參議員則由每個州議會選兩位代表，每州在參議會都有平等的一票權；第二項《五分之三妥協案》：起因是南北方的爭執，因為南方蓄奴州有大量黑奴，那麼，黑奴算不算州人口？南北方吵架的結果是：黑奴的五分之三算進州人口，也就是說，一個黑人相當於〇．六個白人。這種搞法相當侮辱黑人兄弟，制定憲法的國父們可能也是覺得不妥，所以雖然這個方案通過實行了，在憲法文本上，還是沒有留下黑奴之類的字樣；第三項妥協則是最重要的總統選案：漢彌爾頓這一派的目標是建立一個集權政府，但美利堅大多數人都不願見到一個權力過大的政府，於是，最後的政府還是要建立在孟德斯鳩所說的三權分立的基礎上。漢彌爾頓不算完敗，因為在總統這個職務上，他幾乎達到了自己的目的：總統被授予了對國會立法的否決權和廣泛的行政權力，雖然總統是被人民選舉出來的，但他的許可權幾乎是可以獨裁的，美國總統真有點野心，他可以擁有比英王甚至法王大得多的權力，神奇的美國制憲會議，領先法國人開創了民主選舉君王的新政體。

九月十七日，與會代表中的三十九位在新的憲法上簽字。但憲法還不算成立。早先的邦聯憲法是在全部十三州通過後才成立的，立法委員們非常清楚，有那麼幾個州，油鹽不進，孤僻不合群，政府說什麼，他們都不賣帳，跟他們較勁，非常傷不起。於是，本著務實的態度，新的憲法規定，只要十三州中有九個州通過，新憲法就正式成為聯邦的基本法。

拉票比立法難

即使是爭取九個州同意，也是不容易的。因為對於成立一個強勢聯邦政府，削弱地方權力這件事，大部分州議會是想不通的。制憲會議認為，既然是人民的政府，人民的憲法，就應該交給全民去討論，所以，憲法不僅僅是下發到各州議會，並發布給全體人民，呼籲大家公開討論，發表意見。就這樣，憲法被批准的過程，成為美利堅歷史上第一場思想政治領域的大party，一場熱烈壯觀的公共辯論。

支持憲法成立聯邦政府的，當時就被稱為了聯邦黨人，代表人物有漢彌爾頓、麥迪遜等，華盛頓和富蘭克林兩位大佬也是這個方陣的。

對憲法有顧慮，認為這樣的政府蘊藏著危機的，自然就是反聯邦黨人，一手挑唆出獨立戰爭的兩員大將，約翰·漢考克和山繆·亞當斯是主要代表，人數和影響力也都不小。既然分成兩派開始爭論，大家可以隱約感覺到，這兩夥人再發展一下，就是兩個黨派的雛形了。

有了幫派組織，就需要公共媒體來宣講自己的想法，一七八三年，費城《晚郵報》問世，美國有了自己的第一份日報，報紙上開始有關於憲法大爭論的專題文章。

聯邦黨人概念清晰，撰文更是理直氣壯，通過不同風格的文章，向民眾詳細講解了政府、行政、立法、司法等名詞和之間的關係，以及政府與人民的權力分配，聯邦政府的方向和目的。在這群人看來，之前邦聯的那種小政府，就是一種無政府的狀態，必將導致混亂，而民眾的權利如果氾濫不受約束，社會肯定動盪不安無法正常發展。聯邦黨人以各種筆名發表文章，漢彌爾頓和麥迪遜就在其中選取了八十五篇最精彩最有代表性的，結成《聯邦黨人文集》，以書的形式出版發行，成為美國歷史上極其重要的一部文獻，也是第一部政治理論著作，是了解美國憲政的必修課本。

反聯邦黨人的反對思路是什麼呢？這群人大部分都是獨立戰爭最早的鼓動者和參與者，是最堅定的獨立派。他們認為，他們的鬥爭不是為了建立一個取代英政府的政府的，他們認定政府強權必會引發腐敗或者獨裁，任何一種形式的極權，都是專制的基礎和源頭，人權就勢必得不到保障。可這些人也看到了之前邦聯的弊端，沒有一個強大的中央政府，也的確是會出現很多問題。

實際上，在對於政府或者政府首腦會不會成為獨裁頭子的問題上，兩派都有一個保障，那就是華盛頓。雖然憲法還沒有成立，但大家都認定，未來的政府，華盛頓一定是首腦，而所有人相信華盛頓的操守，他不會成為一個凱撒之流的人物，雖然有些聯邦黨人恨不得華盛頓就是北美的凱撒。

反聯邦黨人糾結歸糾結，從務實的角度考慮，他們知道，必須要讓憲法成立，不過需要對人權增加一重保障。政府雖然是人選的，畢竟是人治的，橫豎信不過，而這部被討論的憲法中，關於公民人身自由和安全保障的內容幾乎是沒有的。所以，必須為保障人權訂立相關的法律。於是，聯邦黨人馬上承諾，只要憲法通過，第一屆國會的任務就是起草《權利法案》作為憲法的修正案，並確保讓大多數人滿意。

兩派大的壁壘基本消弭了，開始投票吧。沒想到，依然是阻滯重重，很多州，即使是通過，也是微弱多數。一七八八年六月二十一日，關鍵第九州新罕布夏通過，新憲法終於可以落地生效了！好在只需要九個州，因為著名的刺頭羅德島州甚至拒絕討論新憲法要不要通過的問題。後來的大勢所趨也由不得刺頭淘氣，迫於壓力，一七九〇年，三十四票對三十二票，羅德島州終於批准了憲法，而此時，憲法的修正案都已經出爐了！

偉大的第一修正案

作為世界上唯一的超級大國，美國有遊弋於全球大洋的十一個航母編隊，看誰不順眼就在誰家門口搞演習；華爾街的行家們打個噴嚏，全球的金融市場就感冒；美元把持著唯一儲備貨幣的地位，牢不可摧；好萊塢造出了各色超人組成聯盟專心對抗外星侵略者。但是，美國人肯定不是因為這些而成為全世界最驕傲最得意的公民，美國佬的自豪和得瑟，來自於他們幾乎是世界上最自由最不憋屈的大國公民，而這種讓美國佬活得自在隨性的待遇，就是來自於從建國起就擬定並不斷修正的《人權法案》。

一七八九年國會批准了麥迪遜擬定的十二條憲法修正案，一七九一年底，其中的十條獲得各州通過，構成跟《獨立宣言》和《聯邦憲法》齊名的《人權法案》，這十條的內容非常簡單：

第一條：言論、宗教、和平集會自由；

第二條：持有與佩戴武器的權利；

第三條：免於民房被軍隊徵用；

第四條：免於不合理的搜查與扣押；
第五條：一罪不能兩判、禁止逼供、禁止剝奪私人財產；
第六條：未經陪審團不可定罪以及被控告方的其他權利；
第七條：民事案件中要求陪審團的權利；
第八條：禁止過度罰金與酷刑；
第九條：未被列入的其他權利同樣可以受到保護；
第十條：人民保留未經立法的權利。

這十條修正案保障的是最基本的人權，而在老楊看來，第一條對言論自由和新聞出版自由的保障最偉大。

寫這部分文字時，有個南方報紙的記者，因為調侃神州九號的三名太空人被解職，丟了工作。網上很多人說，這個記者分明是吃了嘴賤的虧，可是，大家要記住，嘴賤並不是罪，那些讓我們噁心的言論，讓我們痛恨的思想，懷疑會引發動盪的煽動，都是一種應該被保護的自由，也許言論的邊界是不好界定的，但，這是基本的人權！

「強制性地保持一致，只會獲得墓地般的死氣沉沉」！

雖然一七九一年，第一修正案就被美國通過，但真正在美國成為一條法律被實施和使用，最終成為美國精神的一部分，也是經過了很多鬥爭和波折的，以後的歷史中，我們還會說到。

十一、開市大吉

美國政府開張了，這是一門人類歷史上從來沒有過的生意，美國人需要摸著石頭過河，需要領路人相當靠譜，頭腦清晰。

華盛頓

美國歷史的人物傳記，第一位必須是華盛頓。

第一國父的生日很好記，一七三二年二月二十二日，別以為這個日子生出來的人一定很「二」，四個二在手，僅次於雙王！不過華盛頓不會鬥地主，因為他自己就是個大地主。

華盛頓富二代出身，富二代沒有不闖禍的。小時候，他父親送給他一柄小斧子，他歡喜之下，就拿父親心愛的櫻桃樹練斧頭功。沒想到小斧子還真管用，三兩下，那顆苗條的櫻桃樹就腰折了。父親看到櫻桃樹慘死，當場就宣布要對凶手嚴懲不貸，而此時華盛頓勇敢地站出來自首，父親認為，兒子勇於承擔責任和誠實的品質，要比櫻桃樹更珍貴，所以原諒了他。也有後人分析，父親沒有發作的原因是，華盛頓還舉著那把斧子呢！

又是一個關於名人成長的扯淡故事，華盛頓家族是維吉尼亞著名的莊園主，老華盛頓自然是個有身分有地位有教育的人，沒聽說過送給未成年人一把斧子做禮物的，除非華盛頓未來將是斧頭幫的繼承人！

父親在華盛頓十一歲時就去世了，華盛頓的家庭教育，主要來自母親瑪麗，華盛頓很小就是個有條不紊一絲不苟的人，偶爾有點壞脾氣。

華盛頓是所有美國總統裡唯一沒有大學學歷的，他的大學最多算是進修，短暫的學習讓他掌握了土地測量的技能，成年後，他就成為了一個土地測量師。野外工作，餐風露宿舟車勞頓的生涯磨礪了這位公子哥的精神意志，後來在各種惡劣的環境下，他比許多貧窮出身的士兵還吃苦耐勞。當年華盛頓的土地測量記錄現在還收錄在一些縣誌裡，資料精確嚴謹是最早的土地權威資料。工作辛苦，收入不錯，藉工作之便能優先購得不少好土地，不到二十歲，他就已經是大地主了。

華盛頓受同父異母的哥哥勞倫斯影響頗深，父親死後，這位兄長就成為華盛頓生活中的慈父。勞倫斯是個軍人風格的英國紳士，參加了英國在西印度群島對西班牙的戰鬥。回到維吉尼亞後，是維吉尼亞政界響噹噹的人物。他在波多馬克河畔蓋起了一幢莊園，用自己海軍部隊老上司弗農上將的名字命名為弗農莊園。受哥哥的影響，當英法在北美的殖民地預備拔劍相向爭奪地盤時，華盛頓也毫不猶豫參加了軍隊。

軍事訓練期間，為了陪伴勞倫斯養病，華盛頓去了西印度群島，不幸染上天花，臉上留下了些輕微麻子。勞倫斯因病去世後，弗農山莊就留給了弟弟，這裡就成了華盛頓的家，再後來就成了國父故居，現在每年美國總統在感恩節會在這裡放生兩頭火雞慶祝節日。

一七五三年，法國在俄亥俄地區擴張，華盛頓代表維吉尼亞總督去勸阻，壞脾氣沒忍住，跟法國人動手，涉嫌殺了對方的指揮官，因此引發了英法長達七年的血戰。禍闖的有點大，事後戰鬥過程也有些窩囊，但華盛頓卻因此聲名大噪，成為維吉尼亞軍界的頭號明星，大名甚至傳到了倫敦和巴黎。

法印戰爭還沒結束，華盛頓就當選為維吉尼亞議會議員，辭掉軍職，大婚了。華盛頓自己是個大種植園主，他迎娶了維吉尼亞最大的種植園主的遺孀，兩邊合併後，華盛頓夫婦成為維吉尼亞最財雄勢大的一家人，婚後，他們移居弗農莊園，溫馨地生活。

名氣越大責任越大，不知道從什麼時候開始，北美殖民地一有事就想到拉華盛頓出來救場。四十三歲的華盛頓穿上了舊軍裝，成為大陸軍總司令，領導殖民地對宗主國的戰鬥。

戰爭的過程前面已經大致敘述過了，華盛頓是統帥，絕對不是戰神，好在對大陸軍來說，最需要的是堅持忍耐，終於等到了法國和普魯士這些專業軍隊來幫忙的那天。

雖然一七七七年，獨立戰爭贏得了可貴的薩拉托加大捷，可對華盛頓，狀況更糟。在沒有獲得任何軍需補充的狀況下，他將部隊帶入福吉谷休整，一邊監視費城，伺機而動。

這是華盛頓人生中最苦的冬天，士兵們衣不蔽體，食不果腹，經常有人開小差溜走，而總司令自己，還要忍受來自大陸會議的質疑和猜忌。

當時歐洲大陸很多國家的殘兵游勇們混到北美報名參加大陸軍，部分人是為了某種精神事業，更多是投機。這幫人一過來，首先就要求待遇、軍階等，達不到目的就嘰嘰歪歪，在軍隊內部製造不團結。

在政界混，不可能不樹敵。即使是華盛頓這樣的人，他也有敵人。軍需總長米福林就一直跟華盛頓不對盤，他拉攏了來自愛爾蘭的康韋——一位想投機被華盛頓打擊過的軍官，想趁機整翻華盛頓。

華盛頓在福吉谷的蟄伏被認為是懼戰，當時很多軍官就勸他，不蒸包子爭口氣，我們豁出去對費城發動一場攻勢，讓大陸會議閉嘴。華盛頓馬上召開了軍事會議，批評了這種衝動。對華盛頓來說，他個人的聲譽和榮譽都不重要，他不能再讓軍隊無端折損。隨後，他寫了一封信，開誠佈公地質問康韋，是不是在背後搞小動作。

康韋心商太低，不適合玩陰謀詭計，在華盛頓大義凜然的人格魅力前，頓時融化了，提出了辭呈。這一場華盛頓政治生涯中著名的「康韋陰謀」就算被粉碎了，從此後，華盛頓的地位沒再受到任何撼動，不管他有沒有打勝仗。

獨立戰爭後，華盛頓再次脫下軍裝，返回弗農山莊。日子也並不平靜，因為他的江湖聲望和江湖地位，在邦聯政府磕磕絆絆的那段時間裡，總有人來找他平息各種糾紛。當他過去最信任的副官漢彌爾頓張羅開制憲會議時，華盛頓剛開始並不關切，是謝斯起義讓他緊張了。不僅讓他，其他跟他一樣的大資產者都覺得被威脅，於是，華盛頓決定出席，而就是因為他作為會議主席坐鎮現場，這個吵吵鬧鬧的會議才終於堅持開出了結果。據說華盛頓在會議期間，不管爭論多麼激烈，他都盡量一言不發，淡定旁觀。他知道自己的地位和影響力，擔心自己隨便說出來的話左右會議的走向。這種謹言慎行，讓他更受尊重。

前面說過，聯邦憲法一不小心就搞出一個選舉君主制，而即使是很在意政府許可權的反聯邦黨人也沒有提出質疑，因為雖然選舉還是要走程序，但所有人都清楚，美利堅的第一任總統，必須是華盛頓，因為除了他，沒人可以同時壓服左右上下南北所有人。

一七八九年三月四日，新選舉的第一屆國會在紐約召開，月底，在聯邦大廈的臺階上，華盛頓眾望所歸宣誓成為美利堅合眾國的總統。

欠債很愉快

作為人類史上第一個總統，華盛頓沒有教科書，他只好參照老宗主英國人的辦法，組織一個內閣給自己幫忙。這是美國歷史上最寒傖的內閣，三個部門，四大金剛。三個部門分別是國務院、財政部和戰爭部。四大金剛分別是：國務卿——湯瑪斯・傑佛遜，戰爭部長——亨利・諾克斯，總檢察長——艾德蒙・藍道夫，財政部長——亞歷山大・漢彌爾頓。

四大金剛都是了不起的人物，而其中最忙最熱鬧的，是我們的老朋友，傑佛遜和漢彌爾頓。

傑佛遜出生於維吉尼亞的富足之家，十四歲就繼承家業成為農場主，一直接受著全面而正規的古典教育。十六歲時，傑佛遜進入威廉和瑪麗學院，數學和哲學是主修課，熟悉希臘文，還會拉小提琴。美國國父中，說傑佛遜是智慧最高的人，應該沒有爭議，他被選為《獨立宣言》主要撰稿人時，不過三十一歲。有錢有勢有才華，傑佛遜明顯應該是精英階層的代表。

漢彌爾頓就可憐了。出生於英屬的西印度群島，母親跟一位蘇格蘭落魄世家子同居，而後又被遺棄，漢彌爾頓是個實實在在的私生子。大家都知道，在十八世紀的歐洲氛圍中，私生子不是個好詞兒。十三歲時，母親死了，私生子淪落成孤兒。

鳳凰男的能量是不可估量的。漢彌爾頓從小就有野心有抱負，即使是艱苦的打工生涯，他也不放棄讀書，在朋友的資助下，他終於獲得了進入國王大學學習的機會。漢彌爾頓是把錐子，任何袋子都裝不下，很快就在國王學院脫穎而出，成了明星學員。加上時勢造英雄，漢彌爾頓踏上了一條北美仕途的捷徑——加入大陸軍，並步步高升走到華盛頓身邊，成為總司令的副官。

副官這個位置，有巨大的操作空間，漢彌爾頓一點沒浪費。二十三歲那年，他娶到一位望族的小姐，魚躍龍門，躋身北美的上流社會，權貴階層。

一個孤兒私生子的奮鬥史，自然是充滿了艱苦和磨難，而漢彌爾頓從社會底層一步步走上來的經歷，會不會讓他成為勞苦大眾的代表呢？

基於出身的分析讓我們全錯了。傑佛遜和漢彌爾頓這絕代雙驕在美國第一屆內閣狹路相逢時，出現了非常詭異的錯位：傑佛遜，出身顯貴的老爺，居然時時處處考慮的是普羅大眾的利益，反對一個強勢的政府，反對特權階層，希望將更多的權力下放給各州和人民，是反聯邦黨人的帶頭大哥；而漢彌爾頓呢，這麼辛苦才躋身上流圈，如果不能讓這個階層享受到特殊的利益，並維持他們高高在上的地位，那奮鬥還有意義麼？年輕人還有勵志榜樣麼？於是漢彌爾頓成為了集權政府的積極擁護者，是聯邦黨人的中堅力量。

根據我們對美國政壇的了解，國務卿的行政級別是很高的，肯定在財長之上，也就是說，傑佛遜應該是漢彌爾頓的領導，只是，漢彌爾頓根本不需要賣國務卿的帳。

美國的第一屆內閣，首先要處理什麼事？錢！空空如也的國庫、咄咄逼人的債主、鋪天蓋地的債券，誰能解決這個問題，誰就是政府的核心，所有人要為他提供配合。這是一個複雜無比的爛攤子，七千七百萬美金的各種欠款能還清嗎？漢彌爾頓說，我能！於是，財長成了本屆內閣的老大。

漢彌爾頓必須被我們每個中國人膜拜一下，因為這個夥計整出來一套高明的財政系統，直接讓三百年後的中國人陷身其中，不能自拔，這個東西，就是神奇的美國國債。

國債嘛，顧名思義，國家債務。政府發行債券，買下來就成為該政府的債主。根據人類歷史發展了千年的老規矩，一般都是欠債的鬧心，見到債主還要裝孫子。現在，中國是美國國債最大的持有者，也就是美利堅最大的債主，但實際情況就是，誰是孫子還狀況不明。在對待這筆天文數字巨債時，中國顯然比美國焦慮多了，而且，全世界購買了美國國債的國家，都顯得比美國焦慮。能讓自己欠債欠得這麼帥，就是美國國債的神奇之處，這種神奇，就是由漢彌爾頓創造的。

漢彌爾頓一上任就說了：債務如果操作得當，可以是福音！於是，他開始拿美國政府七千七百多萬的各種債務當魔術方塊玩。

首先是欠國內國外各種債，怎麼辦？現在沒錢啊，打死我也沒錢還，但如果您再借給我點，我就有錢還您了嘛！一點不無賴，漢彌爾頓沒準備還債，他預備建立一個龐大而穩定體系，讓欠債這項業務長期持久地發揚光大。

舊的債還說不清，新的債怎麼還會借給你呢？如果能保證還清本金還能讓你賺到利息，你借不借？這個當然可以借，但，你美國政府需要非常好的借款信用，不准空口白牙亂許諾！

好，思路很清楚了，要還債，先借債，要借債，先建立信用，要建立信用，聯邦政府必須有穩定的收入和金融體系！

第一，建立一個全國性的銀行，統一並穩定貨幣，為政府儲備聯邦基金提供保障，還能為商業活動提供貸款和資金，並協調各地銀行。

它必須是由私人董事領導，避免由政府控制產生的腐敗。這是美利堅第一銀行，美國最早的央行，經過後來幾次變身後，成了大名鼎鼎的美聯儲。

第二，光有銀行不行，錢也不是憑空印出來的吧。政府要收入，怎麼來？收稅啊！關稅和消費稅。關稅可以理解，現在十三個州統一到聯邦旗下了，可以以美國政府的名義對進口貨物徵稅，正好還能保護美國的本土工業。

收消費稅有點兒麻煩，國會激烈討論後，決定先對釀酒業開刀。在賓州、北卡、維吉尼亞這些地區，因為道路不通暢，糧食作物運出來不太便利，於是當地人就用穀物釀造威士忌。一聽說消費稅的第一刀要砍在這些小酒坊身上，這幾個州的釀酒商馬上發揚了當年對抗英國印花稅的精神，組織暴動，並造成傷亡。

第一屆內閣不會允許英國人的「悲劇」發生在自己身上。華盛頓果斷採取軍事行動，徵召了一支比當年大陸軍人數還多的軍隊前去鎮壓，聽說政府來真的，這次所謂的「威士忌酒叛亂」就自動鳥獸散了。於是，漢彌爾頓的稅收計畫又成功了。

第三，政府有收入了，國家還要發展啊，要不然怎麼保障收入的持續，國債的持續呢？漢彌爾頓提出，要發展製造業。

跟要不要成立銀行一樣，這個提議也是遭遇了巨大反對，因為很多美國精英都認為，美國是個農業大國，土地是最值得信賴的。而工廠裡，誰知道資本家會打什麼壞主意。

雖然爭議不斷，但最後美國製造業還是在第一屆內閣的各種保護政策中逐漸發展起來了。

現代人看漢彌爾頓，是不世出的金融天才，但在當時，他卻是備受質疑的，他的每一條政策想法都要頂住巨大的壓力。

前面說到美國建國時有各種債務七千七百萬，這筆債除了邦聯政府欠國內國外的，還有很大一部分是戰中各州欠下的。這筆欠債，成為漢彌爾頓處理得最頭痛的問題。

漢彌爾頓是主張集權政府的，在他看來，最好各州不要有任何權力。如何保證中央政府讓各州臣服？借條拿來，聯邦政府全額幫你們還債！

這話一出口，全國炸鍋了。債務很大一部分是戰時欠士兵的軍餉或者是農民的物資款。士兵和農民拿著這些白條，早就對兌現沒什麼指望了。如果這時，有些投機客樂意幫忙，願意打折買走這些債券，沒有不答應的。也就是說，如果漢彌爾頓原價兌現這些債券，投機客可就發大財了。

並不是所有的州都欠錢，南方某些條件好的州，在戰後已經兌清了債券。如果中央政府頂下這筆債務，以全國的稅收去償還，那麼事先清償了債務的州擺明就是吃了大虧啊。

一般認為，低價收購了債券的投機客，以北方聯邦黨人居多，漢彌爾頓是他們的代表。而以傑佛遜為代表的反聯邦派堅決不答應。

漢彌爾頓和傑佛遜說起來是內閣同事，同事之間有齷齪，有個很好的辦法就是找個中間人，擺一桌飯，喝一頓酒來解決問題。吃吃喝喝在哪個國家都管用。

一七九〇年六月的一個早上，漢課長和傑總長在公司門口相遇，雖然兩人一直不合，不過這天漢課長意外地客氣，一把抓住傑總長，跟他神聊了一早上，眼看要遲到了兩人還意猶未盡，決定晚上，傑總長請吃飯，叫上麥迪遜作陪。

這是史上著名的飯局之一，野史最喜歡渲染的，是當天傑佛遜請客的紅酒相當不錯，紅酒是傑佛遜莊園自釀。

漢彌爾頓的償債計畫希望傑佛遜通融，而傑佛遜正好也有事找漢彌爾頓辦。話說，美利堅成立後，首都一直設在紐約。傑佛遜為代表的這幫，尤其是來自維吉尼亞的大佬們，一直希望能在維吉尼亞和馬里蘭交界的波多馬克河畔，建一座新的首都。

飯局在親切友好的氣氛中進行，最後，傑佛遜答應幫漢彌爾頓的計畫過關，而漢彌爾頓說服北方佬，都城遷出紐約，先搬到費城去，然後在總統親自選定的地點，建立新的首都。

漢彌爾頓成功了，他的計畫迅速恢復了美國的信用，保障了工商業的強勁發展，美利堅在國債這個超級引擎說明下衝上了強勢崛起之路。

美國人從此後玩國債玩得出神入化，而美國國債可以這麼多年暢行不衰，跟它穩定良好的收益是分不開的，現在美國欠債十六兆多美元，創出了一個驚人的高位，估計漢彌爾頓復生聽說這個數字，他能當場再次嚇死。它還能不能維持之前的良好聲譽，誰都說不準。但如果從歷史角度來看，中國持有大量的美國國債，也許不是最好的選擇，但也肯定不是最壞的。

黨爭很鬧心

聯邦憲法並沒有關於黨派的內容，在建國之初，美國的兩個黨派就已經非常明顯形成了。從制憲會議開始，兩幫人就產生了明顯的分歧和壁壘，而為了自己這一派的利益，終於走上了組團夥建黨之路。

前面已經說過，漢彌爾頓明顯領導著聯邦黨，他們認為政治就應該是精英權貴管理國家，憲法可以彈性解讀，以建立強大的中央集權為終極目的。聯邦黨人的勢力範圍主要在美國東北部，因為正副總統都是聯邦黨人，漢彌爾頓還在內閣說一不二，所以，第一屆美國政府，顯然是聯邦黨人的江山。

跟漢彌爾頓對立的傑佛遜則是反聯邦的代表，因為他們一直呼籲要控制政府的許可權，增加地方的自治權，讓民眾享有更多的權益，於是他們就開始自稱民主共和派，簡稱共和黨。

兩個萌芽狀態的黨派從制憲會議開始就吵架，到漢彌爾頓的經濟政策時，吵得更凶。憲政財經之類的事，普通老百姓是不懂的，把美國整個捲入黨爭的，是因為歐洲大陸出大事了。

就在華盛頓宣誓就職後沒幾天，法國人攻陷了巴士底獄。法國是歐洲封建制度的巨型堡壘，如今被革命推翻，其他老牌的封建制帝國感到了危險，連英國人都不能接受。雖然英國人經歷了光榮革命，將王權關進了牢籠，其目的還是讓資產階級政治精英掌握政權，而法國大革命中，底層百姓的蠢蠢欲動，讓英國人也不爽，隨後歐洲主要國家鍥而不捨地組織反法同盟，一次又一次要把法國拉回原地。

按說法國人算是踩著美國人的腳步走上了革命之路，當年美國革命得到法國的大力襄助，如今法國人鬧革命，美國人正應該投桃報李。

美國人務實，不會隨便頭腦發熱，跟其他事一樣，聯邦黨和共和黨又產生了分歧。共和黨人自然是為革命叫好，號召美國人民全力支持法國人革命到底；聯邦黨人則憂心忡忡，認為新的合眾國捲入法國的事態，沒什麼好處。

剛開始僅僅是論戰，進入一七九三年，情勢迫使兩黨必須明確站隊。這一年，第一次反法同盟組建，英格蘭對法蘭西宣戰了。

北美對英國宗主宣戰時，法國和美國是簽訂過同盟條約的，如今英國對法國宣戰，美國人於情於理都應該加入法國一邊，可華盛頓總統非常果斷地選擇了中立。法國派了一位外交官來到北美，希望像當年富蘭克林一樣爭取到美國支持時，漢彌爾頓非常清晰地告訴對方，同盟條約是跟法王路易十六簽訂的，既然法國大革命推翻了法王，同盟條約就自動作廢了！

對以漢彌爾頓為核心的聯邦黨人政府來說，跟法國人切割是必須地選擇，根據政府既定的關稅和工商業計畫，對北美的商業發展最有實際幫助的國家依然是老宗主英國。在聯邦政府看來，不僅不能跟著法蘭西向英國宣戰，而是應該趁著機會找老東家修好。

整個美國社會分成了親英和親法的兩派。可惜像富蘭克林那樣擁有強大個人魅力的外交官太少，法國大革命中，一會兒雅各賓派一會兒吉倫特派亂得不可開交，看著都不靠譜，讓親法派的支援也有點找不到北。親法派大佬傑佛遜發現想幫忙也無從下手，還有可能搭上自己的利益時，不得不宣布了辭職，全力開始組織規劃共和黨的發展前景。

親法派無從著力，親英派也不好過。雖然英國承認戰敗，認可了美國獨立，可他們依舊佔領著西部的要塞不撤離，戰時掠奪的北美的奴隸和財產也賴著不還，一七九四年，英國海軍甚至扣留了在西印度群島貿易的幾百艘美國商船，如果順應合眾國內一部分人的情緒，對英國的戰爭恐怕是一觸即發的。

前面說到，對聯邦黨人和政府的經濟政策來說，英國人的重要性是不可言喻的。漢彌爾頓更不敢想像，跟英國人翻臉，對剛剛起色的美國經濟是什麼樣的重創，於是，政府派出了首席大法官約翰・傑伊去倫敦談判。

談判肯定是要簽條約的，完全公平雙贏的合約幾乎沒有。一七九四年十一月十九日的《傑伊條約》就讓很多美國人覺得又被英國欺負了。條約規定：一七九六年六月一日前，英國從美國西北地方撤軍；英國賠償他扣押的美國船隻損失；但密西西比河向英美兩國開放；美國人不准在美國的港口裝備針對英國的海盜船；美國在英屬東印度群島可以享受貿易優惠；在西印度群島，美國人只能以載重七十噸以下的船隻進行貿易，棉花、可哥、食糖等商品不得插手；而一直懸而未決的美英加拿大間的邊界，則兩國成立一個委員會來討論。

密西西比河是美利堅的內河，允許英國人隨便航行，已經算是出讓了部分主權，而西印度的貿易還要看英國人的臉色，則更是屈辱。

和約一出，美國國內罵聲四起，不過說到罵人，美國人比不上大革命之後，心煩意亂的法國人。整個巴黎的怒火找到了集中點：美國佬就是一群奸佞小人，當年我們辛苦幫他們打敗英國佬獨立，如今他們不但不感恩戴德幫助我們，居然跟我們的仇家和好聯手了！

《傑伊條約》也許屈辱也許很慫，但不能不承認，在當時的環境下，它保障了英美兩國沒有發生第二次的戰爭，英美的貿易順利進行，為剛剛誕生的合眾國贏得了寶貴的發展機會。也因為這個條約，讓很多之前有些搖擺的人對聯邦黨人失望，紛紛加入共和黨，幫助傑佛遜這一方發展壯大了。

在北美大陸的糾結中，除了英法，還有西班牙。有了《傑伊條約》這個藍本，美國和西班牙也達成了協議，一切都以和平共處互助共贏為目的：西班牙認可美國對密西西比河以東地區所有權利；沿北緯三十一度確認佛羅里達的邊界線；美國商船航行密西西比河，可以在重要港口新奧爾良屯倉，然後裝船出海。

根據這兩個協定，美國不僅避免捲入了歐洲各國的紛爭，還在英西兩個大國間，爭取到了寶貴發展空間，基本可以說，這兩個老大哥認可了北美向俄亥俄河密西西比河流域的全面西進。

以現代的角度看，這兩份協議無疑是智慧而偉大的，但在當時，華盛頓卻是要頂住國內國外巨大的壓力。日益壯大的共和黨處處跟政府鬧彆扭，讓華盛頓這位花甲之年的老人家也不堪重負。第二屆總統任期，他已經有點兒勉為其難，一七九六年，當所有人讓他第三次出任總統時，他堅定地拒絕了，這一生太勞碌了，能不能讓老爺子回弗農山莊過幾天清淨日子啊。

一七九六年九月，第二任期即將結束時，華盛頓發表了他著名的告別演說，為後來百多年的美利堅發展奠定了基調，三條重大注意事項，希望後任者謹慎遵守：

1. 以國家為重，多想國家利益，不要只為自己的州打算；
2. 以大局為重，不要為自己黨派的利益影響政府決策；
3. 在歐洲各國的亂局中，獨善其身，千萬不要去摻和，而且要時時防範歐洲各國。

華盛頓的清靜晚年並沒有多久，卸任的第二年，他還再次接受了費城的徵召，幫助即將開戰的國家建設軍隊。好在戰爭沒有真正爆發，華盛頓得以在弗農山莊渡過了真正愜意輕鬆的晚年，這個晚年，甚至都不到一年時光。

一七九九年十二月，華盛頓在風雪中巡視莊園，老爺子不服老，他忘了，他已接近古稀之年，不是當年福吉谷那位年富力強的總司令了。十二月十八日，華盛頓平靜辭世。現在的醫學證實了，老爺子是受涼導致的扁桃腺化膿並引發肺炎，而當時的美國醫生為他進行了坑爹的放血治療！

第一國父對美國的貢獻不用贅述。老楊原來說過，大部分老人家，到了晚年，不是貪財就是貪權，很多人甚至到了病態不惜荼毒生靈的程度。而華盛頓每每國家需要，他都衝在最前面，而到該放手的時候，他對權力寶座毫不「戀棧」，「不僭位份，不傳子孫」，不以太上皇自居，不要求保存自己的遺體，放下得乾淨俐落，為後世的美國留下沒有強權沒有獨裁者的大好傳統，從這一點上講，華盛頓比任何人都配被稱為燈塔或者舵手，甚至聖人！

一八八五年，在首都華盛頓建立了五百五十英尺高的華盛頓紀念塔。

十二、第一修正案不好玩

上篇說到，美利堅險些陷入戰爭，跟誰的戰爭呢？聯邦黨的政府忙著跟英國西班牙修好，得罪的肯定是法國人。面對法國困局的，是第二任總統約翰・亞當斯。

作為美國獨立的「三傑」之一，在上面一段歷史裡，亞當斯跑哪去了？他不幸成為了華盛頓的副總統。大家都知道美國的副總統基本上就是個總統備份。華盛頓內閣漢彌爾頓和傑佛遜擁有全部的鋒頭，亞當斯縱有驚天動地之才，也只能當布景。

一七九七年，華盛頓卸任，美國才真正出現了第一次實際意義上的總統選舉。第一對競爭對手，就是亞當斯和傑佛遜。

大家可能會問，明明聯邦黨人的核心是漢彌爾頓，為什麼是亞當斯代表聯邦黨人參選呢？漢彌爾頓是個聰明人，他知道自己的份量。工作能力可能不錯，但想要凝聚聯邦黨人，自知還不是這塊料，而且他似乎更願意幕後操縱一切。其實他也不支持亞當斯，只是不管聯邦黨人誰當選，漢彌爾頓都是聯邦黨的實際老大。

第一次選舉，美國人還不算太清楚這個玩法，他們簡單地認為，得票第一是總統，得票第二的就是副總統了。選舉結果，美國人誰也不得罪，亞當斯成為總統，傑佛遜成了副總統，也就是說，總統的副手和備份，是自己最大的政敵！直到一八〇四年，美國人才意識到這種搞法很犯傻，總統和副總統應該出自一黨。

亞當斯是個激進的反法派，對法國大革命非常嫌棄。而法國人也開始報復美國人的背信棄義，美國的商船如果和法國船隻遭遇，肯定是凶多吉少。

聽說前後有三百多艘美國船隻被法國人扣了，聯邦黨人憋不住了，天天吵鬧著，要對法國宣戰。當然共和黨是堅決不同意宣戰的。亞當斯自己也是覺得，戰爭還是能免則免，所以他派出代表團去法國交涉。

美國代表團三個代表來到法國，他們想見的，是督政府的大佬，主管外交的塔列朗。在《聞香法蘭西》中，老楊介紹過塔列朗，整個法國大革命，從頭到尾，不管政權如何轉換，他起起伏伏總能安全地站在風口浪尖上，是長期贏家，超級狠角。

塔列朗不是隨便見的，他也派了三個代表來迎接美國的三個代表。法國三個代表見面就索賄，像婚介所安排相親一樣，塔列朗可以見，但要先給巨額的見面費，另外，美國還應該給法國提供數量不菲的貸款。

美國三個代表不願助長法國人的不正之風，正告法國佬：沒門！

談判破裂，亞當斯向國會報告，其實也就是給共和黨人看看，你們支持的法國佬，都是些什麼貨色。法國三個代表肯定是有名字的，不過亞當斯的報告裡稱呼這三位為「X、Y、Z」（類似路人甲乙丙），這個讓美利堅和法蘭西正式翻臉的事件，就被稱為「XYZ事件」。

「XYZ」的醜行，讓美國人很激憤，共和黨人沒話說了，打就打吧。也就是在這個背景下，退休老幹部華盛頓被返聘回來，領導訓練美國軍隊，並在此時組建了美國海軍部，正式發展美國海軍。

此時的法國是最不靠譜的國家，「XYZ」索賄時，塔列朗是督政府的外交官，一轉眼，他又變成執政府的外交官了。政府變了，塔列朗也與時俱進，所以亞當斯再派代表去做開戰前最後的努力時，塔列朗順勢給了大家一個臺階，達成協議：廢除獨立戰爭時法美簽訂的同盟條約，允許美國中立，美國給法國一個最惠國待遇。雖然彼此肯定是結下了樑子，但戰爭總算是擦肩而過。

法國大革命讓共和黨人像打了雞血一樣衝動，聯邦黨感覺共和黨這幫子就是北美的雅各賓派，也想煽動一場法國這樣的街頭事件。為了壓制共和黨，也為了在一八〇〇的大選中，讓聯邦黨人順利連任，亞當斯政府用了十天的高效通過兩項特別法律，一個是《客籍法》，一項是《反煽動叛亂法案》。

《客籍法》指向明確，外國人申請成為美國人，以前等五年，現在要等十四年，而且總統有權逮捕或者驅逐不受歡迎的外國人。顯然，不受歡迎的外國人，肯定是法國人或者他們的盟友愛爾蘭人。

《反煽動叛亂法案》則是激發了軒然大波。法案規定：禁止出版發布任何針對聯邦政府、國會、總統的惡意、虛假誹謗性的言論，不得散布藐視醜化政府、國會、總統的言論，禁止煽動善良的美國人民對聯邦政府、國會、總統的仇恨。

我們前面說過，美國憲法最牛氣的部分，就是第一修正案，因為即使是現在，任何國家都不敢無邊界地開放言論出版的自由。

在十八世紀末的北美，這樣一項法案，不算太逆天。雖然憲法的第一修正案已經通過，但對聯邦黨人來說，他們一向崇尚彈性解讀，也就是說，有些條款總統可以擁有最終解釋權。比如有人說「總統禮炮最好能打中亞當斯總統的屁股」，這個就太不懂禮貌了，不處理容易引發整體道德水準降低嘛。

憲法就是憲法，憲法是鐵律，不是橡皮筋，哪裡會有彈性呢？傑佛遜領導共和黨人，舉起捍衛憲法的大旗，發起了對新法案的攻擊。

這個事件應該說是美國兩大黨派的公開宣戰，從這個時段開始，兩黨基本都忘記了，自己是有英國紳士血統和傳統的，在國會在兩院在州議會，一有爭執，對罵和互啐口水已經是低級水準的對抗了，紳士們開始用拐杖互毆。

雖然維吉尼亞和肯塔基的州議會強悍宣布《反煽動叛亂法案》無效，但在該法案實施的兩年裡，還有十四名共和黨的編輯和記者因為言論不當被捕被罰款。聯邦黨人以為這樣就能讓共和黨的人閉嘴，在一八〇〇年的大選中，削弱他們的聲勢，然而他們錯了。用第一修正案冒險，是個殺敵一萬自損一萬二的做法，聯邦黨人作為執政黨，一般是小心謹慎避免偏激，讓對手即使反對，也不能找到具體的由頭。可這個「法案」的出爐，正好是給了共和黨一個抗議的目標，和明確的鬥爭方向，而且隨著共和黨人被捕被「迫害」，反而讓他們內部更團結更有鬥志。

一八〇〇年大選，聯邦黨人大敗，共和黨的傑佛遜成為第三任總統。亞當斯雖然落敗，但他還是將亞當斯家族打造成美國第一政治世家，以後的美國歷史中，我們還會認識許多亞當斯。

十三、國土開拓者傑佛遜

傑老爺的大觀園

一九九八年，一份DNA報告震驚了全美。《獨立宣言》起草者湯瑪斯・傑佛遜的後代被發現跟傑佛遜的黑奴莎莉・海明斯的後代有血緣關係，最合理的解釋，海明斯的後代應該是來自傑佛遜。

美國的國父們喜歡把人生來平等放在嘴邊說，可不論是「聖人」華盛頓還是民主之父傑佛遜，在他們的概念上，眾生平等肯定不包括黑人。偶爾他們可能會認為把黑人當奴隸用不厚道，但在他們心中，黑人依然是比白人低級的物種，即使他們中有些人可以獲得自由民的身分，也絕對不能跟白人待遇相同。

湯瑪斯・傑佛遜跟華盛頓一樣，是從維吉尼亞政壇起家的政治家，大種植園主，也娶了有錢的寡婦。傑佛遜的岳父有不少黑奴，老爺們白天覺得黑人黑得低賤，夜晚關上燈就不介意膚色，不少面容姣好的女黑奴，上了老爺的床並產下後代。在中國古代，丫鬟如果懷了老爺的孩子，一般可以封為姨娘，孩子縱然是庶出，也能享受準小姐準少爺的待遇，不至於繼續為奴。早期美國地主比較絕情，女黑奴就算生下老爺的混血孩子，還是奴隸，偶爾老爺善心大發，在孩子成年後，可以給他自由，只是黑色的自由人，也沒什麼社會地位。

傑佛遜太太繼承了老爸的種植園和奴隸們，其中有不少可能是自己同父異母的弟弟妹妹。其中有個叫莎莉・海明斯的小黑奴，長得白淨清爽，不使勁看，還真看不出是黑人，她被傑佛遜留在身邊使喚。

三十九歲那年，傑佛遜成了鰥夫，他堅持對妻子的承諾，沒再續弦，但他一直把海明斯帶在身邊。兩年後，傑佛遜成為駐法國公使，海明斯也隨著來到法國，得老爺親自教授她法語和各種知識。海明斯是美國歷史上最厲害的學生，因為公認的智慧最高的國父是她的家庭教師！

傑佛遜返回美國時，海明斯堅持留在法國，老爺哄丫頭總是有辦法的，他承諾，回到美國，他會給海明斯自由。不過根據歷史記錄，老爺顯然是食言了。海明斯生了五個孩子，傑佛遜給了其中幾個自由，一九九八年的DNA檢測證據確鑿地證明了，不管總統認不認，這五個真是傑佛遜的種。

這個勁爆的八卦可不是一九九八年才爆出來的，前面說過，一八〇〇年的大選，兩個政治派系已經劍拔弩張了，爆料揭老底這種競選手段也開始使用。好在當時沒有DNA技術，傑佛遜對這個傳聞採取了不理不睬不回應的態度，沒妨礙他戰勝亞當斯當選。

傑佛遜的勝利，是共和黨的勝利，作為美國的民主之父，傑佛遜一向認為，共和黨戰勝聯邦黨取得政權，是為美國杜絕了一個可能會走向獨裁的政府，具有革命的意義，所以他稱之為「一八〇〇年革命」。

雖然拿到了總統之位，但聯邦黨絕對不能算完敗，因為他們留在共和黨政府裡的，是真正的狠角色，比如聯邦最高法院首席法官約翰・馬歇爾，他曾是亞當斯內閣的國務卿，在亞當斯離任時，這位新的大法官就是傑佛遜政府裡一個堵心的對手。

最高法院

看美國的新聞，歐巴馬總統比手畫腳、神情激動地在國會發表演說，下面坐的議員們偶爾會起立鼓掌。但，有兩幫人是不能為總統或者其他任何中央幹部的發言鼓掌的。一幫是軍人，因為軍人不能干政；另一幫是中間就坐的九位大仙，一律頭髮花白，黑袍冷峻，神情淡漠。這九位酷得不可接近的人物，就是美國最高法院的九位大法官。他們代表著美國神聖的司法獨立，就算他們在心裡認同或反對演講的內容，臉上必須毫無表情。

司法獨立也不用這麼酷吧？人家當然可以酷啊，按實際的許可權來說，他們幾位比總統要牛多了，因為他們擁有對偉大的美國憲法的最終解釋權；國會冥思苦想小心謹慎制定的法律，這幾位可以否決；總統的權力要隨時置於最高法院的監督之下。

讓高院和大法官擁有如此超然的地位，是因為美國史上最成功的大法官馬歇爾的建設，後人說，馬歇爾和傑佛遜對峙狀態，造就了如今的美國憲政，起因就從傑佛遜剛上任時迎面遇上的「馬伯里訴麥迪遜案」開始。

亞當斯競選落敗，明裡向傑佛遜真誠道賀，暗地裡忙著搞小動作。他應該在一八〇一年三月三日離開白宮，就在這最後一天的任期，他火速任命了四十二名聯邦黨人成為治安法官，企圖將一股強勁的控制司法的勢力留在傑佛遜政府內。

按規矩，委任狀需要國務卿蓋上公章下發生效，可上屆國務卿還有幾張委任狀沒蓋章，傑佛遜就入主白宮了，總統的死黨，詹姆斯・麥迪遜是新的國務卿。傑佛遜就跟麥迪遜商量，既然沒下發，就扣下別發了，傑佛遜會在共和黨內選拔任命新的治安法官。

亞當斯這個行為被稱為「午夜任命」，鬼祟得很，而傑佛遜這個反擊動作也不算體面，還沒做到保密，幾個沒拿到委任狀的治安法官聽到了動靜。被任命為哥倫比亞特區治安法官的馬伯里就是其中之一，他預備不依不饒，向高院控訴麥迪遜。

那年的高院，挺可憐的，在首都都沒有自己獨立辦公的地方。兩院從國會大廈一樓給開個房間，讓他們開庭。這個案件交到馬歇爾手裡，絕對是極高的智商測驗。

憲法規定了立法、司法、行政有同等的權力，立法和行政都已經確定了自己的位置，司法還沒有得到準確定位。從表面上看，這個案子有兩個斷法：一，承認行政機關的指令最大，高院不能干涉總統的行政命令，駁回馬伯里的訴訟；二，馬伯里告得有理，命令麥迪遜把委任狀下發。但馬歇爾知道，傑佛遜和麥迪遜這兩個遜人絕對不會搭理高院的指令。這兩個斷法，都會讓高院顯得比行政機關或者國會低一級，司法權淪落。

本來都認為這是個無解的題，沒想到馬歇爾找到了第三種解法，馬大法官說了：高院駁回馬伯里的訴訟，但原因並不是行政權力大於憲法，而是因為高院只能接手「上訴」這種業務，馬伯里要求高院判決麥迪遜發放委任狀，這應該是「初審」法院該幹的事，馬伯里告得有理，不過告錯了程序。

在案件審理過程中，馬歇爾堅持以憲法為基準，而其他的法律，一旦跟憲法有衝突，則可認為無效。就是這種堅持，讓高等法院終於獲得了崇高的司法審查權，也就是說，高院可以質疑否決國會制定的法律。

在歐美學習法律，這個案件幾乎都是第一個要學習研究的案例，在古今中外關於憲法的案件中，有非常高的被引用次數，是蓋世名案。現在美國最高法院的牆壁上，還刻著馬歇爾在此案後的結語：解釋法律顯然是司法部門的許可權範圍和責任。

西部的呼喚

馬歇爾雖然是個聯邦黨人，但在對馬伯里案件中，給足了傑佛遜面子，在道理上讓兩黨都無話可說。因為對傑佛遜來說，根本不存在憲法彈性解讀，憲法就是最大的，他這個總統，更是要嚴格按照憲法行事。可如果遇上憲法沒有明確規定的事，總統該如何決斷呢？傑佛遜就真碰上這麼一件愁人的好事。

一七九九年，拿破崙發動霧月成為第一執政，科西嘉的小個子雖然還沒有進位為法皇甚至歐洲之主，已經讓大部分歐洲感覺到了寒意，傑佛遜當然也聽說了這傢伙不好惹，好在天高「皇帝」遠，隔著大西洋總能相安無事吧。

可拿破崙就是有辦法把他的強大氣場送到傑佛遜鼻子下面。

跟黃河長江一樣，美國人也有一條母親河，也就是縱貫美國大陸南北，最後進入墨西哥灣的世界第四大河——密西西比河。

十七世紀末，法國人最早沿密西西比河南下，而後宣布了密西西比河流域為法國所有，這片地區被命名為路易斯安那，向當時的法王路易十四溜鬚。

法印戰爭的失敗，法國人不得不出讓密西西比河以東的地區，如今成為美利堅的領土；戰中西班牙給法國幫忙，跟著成了輸家，不得不讓出部分佛羅里達，法國人為補償西班牙人，就將密西西比河以西，洛磯山脈以東，北至加拿大，南到墨西哥灣的廣袤領土轉給了西班牙人。

拿破崙成為法蘭西之主後如何威風請參看《聞香法蘭西》。這個寂寞高手想到美洲有大塊土地失去得不明不白，更加寂寞。路易斯安那東部現在是美利堅的領土，要回來難度很高，但如果跟西班牙拿回路易斯安那西邊那一塊，應該是可以實現的。傑佛遜總統上臺時，望向密西西比河對岸，他犯愁了。

原來雖然說這片土地是西班牙的，如今西班牙是個沒牙的老虎，管不了這些地方。美國和西班牙剛剛簽訂了條約，美國人可以使用新奧爾良港，所以，美國那些總喜歡亂跑，嚮往新環境的拓荒者，早就划過河，在路易斯安那建設自己的家園了。可這塊地區要落在拿破崙手裡，這個小個子的想法可有點猜不透。

傑佛遜是個民主派，是個簡單的、正直的人，脫離了低級政治手腕的人。顯然這塊土地對美國比對法國更有價值，那就別在家憋著想鬼主意了，大大方方地去問科西嘉人，他想不想出讓這片遙遠的海外土地呢？

總統的好友詹姆斯・門羅領下了這個任務，去找拿破崙談買賣。

老楊雖然在這個時候介紹了門羅出場，可對這項曠世的地產生意，門羅的貢獻並不大。更有遠見和操作技巧的，是當時的美國駐法大使——利文斯頓。

一聽說路易斯安那成了法國土地，利大使就考慮向法國政府購買了。當時對美國有個重大利多，整個巴黎都在預言這樣一個情形：英國會再次對法宣戰，開啟新的戰鬥，他們這次會第一時間出手佔領北美的路易斯安那，而美國很可能會跟英國結盟聯手；路易斯安那有大量美國人的貨棧貨物，如果法國真佔著不鬆手，美國人肯定不惜一戰。

這些說法在微博上瘋傳，拿破崙和他的政府班子很快也知道了。就算沒有這些瘋傳，拿破崙自己也能分析出，留下路易斯安那，肯定是禍大於福；轉讓給美國佬，不僅能收到一筆巨款用來專心收復歐洲，還可以賣美國佬一個面子，避免他們跟英國人結盟。

門羅一到法國，他的說辭還沒用上，人家就直接讓他報價！沒有物價局的指導標準，誰知道這片土地應該多少錢啊！那就拿破崙坐地起價，美國佬就地還錢吧！議價的過程出乎意料地順利，兩邊達成的最後價格是六千萬法郎折一千五百萬美元成交！看到這個凱子的價格，我們不禁哀歎，小拿同學再牛，也超越不了他島民出身，眼皮子太淺，他是以每英畝三美分的價格售出一片寶地啊！這敗家孩子真活該憋屈死在島子上！

美國佬佔了天大的便宜，按道理說應該回家狂笑幾天。可美國國會中的聯邦黨人陣營卻發難了。

前面講過，聯邦黨人是維護資本主義的，工業和金融業是他們認為的重中之重，對他們來說，西部的土地比不上跟歐洲的貿易對國家更有利，而且在西部開荒的，都是支持共和黨的，西部的土地越多範圍越大，共和黨的勢力也跟著增長。

共和黨人，尤其是傑佛遜，他們是不信資本家的，只要有工廠和雇傭關係，就一定有剝削和不平等，這跟他們的民主共和理念很抵觸。只有發展以小農經濟為主的農業，美利堅才是一個真正自由平等的國度。建設農業大國，當然是土地越多越好！

憲法沒有規定總統有權買地，拓展國土，傑佛遜有沒有資格簽字支付這一千五百萬美金，成為兩黨的爭論焦點，甚至新格蘭地區還威脅要分家獨立。

美國的政客們總是有解決問題的智慧的。憲法沒規定總統可以買地，但規定了總統可以簽約，所以簽字有理，簽吧。

一八〇三年十二月，新奧爾良，合眾國的旗幟緩緩升起，美利堅的領土就此擴大了一倍，終於完整佔有了密西西比河流域。

因為傑佛遜的大農業國思路，他對西部探險很上心，在他任內，有兩次重要的西部勘測。在購買路易斯安那之前，傑佛遜已經計畫組織一次橫跨美國大陸，並到達太平洋沿岸的探險。從合眾國向西這一路，英國、法國、西班牙都有勢力參與其中，他們還各自扶持印第安人跟拓荒的美國人對抗。傑佛遜政府感覺到，如果美國大陸要向西延伸，局部戰爭恐怕是不可避免的，有必要先去探探路。

路易斯是傑佛遜的私人祕書，他選擇一位跟他一樣對西部充滿遐想的戰友克拉克，連同西班牙語和印第安語翻譯，一行四十五人，渡過密西西比河，穿越洛磯山脈，順斯內克河、哥倫比亞河而下，到達了太平洋沿岸。

這是史上第一次，美國人從東到西，橫向探訪了他們即將擁有的國土，這一路的經歷、見聞、風土等各種資料，對美國後來的向西拓展，無疑是有巨大指導意義的。

除了路易斯和克拉克這支隊伍，西部探險的小分隊還有一支，小隊隊長叫派克。他們先是北溯密西西比河的源頭，而後也一路向西，在現在的科羅拉多州，遭遇了洛磯山脈的一個高峰。派克感覺翻不過去，就以此為終點開始折返，這個高峰，後來就被稱為派克峰。派克顯然是個懈怠的人，他轉了一大圈，帶回給總統的彙報是：密西西比河到洛磯山脈這片荒野，毫無價值，還是留給印第安游牧部落玩吧！

三國演亂

傑佛遜想像著西部蒼涼，開荒的悲壯，一轉眼四年就過去了。一八〇四年，又是大選年，看來對於國土的拓展，大部分美國人還是喜悅的，所以傑佛遜連任得非常順利。

不過在一八〇四年，總統連任不算大新聞，最大的新聞，是有兩位政壇大佬決鬥，搞出了人命！

這都十九世紀了，決鬥out了，接到決鬥通知，一般正常人心裡就會想，不過是約架嘛。不幸的是，歷史上存了只是去打架而不是拼命想法的人物，最後都死得比鴻毛還輕，我們基本可以認定，決鬥而死的人實際是蠢死的。一八〇四年，蠢死的這位，是漢彌爾頓，殺人的那位，是傑佛遜的副總統伯爾。

伯爾和漢彌爾頓的恩怨，說來話長，老楊沒有篇幅詳細介紹。這位伯爾，應該說是美國歷史上第一位真正意義上的政客，為了私利上下鑽營，無所不用其極，所以即使同為共和黨人，還是傑佛遜的副手，傑佛遜本人跟他都不和。聯邦黨人知道伯爾的德性，拉攏他跟聯邦黨私下勾結，雖然用他，聯邦黨人的老大漢彌爾頓打心眼裡看不上他。伯爾的政治生涯鑽營過程中，受到漢彌爾頓的擠兌和中傷，伯爾終於有一天爆發了，向漢彌爾頓約架。

漢彌爾頓在決鬥之前就發表了書面聲明，不管伯爾怎麼對他，他都不會率先開槍。決鬥過程有點歷史迷霧，細節不詳。結局是漢彌爾頓中槍倒地，第二天就失血過多而死。伯爾被控謀殺，浪跡天涯。

成為浪人的伯爾破罐子破摔，妄圖組織人馬從西班牙手中奪取墨西哥，建立一個自己主政的帝國，傑佛遜先下手為強，用叛國罪逮捕了伯爾。這項叛國大案被送到了大法官馬歇爾手上審判，因為限制了某些證據，最後陪審團竟然宣布伯爾無罪，這也成為馬歇爾經辦的著名案例之一。審判後，伯爾流亡歐洲很多年。

亞當斯下課，漢彌爾頓蠢死，聯邦黨失去重要核心。在傑佛遜的第二個任期，黨爭帶給他的困擾不大，可就在這一年年底，拿破崙稱帝了，歐洲的時局益發緊張，美利堅想獨善其身並不容易。

一八〇五年，特拉法加海戰後，拿破崙妄圖同時雄霸陸地和大海的理想徹底破滅，英法雙方只能勉強認可對方的優勢，拿破崙是陸上雄獅，英國是海上大白鯊。（參看《老大的英帝國》及《聞香法蘭西》）

拿破崙不敢下水，想起英國人又咬牙切齒，頭腦發熱之下，頒布了《大陸封鎖令》：關閉歐洲大陸對英格蘭的貿易；英國議會毫不示弱，還以顏色：所有去往歐洲的船隻，必須停靠英國港口，繳納稅款，否則扣押；小拿一聽急眼了，又追加一條《米蘭敕令》：所有船隻，敢聽英國的，法國一律沒收！

英國人對歐亞的海上貿易風生水起，對美洲有點顧不上。十九世紀，美國的商船隊乘勢而起，掌握了歐洲對西印度群島的大部分生意。英法之間的爭鬥，有一部分就是針對美國的，他們都怕美國跟對方的貿易太緊密，最後就勾結到一起跟自己為敵。

現在的局面是，美國商船直接駛向歐洲大陸，則肯定被英國人報復；如果停靠英國的碼頭，按他家的規矩辦事，一定會被拿破崙收拾，裡外不是人，躺著趴著都中槍。

英國法國都讓美國人難受，但如果非要分清楚英法兩家誰更壞，大部分美國商船會說是英國人。原因很容易想，因為英國人在海上更有優勢，對船隻下手，英國人肯定更狠。最可恨的是，英國人不僅扣船扣貨，他們還搶人。

英國維持龐大的海軍，徵兵是個大問題，英國海軍很強大，最出名的是刻薄，英國船被稱為「漂浮的地獄」，水手們的生存環境比豬好不了多少，就算沒死於海戰，也可能死於極差的衛生狀況，船長對水手也是想打就打想罵就罵。英國人不是走投無路是絕對不會當水手的，英國海軍一直是靠強拉壯丁來維持。

悲催的是，美國人長得和英國人完全一樣，說的還是同一種語言。英國人截住美國船，說船上的水手是英國逃兵，美國人是一點辯解都沒有，因為他們沒有帶著身分證和護照出海的規矩啊。美國船上條件稍好些好，被英法封鎖後，膽大的走私客更是收益驚人，還真有不少英國水手跳槽到美國船上。所以，英國人要到美國船上查逃兵，美國人也不敢理直氣壯地喊冤。只要碰上英國艦隊，能逃出生天，絕對是上帝的庇佑！

應該說，拿破崙和英國都不夠冷靜，貿易戰肯定是雙刃劍，能治死敵手的招數，自己也不容易佔到便宜。面對這樣一場混亂，其實任何人都不容易冷靜，於是糊塗毛病也傳給了傑佛遜，他居然也加入了這場亂戰，而最奇怪的是，他的這些糊塗法案，還都能在國會通過！

一八〇六年，美國湊熱鬧拋出《不進口法案》，禁止所有非美國的船隻進出美國港口。英國船不需要進美國的港口啊，他們可以在外海上繼續欺負美國船。

惹不起躲得起吧，一八〇七年，《禁運法》乾脆禁止美國船到外國港口去，禁止了美國的對外貿易。因為英法都指望美國的穀物和棉花過活呢，傑佛遜心想，我不發給你們，看你們還敢欺負我們?!這下麻煩了，本來美國船提著腦袋走私，還是有幾艘船能實現交易，獲得極其豐厚的收益。如今全體船隻不准出海，船員，水手，碼頭工人一律失業，而南方種植園主的玉米、棉花、煙草等作物自然也只好爛在貨倉砸在土裡，歐洲的工業品因為不能進入美國，導致本地價格狂漲，美利堅不出意外整個陷入蕭條。

《禁運法》這種餿主意，我們每個人看著都搖頭，傑佛遜這麼聰明的人他就覺得合理。因為他們共和黨人對國際貿易是不屑的，他們崇尚小農經濟自給自足！

蕭條中，大選年又來了。聯邦黨沒有起色，如果傑佛遜想連任第三屆，也沒什麼障礙。但他也厭倦了，也許是出於對前任華盛頓的敬意，傑佛遜在兩屆任期滿後也選擇了歸隱山林，回到自己的莊園。

老神仙傑佛遜

傑佛遜退休那年六十六歲，他為美利堅工作了四十年，可悲的是，這麼一個老革命老幹部，居然沒有安穩的晚年，他恐怕是美國史上最窮困潦倒的退休總統了。

作為一個全科天才，傑佛遜在政壇之外，還有很多才藝愛好。最著名的，就是他對建築的悟性和熱愛。

五美分錢幣正面是傑佛遜的頭像，背面則有一座四平八穩的大房子。這棟房子就是傑佛遜的莊園，著名的蒙蒂塞洛，它已經進入了世界遺產名錄，是美國旅遊的名勝。

這座莊園之出名，不僅僅因為他是一位受歷史評價很高的總統的府邸，而是因為，它是傑佛遜一手設計製造的。

傑佛遜在美國建築史上的地位幾乎可以說跟他在政治史上的地位不相上下，根據傑佛遜的性格，和他對古典文化的個人理解，蒙蒂塞洛是真正融入了主人獨特理念的新穎的建築作品。在維吉尼亞夏洛茨維爾附近的小山上，綠樹掩映中，白色的大圓屋頂和門廊上一根根的圓柱，能看到羅馬和希臘建築對傑佛遜的影響，而房屋整體低矮的紅磚結構，又透著古樸平靜。實用主義和古典主義的糅合，就形成了所謂傑佛遜式的建築。

蒙蒂塞洛是美國建築的標本之一，可在當時，很多人看它就是個笑話。傑佛遜太聰明了，他在房間裡設計了許多自動偷懶的裝置，好不好用不說，但讓房間的格局看起來有點奇怪，這幢外表挺漂亮的建築，其居住的舒服程度，很讓人質疑。

最可笑的不是設計，而是工期。這麼一個自家居住的宅院，傑佛遜從一七八四年開始設計，到一八二四年才算大致完工，還毛病多多，後續的維修工作不絕。最要命的是，近半個世紀的工程下來，傑佛遜的身家銀子全砸在裡面了，在他當選美國總統之前，他就已經債臺高築，入不敷出。八年總統當下來，離任時，債務還增加了！

跟蒙蒂塞洛齊名的傑佛遜式建築，在維吉尼亞的夏洛茨維爾還有一片——維吉尼亞大學，也入選了世界文化遺產，這所著名大學，也是傑佛遜退休後建立的。一八一九年，為了實現自己一生秉持的理念，傑佛遜為平民能夠接受高等教育而建立了維吉尼亞大學。大學的中心建築——圖書館，也是一幢圓頂帶柱廊的建築。

根據最近的排名，維吉尼亞大學大約可以排進全美公立大學的前三，其中的達頓商學院，更是全球MBA的聖殿之一，幾乎可與哈佛商學院齊名。一所大學被選入世界文化遺產，在全世界是絕對不多見的，更可貴的是，它是全美第一所，讓教育與宗教獨立的大學。傑佛遜自己是個教徒，支持自由的宗教信仰，推崇政教分離。

修房子讓傑佛遜負債累累，辦大學更是入不敷出，後來他只好跟國會商量，將自己數量巨大的藏書以兩萬四千元出讓，以此建立了國會圖書館。

傑佛遜幾乎可以算作是啟蒙思想在北美的旗手，反對壓迫，宣揚平等，痛恨權貴和君主制，創立民主共和黨的目的就是是為了反對專制暴政。八年的總統任期，他拋棄了所有的排場，經常衣衫簡陋不修邊幅地出現在重要場合。華盛頓的官邸對所有人開放，傑佛遜鼓勵全國人民有事都可以給自己寫信，他親筆回覆。傑佛遜的民主思想帶著人文主義光芒，他是真正偉大的思想家。可就是人窮志短，雖然在任內，他簽署了廢除奴隸貿易的法令，自己還是擁有大量奴隸，因為需要這些奴隸幫他抵債，不能不說，對黑奴的態度，讓這位美國民主教父形象留下瑕疵。

在美國歷史上，傑佛遜跟他的前任亞當斯經常被同時提及，他倆的恩怨敵對是當時美國政壇的重要內容，也是美國歷史的重要花絮。這對蓋世仇家在退休後達成了和解，晚年還成了筆友，惺惺相惜，互相寫信玩，這些信件成為研究美國歷史和社會的珍貴資料。

一八二六年七月四日，《獨立宣言》五十周年神奇的日子，約翰・亞當斯在自己昆西的莊園逝世，留下一條著名遺言「湯瑪斯・傑佛遜還活著呢！」臨死都惦記著這位亦敵亦友的對手，不過他不知道，至少在壽數上，他贏了，因為在他留遺言的幾個小時前，也是這一天，傑佛遜逝世，上帝是讓這兩位老夥計在另一個世界繼續糾纏麼？

十四、英國佬又來了

二○一二年三月，英國首相卡麥隆國事訪問美國，之前英國內部有人質疑，英美的同盟關係是不是略有疏遠，為了打消英國人可能失去一個強勢闊親戚產生的驚恐，卡麥隆此行，處處顯示出與美國人特殊的親近，而歐巴馬也非常懂事地配合秀親密。

在白宮的南草坪，歐巴馬開玩笑說，兩百年前，英國人就來過這裡，他們還想放火。卡麥隆趕緊回應：我的祖先放火是挺讓人尷尬的，不過我看出，如今這裡防衛嚴密多了，你們不敢對英國佬掉以輕心了。

午餐時，國務卿希拉蕊也覺得兩百年前的往事，的確是一個不錯的話題，於是接著聊起：總統麥迪遜夫人聽說英軍要來了，趕緊收拾了些白宮值錢的物件逃跑，留下一頓給丈夫和同僚預備的晚餐。英軍放火前，還先品嘗了第一夫人的手藝！

歐巴馬和希拉蕊念念不敢忘的，就是美國史上一次恥辱的戰敗，兩百年前，一八一二年，美國和舊宗主再次發生了戰爭，英國軍隊進入華盛頓，火燒白宮。

上篇說到，《禁運法》引發的蕭條中，麥迪遜接了老領導的班，成為總統，在這段時間當美國總統，要隨身配備頭痛藥的。

《禁運法》肯定行不通，換成《不交往法》吧，重新開放跟所有國家的貿易，就是不准搭理英國和法國；還不行，再換，《梅肯二號法案》，可以跟英法恢復貿易，授權總統，如果發現這兩家有些不友好的動作，總統有權馬上中止貿易。

從這些法令的頒布速率看，當時的美國政府，腦子是夠亂的。亂歸亂，仔細梳理，意見最後可以歸為兩派，一派是覺得英國佬欺人太甚，要跟他打一架，讓他知道美利堅已經不是當年那個被他殖民的蠻荒地了；另一派當然抵制幹仗。

任何國家對於自己主動宣戰而後落敗的戰爭，都會用些解釋粉飾一下，美國人也不例外。主流的美國歷史說起一八一二年的英美戰爭，喜歡自稱是二次獨立，認為是英國人還放不下宗主國的野心和念想，變著法子欺負美國人，想讓他們再次就範，實際的戰爭原因是什麼呢？

英國人放不下北美殖民地，是其中一個原因，但美國人主動宣戰，還是因為共和黨的政府產生了一群鷹派的勢力，他們想通過戰爭實現自己的利益目標。

美利堅東北部，尤其是新格蘭地區，是聯邦黨人的大本營，在他們看來，與英國和歐洲的貿易是美利堅經濟的重中之重，按道理，對於英國人在海上欺負美國人，他們應該最生氣。可奇怪的是，他們生氣歸生氣，堅決不同意跟英國翻臉，就算英國對海上貿易處處設限，他們也不太激憤，大家別忘了，殖民地時代，他們就是走私行家，如今不過是重操舊業，難度稍大點兒，但收益更高了。如果跟英國翻臉打起來，那走私也做不成了。

共和黨要建立一個大農業國，需要大量的耕地和廣闊的國內市場，對南部和西部的很多美國人來說，要擴張再擴張，最好讓美國的土地延伸到自然疆域。

美國的自然疆域在哪裡？當然是囊括整個北美。從獨立開始，美國人就覺得，加拿大地區是流落在外的遊子，早晚要回到家裡來。英國繼續殖民加拿大，美國人要幫這些「同胞」脫離魔掌。南部的美國種植園主則深刻地感覺到，應該拿回西班牙還控制的佛羅里達剩下的部分。

英國感覺到美國內部的激進情緒，預感加拿大岌岌可危，只好先下手為強，明暗著教唆並裝備美國西部的印第安人找美國發難。對印第安人來說，看著步步西進，目光貪婪的美國人，他們的確需要英國人的支援來捍衛最後的家園。

麥迪遜剛接班的那兩年，西部印第安人對白人造成了幾次惡劣的流血事件。美國的鷹派勢力得到一個結論，印第安人不可怕，討厭的是加拿大的英國人，只要收復加拿大，將英國人徹底踢出北美，印第安人就得瑟不起來了。

一八一〇年，不少「好戰份子」被選入國會，看得出，打架的情緒已經是美利堅主流。順理成章，一八一二年六月十八日，打心裡不願打架的麥迪遜總統，迫於國會的壓力，向不列顛宣戰！其實，在美國人宣戰之前，英國議會已經通過廢止《樞密令》的動議，預備緩和與美國的關係。遺憾的是，茫茫大西洋，再一次讓和平的消息晚到於戰爭的衝動。

以火還火

十九世紀初那陣，很適合給英國佬添亂。為了防禦拿破崙，英國軍隊的精銳都必須留在歐洲。獨立戰爭後，部分英國軍隊在西部死賴不走，在美國人的第一目標加拿大，英國正規軍，有四千五百人。

英國兵不算多，美國兵也不富裕。這次宣戰，叫的最凶的是前總統傑佛遜，可就在這夥計任內，他大規模削減了陸軍和海軍。他一直認為，中央政府不需要太強大太強勢，國家軍隊也不需要養太多人。

此時的美國正規軍不過一萬兩千人，宣戰後國會批准徵兵擴軍，政府不能強拉壯丁，只能徵召志願兵。志願兵相當有覺悟，犯我家園者，必不輕饒，但要出國到別人家打架，就不太願意配合。戰爭第一年，陸上戰爭，美國以多打少全部失敗，還丟失了底特律。

讓人意想不到的是，美國海軍神奇地強大，居然面對世界上最強的海上軍隊，打出了威風。美國人海戰的幾場勝利，讓不列顛不敢小覷，從歐洲急調增援，竟然也沒有完全取得制海權。

一八一二年，英國炮擊巴爾的摩的港口城市麥克亨利堡，當地一位律師斯科特・基在清早的晨曦中，看到炮火與黑煙中飄揚的美國國旗時，一時激動，寫下一首詩歌《星條旗之歌》，後來這首詩歌被美國作曲家史密斯譜曲，一九三一年，成為美國的國歌。

五大湖區的戰鬥是最帥的。因為安大略湖艦隊的支援，美軍終於衝進了加拿大，並攻佔其首府約克鎮，也就是現在的多倫多。美國佬農民秉性不改，攻進首都，居然放火燒掉了人家的國會大廈，連帶燒毀不少無辜民房。不僅放火，還搶劫，讓平民遭殃。

一八一三年，一支小型艦隊在伊利湖迫使英國艦隊投降，控制了伊利湖。艦隊司令向國會發了一份急件報告戰況，標準的美國人腔調：我們遭遇了敵軍，現在，他們是我們的了！

佔領伊利湖，英軍進攻的補給線被切斷，不得不退守加拿大。美國人得意了，以為可以趁勝追擊。可在進攻蒙特婁時，遭遇了沉重打擊，不得不掉頭回家。

留給美國人的時間並不多。一八一二年，北美的戰事根本不算熱門景點。真正的大戲是歐洲的俄國衛國戰爭，拿破崙進攻莫斯科，損兵折將撤退，反法同盟幾位大佬開進巴黎。英國人終於可以空出手來收拾北美的局勢了！

英國人依然殖民的加拿大地區，是分成兩部分的，一部分是被稱為下加拿大的東部，居民主要講法語；西北部人少，居住著講英語的居民，被稱為上加拿大。美國佬自我感覺良好，他們認為，殺進加拿大，那是幫著加人獨立，帶他們回家，上加拿大人對英王有感情，不願造反，下加拿大這些法國人，肯定被統治得很憋屈，他們一定會打開大門迎闖王，一頭紮進美國懷。

實際上，英國人對加拿大地區一向是懷柔的，對宗教信仰也寬容。下加拿大人，都是些虔誠天主教徒，懷念波旁王朝，視拿破崙為罪大惡極的篡位者，他們堅定地支持英國人對法國作戰，更不會在此時跟英國的敵人聯手添亂。

美國人自作多情地「革命」，讓加拿大地區空前團結，上下加拿大和印第安人都願意配合抵抗美軍，英國軍隊裡，數量最大的是當地的民兵。所以雖然美國人在多倫多大鬧了一場，可「收復」加拿大的終極目的，顯然是遙不可及。應該說，沒有這場莫名的戰爭，也就沒有後來的加拿大。而加拿大這個國家整個歷史上就打了這麼一場正式的戰爭，還是打退了美國佬，也讓加拿大人學歷史的時候很得意。

英軍來真的了，一八一四年拿破崙退位，五千多英軍登陸切薩皮克灣。英軍登陸前絕對沒想到，這趟是公費旅遊，還是狂歡節性質的。

聽說英國人登陸了，華盛頓的政府官員們，以樹倒猢猻散的畫面捲逃，前面希拉蕊說的往事很能代表當時的情形，第一夫人打破了畫框，搶走了華盛頓的畫像，拯救了一份珍貴的歷史文物。

八月二十四日，英國人進入華盛頓。華盛頓並不是不設防的城市，有八千陸軍在此駐守，他們的問題在於，還沒看到英軍，就第一時間逃跑了，讓英國人覺得很沒勁。

英軍進入華盛頓，看這首都也不太像樣，有一所灰濛濛的大屋子，據說是總統府。有人提醒老楊，錯了，人家那是白宮，它怎麼會是灰濛濛的呢？

傑佛遜等一夥維吉尼亞派大佬，處心積慮將首都挪到了華盛頓，這是件相當坑爹的事，因為第一任總統選的這個地方，根本就是一片沼澤地，建設了好幾年都不像個樣子。倒是總統府，集中了英美建築的特點，灰色的沙石建築，有點兒莊嚴。亞當斯是第一位入住的美國總統，在沒完全裝修好的簡陋和潮濕中，屁股還沒坐熱就下課了。

英軍看到總統府就想到了多倫多大火，二話不說，舉槍對著窗戶一陣亂掃，隨後也開始放火。總統府、財政部大樓、海軍造船廠都淹沒在熊熊火光中，多虧半夜一場雷陣雨，要不然還真剩不下什麼了。

總統府被燒的只剩下骨架，後來維修時，為了掩蓋火燒的痕跡，當時的總統門羅就下令整個刷上白漆，如此，白宮就出現了。

在這個美國總統恨不得找個地縫鑽進去的羞辱時刻，還是多虧美國海軍，以少勝多，在尚普蘭湖區戰勝英軍，迫使英軍也轉入加拿大作戰。

老胡桃

迄今為止，這場美國人自信滿滿發動的戰爭進行了兩年，基本可以說沒佔到便宜，場面也不精彩，每到此時，都需要大明星出來救場。

美國獨立戰爭時，駐守南卡羅來納州查爾斯頓的美軍投降英軍，有一位出生在南北卡羅萊納州交界處的蘇格蘭——愛爾蘭裔平民子弟，和他的兄長一起，被英軍俘虜。英國軍官要求這名戰俘為自己擦皮靴，遭到強硬拒絕，英國軍官一氣之下，揮刀砍傷了俘虜的頭部和左手，留下永遠的疤痕。

倔強的戰俘，大名叫做安德魯・傑克遜，他的兄長在獲釋後死去，母親及家中其他人也死於戰亂。傑克遜一輩子心心念念地，就是要找英國人報此深仇大恨。

傑克遜沒有家世背景，想在美國出頭，只能在西部邊區找機會。田納西成就了他，他成為一個律師，而且是位作風硬朗剽悍的律師，在西部那些打架鬥毆爭地奪產的官司中，往往能佔據優勢。

田納西是美利堅後來收併的土地，按照《西北協定》，人口超過六萬，就正式成為州。傑克遜隨著田納西一起成長，成為該州成立後第一位進入聯邦的眾議員，後來還成為田納西的大法官。

即使是美國早期的政治家，傑克遜也屬於比較野性的，有暴力傾向，喜歡找人決鬥，出名手黑。除了幼時被英軍留下的傷痕，身上還有政界同仁決鬥留下的五花八門傷，體內還留著子彈，引發長期的肺部囊腫、骨髓炎等疾病，投筆從戎後，還光榮地染上了瘧疾。

傑克遜成名於對印第安人的戰鬥，既然跟同仁決鬥都不留情，對印第安人就更不會留手了。殺人、燒村莊、毀壞莊稼，傑克遜憋在心裡的仇恨都發洩在印第安人身上了。就是傑克遜的工作，讓密西西比河以東的印第安人徹底覆亡。戰鬥中他堅韌而強悍的作派，被賦予了光榮的「老山胡桃木」的綽號，山胡桃被認為是木質最硬的樹木。

取得對印第安人的勝利後，傑克遜終於等到了尋仇英國人的機會！一八一四年，華盛頓最上心的是找英國人和談，而傑克遜卻看到，南方重鎮新奧爾良幾乎沒設防。他不理會華盛頓方面的指令，自作主張帶兵進入新奧爾良，並大規模布置防衛。一八一五年初，六十艘戰艦和一萬四千名英軍就真的殺奔新奧爾良而來。

新奧爾良攻防戰前後四次，英軍損失慘重，美軍傷亡輕微，獲得了大勝。傑克遜的大名威震大西洋兩岸，成為美國人心目的戰神，英雄。

新奧爾良戰役成就了傑克遜，對大局的並沒有決定性影響。因為在頭一年耶誕節前夕，英美兩國都不堪重負，在比利時的根特締結了和約。等對方在停戰條約上簽字後再發動進攻，毋庸置疑是一種必勝的打法！

《根特條約》是一部白開水一樣平淡無聊的條約，跟一八一二年的這場戰爭一樣。結果是，雙方認可戰前的狀態，一切照舊吧。如果一定要找個意義，那就是美國放棄了「解放加拿大」的癡情幻想，承認加拿大是一個與美國完全沒關係的獨立存在。現在，美加之間擁有世界上最長的不設防的國界線，雙方在國界附近都沒有軍隊，看來美國人是真不想「收復」加拿大的事了。

十五、門羅主義

美英戰爭期間，聯邦黨人可是露臉了。開打前反對戰爭，赤裸裸地親英，戰爭暴發後，仍然堅決反對戰爭，還趁機擴大對英貿易，甚至供應入侵的英國軍隊，大發戰爭財。戰中這幫人召開會議，居然提出要新英格蘭獨立，美國分裂；分裂不成就想趁著戰亂修改憲法。

一八一六年大選，所有人驚奇地發現，所謂聯邦黨，已經沒有可以抗衡共和黨的力氣，好像是一夜之間，這個黨派就不存在了，不知道在什麼時候，被自己的政敵共和黨包容兼併了。麥迪遜的國務卿跟他的前幾任一樣，輕鬆贏得大選，成為總統，他就是門羅，乾淨俐落地控制一黨領導下的政府，這段沒有黨爭的歲月被認為是難得的「和諧時代」，所以門羅也同樣輕鬆地獲得了第二個任期。

門羅任內，最大的挑戰來自一八一九至一八二〇年，因為共和黨對國家銀行的認識不夠，導致金融混亂，引發國內嚴重的經濟蕭條，接著，美利堅再次面臨來自歐洲的挑戰！

拿破崙雖然被放逐荒島，他發動戰爭造成的影響卻流毒深遠，持久不散。當年他下達大陸封鎖令，發現西班牙和葡萄牙兩國居然還偷偷跟英格蘭貿易，光火之下，揮軍伊比利半島，囚禁了西班牙國王斐迪南七世，讓自己的大哥約瑟夫主掌該地。西班牙人拒不馴服，發動游擊戰對抗波拿巴兄弟，讓拿破崙深陷半島，狼狽不已。

西班牙此時已然沒落，當年他們有遍布全球的殖民地，控制起來就力有不逮。比如路易斯安那就被拿破崙弄去賣了，對佛羅里達的控制也似有似無。不過，在他家傳統的勢力範圍——南美地區，雖然現在只剩幾艘郵船零星來往，南美的西班牙領地還保持著對母國的忠誠。

聽說國王被關，拿破崙還對南美派出新的總督，南美人民跟西班牙人一樣義憤填膺，跟宗主國人民隔岸呼應，他們也發動起義，要求獨立。脫穎而出領導南美獨立運動的，就是著名的英雄——西蒙·玻利瓦，他曾經走訪美利堅，從革命成功的前輩那裡，吸取經驗。

一八一一年的委內瑞拉起義，正式拉開了南美獨立運動的大幕，到拿破崙倒臺，斐迪南七世拿回王位，南美的自由渴望已經被點燃，自由之火能能燃燒，熱不可當。

反法同盟最終勝利，讓歐洲君主國家的幾位萌發了莫名的責任感，他們覺得必須組建一個協會，聯手壓制各國危險的反對皇室的忤逆行為，這就是一八一五年，由沙皇、奧地利皇帝和普魯士國王組建的神聖同盟。

神聖同盟聽說南美要造反，可找到用武之地了，馬上提出對斐迪南七世提供軍事援助，幫他鎮壓起義。

因為俄國衛國戰爭，沙皇亞歷山大在歐洲大出鋒頭，在神聖同盟內部，他就是大哥大。不管神聖同盟成立的意義是什麼，亞歷山大突然如此關心美洲事務，肯定是跟自己的利益攸關。

十七世紀，俄國已經佔據了阿拉斯加，並沿太平洋海岸向南探勘，蠢蠢欲動，在離金門海峽很近的地方，建立了小據點。雖然當時當地還是無人區，但美國人的西進目標已經非常明確了，俄國人未雨綢繆，開始禁止外國船隻穿越這一地區，當然也包括美國船隻。

亞歷山大操縱神聖同盟插手美洲事務，就是為將來自家跟美利堅有可能在太平洋沿岸的糾葛做準備呢。

看起來歐美世界幾個主角都現身了，搶殖民地最牛的不列顛哪去了？他家最務實，對於亞歷山大發出的加入神聖同盟的邀請函，客氣地予以拒絕。南美革命一啟動，原來這一地區日常的歐洲用品供應，就轉到了英國商船上，英國人笑瞇瞇地坐收了南美革命最肥的漁利。英國人一想，神聖同盟如果幫西班牙收復南美成功，那這門到手的生意就黃了，英國商人只有搶來的業務，沒有讓出去利潤，所以他們在倫敦一鼓譟，英國國會就考慮，要阻止神聖同盟的動作。

神聖同盟是個相當得瑟霸道的反革命幫派，英國要同時得罪三位老大需要點兒技巧。英國人高明的外交手段發揮了作用，他們跟美利堅傳了幾次私信，讓美國出手阻擾同盟。

利益還真挺一致的，對美利堅來說，佛羅里達和太平洋沿岸的事，都不能讓來自歐洲的勢力得逞。

英國人玩政治太老謀深算了。門羅的國務卿昆西•亞當斯警覺到，英國人的目的，也不過是想滲透進美洲，既要防備同盟，也要防備英國人。所以，雖然英國人的意思是，英美兩家聯合行動，亞當斯還是覺得，美國最好是獨立發表聲明。

一八二三年十二月二日，門羅送交國會的咨文中，非常明確嚴肅地警告歐洲：歐洲任何人想把自己的制度擴展到這個半球的任何部分的企圖，都可視作是對我們和平和安全的危害；南美已經獨立自由的國家，就不再是歐洲任何國家的殖民對象了；美洲是美洲人的美洲，既然美利堅不攪和歐洲的事，歐洲最好也不要來美洲顯眼，否則大家都不好看。

這就是著名的「門羅宣言」，不管在二十世紀變成「門羅主義」後多麼彆扭，在當時還是對南美獨立起到了積極進步的作用的。

美國單方面獨立發布了宣言，神聖同盟火眼金睛看到了背後英國人的意圖，可以預見，同盟如果真要動手，那就是逼英美聯手了，想到美國的地主之便和英國強大的海軍力量，後果難以意料，於是，門羅宣言成功了。從一八〇四年海地到一八二五年的烏拉圭，前後十七個拉美國家獲得了獨立，大致形成了現在那一帶國家的格局。

門羅任內，關於被解放的黑奴去向有了新思路。

前面說過，從獨立開始，這個一直以自由平等為建國之本的國家，對家中大量被奴役的黑人心態是異常矛盾的。一邊剝削黑奴，一邊高呼「人生來平等」很不和諧，但真要解放所有的黑人，又怕這些黑人滿世界溜達，搞亂社會治安，影響白人的生活，反正想讓白人承認黑人完全和自己平等，是不太可能的。

美國北方的資本主義經濟對黑奴倚重不高，樂得表達自己平等博愛，所以積極呼籲廢奴。十九世紀後，不少美國黑奴獲得了自由。

怎麼處理自由了的黑人呢？乾脆，美國人也去佔一塊殖民地，把這些黑色自由人輸出，建立一個黑色美國吧。黑人是從非洲來的，再還給非洲去。

一八二〇年，第一批黑人到達非洲西部的賴比瑞亞，被最早的葡萄牙殖民者稱為「穀物海岸」的地方，盛產象牙和馬拉克塔胡椒。第二年，更多的黑人被搬遷到這裡，開始按美國模式建設一個非洲家園，費用由美國殖民協會負擔。

到一八四五年，美國殖民協會錢緊，不堪負擔，賴比瑞亞提出了獨立，美國人深明大義地同意了。這個叫賴比瑞亞的新國家，是真正的美利堅山寨版，憲法和國家形式基本都是複製的美國模式，是個老山姆變異的雙胞胎。因為這層美洲近親的關係，後來在整個非洲被歐洲人分割殖民的時代，賴比瑞亞沒有列強敢染指。只是，直到今天，賴比瑞亞也不算是太平樂土，看來這個美國模式，不見得放在哪裡都好用。

十六、民主美國

從華盛頓到門羅五位開國總統，全部來自維吉尼亞的政界，美利堅剛建國這段時間的中央政府，被稱為「維吉尼亞王朝」。

說是王朝，並不誇張，這五位總統，皆出自世家，不是富一代就是富二代，名校教育（只有華盛頓大爺沒拿到文憑），經歷顯赫，還都參與過合眾國和憲法的締造，是真正的精英。雖然沒有英國那樣世襲的爵爺稱號，在北美的社會階層中，他們算是「本地貴族」。

隨著西部的發展，某些來自西部平民家庭的政治家慢慢崛起了，比如我們前面提到的傑克遜，他是草根出身的政治人物代表。而這位「老山胡桃木」在新奧爾良之戰後，去哪裡高就了呢？

佛羅里達回家

新奧爾良的勝利，讓傑克遜成為南部最高軍事長官，以這夥計歷史上對印第安人的態度，他駐兵喬治亞地區，少不得會有些種族清洗之類的活動。

加拿大指望不上了，佛羅里達就勢在必得，不容有失。現在佛羅里達西部大部分已經被美國人實際佔領，東部的西班牙人，傑克遜從來沒放在心上。

想出兵總有藉口的。南方的黑奴喜歡向東佛羅里達逃跑，南部的印第安人在西班牙和英國的唆使下，跟傑克遜找麻煩，打不過也往西班牙的領地跑，這些都是打架的理由。

一八一八年，沒有宣戰，不用辦手續，傑克遜的胡桃木軍隊追擊一股印第安人，就殺進了西屬佛羅里達，吊死了兩位英國商人，老胡桃木稱，這倆英國人是印第安人犯罪集團的幕後黑手。

美國憲法有規定，戰爭或者媾和都需要國會批准，這個傑克遜，隨便跟門羅總統打了個招呼，就殺進了另一個國家，發動了一場越境戰爭，嚴重觸犯法律，簡直可以等同暴動，至少應該送上軍事法庭。

門羅也覺得，這廝太虎了，不處理他，以後這樣的軍閥還不知道怎麼闖禍呢。門羅的國務卿亞當斯搖著羽毛扇，露出了微笑，對總統說：「主公寬心，此乃天助我朝」。

西班牙提出，要嚴肅處理傑克遜，亞當斯不陰不陽地對西人說：這老胡桃木是個硬茬，你們又不是不知道，他現在已經進駐了你們的領地，我想揍他也夠不著，不如你們多派點軍隊過來守土，如果實在守不住，這麼小一塊地方也不值當費功夫，賣給我們得了唄！

此時的西班牙也人窮志短，看著佛羅里達的領地莫名地越來越小，心裡清楚，剩下的這部分，實際上已經是被老美咬在嘴裡，咬碎都不肯鬆口的，如果還能換點錢，那已經是算是及時止損了。

佛羅里達風波不了了之，西班牙人開價五百萬美元，將這座陽光島嶼拱手相讓，從此美國人可以去邁阿密棕櫚海灘看比基尼美女了，後來甚至從這裡出發，去月亮上看嫦娥了。至於傑克遜「違法行為」呢？不用追究了，他將是未來佛州的最高行政長官，佛州的中心城市用傑克遜的名字命名。

一八二四年大選

寫美國歷史啊，四年一次的大選總是不能迴避的，這不，又要迎接新總統了。美國已經走過了五位總統，那到底，美國的總統是怎麼選出來的呢？

其實，著名的民主國家美利堅，總統並不是全民直選的，它是通過一種美國特色的階梯選舉辦法弄出來的。存在兩黨的時期，由各政黨選出自己的候選人，有選舉權的公民們投票選舉一個選舉人團，每州的選舉人團數目，等於這個州在參眾兩院的議員總數。大選當天，是選舉人團選舉總統，要求總統必須獲得半數以上的選舉人票，如果所有候選人都沒有獲得半數，則由眾議院決定總統的人選。

美國這種選舉人團制度，兩百年來一直遭到各種質疑，歷史上可能有幾百份關於改革這種選法的議案，可是，到現在為止，美國總統還要這麼選。

之所以不改，是因為一時可能還不容易想到比這更公平的選法。如果全民直選，那些人口眾多的大州幾乎可以主導選舉的形勢，只需要維護幾個大州的利益，就可以保障自己的團體入主總統府；隨著美國國土不斷擴張，在地廣人稀，交通不發達的那段時間，真要全民普選，選票在路途中也難保不出亂子；就算現在可以網路投票，網路的安全則更靠不住。選舉人團當天投票當天點票當天宣布結果，這種效率也能在一定程度上杜絕舞弊風險。這是獨立之初，大州小州南方北方協調出來的一種大家都能接受的辦法。

一八二四年，早年參與建國的元老們都老得差不多了，再看不到那種德高望重眾望所歸的候選人。之前「維吉尼亞王朝」的總統，基本都是上屆推選出下屆，政權和平移交，競選一說幾乎談不上，較前馬後跑得很辛苦的上屆國務卿最容易成為下屆總統。按照慣例，這一年，門羅的國務卿昆西・亞當斯就成了一八二四年大選第一候選人。

亞當斯是太子黨，「紅二代」，第二任總統亞當斯的長子，年輕時就活躍在政界，在上面說到的佛羅里達事件處理中，我們能看出他的決斷和智慧。

大家應該還記得，我們很熟悉的布希家，就是總統父子檔，而小布希當選的時候，還有些說不清的選票貓膩，這位小亞當斯會不會比布希順利點兒呢？

美國的早先選舉制度借鑒英國，對選民有財產和納稅的要求，「維吉尼亞王朝」五位總統和國會議員們，不管隸屬什麼黨派，他們大部分還都是精英們的代表，天經地義地認為，選民們多少要有點身家，一個窮鬼，連自己的日子都過不順當，還要給整個美利堅當家未免太扯。

十九世紀，國土快速擴張，新的州陸續加入聯邦，西部逐漸崛起。東部世家老爺們，是不會去西部開荒的，在西部成了氣候，構成新的州府而後進入國會參政的，有大批草根出身的政客，進入國會後，想要跟老精英們抗衡，必須依靠自己出身的階級，總要為草根主張些權益。

十九世紀二〇年代，幾個州提出放棄或者降低財產要求，應該讓所有白人男子都有選舉權，呼聲越來越高，有些州在這段時間就真的放棄了對選民的財產要求。

這樣一來，一八二四年的大選就空前熱鬧了。因為選舉人數增加了，候選人自然也要增加，而且範圍更廣。田納西州推選了明星候選人，當然是老胡桃木傑克遜！

聯邦黨莫名消失，或者也可以說他們稀里糊塗被共和黨融合，美國政府內一黨獨大。單一黨派的風險就是，沒有敵人，就內訌，容易產生各種派系，為了都照顧到，共和黨還推舉了亨利・克萊和克勞福德一起參與競選，如此共產生了四位候選人。

克勞福德曾在門羅政府任戰爭部長和財政部長，老夥計身體不太好，競選前犯了病。而亨利・克萊在美國早期歷史上，絕對是可以佔據一席之地的硬角色。礙於篇幅限制，老楊不能詳細敘述亨利・克萊的事蹟，基本可以說，從英美開戰前算起，美利堅家各種大事，都有這位的身影。亨利・克萊的問題是，做政客，他太成功了，以致影響了形象，一輩子參選總統五次，五戰皆敗。

一八二四年是亨利・克萊第一次出征，他的政客智慧幫助亞當斯入主了白宮。

話說這一年傑克遜以其強大的聲望，獲得了九十九張選舉人票，佔據第一位，亞當斯八十四票緊隨其後，克勞福德得票四十一，亨利・克萊墊底。

最高得票沒用，因為這四位，誰也沒有過半，要麻煩眾議院合計出總統來。憲法規定，只有得票前三的候選人才有資格進入眾議院評估，亨利・克萊自己沒機會了，但他還有機會引導出對自己最有利的結果，因為此時他是眾議院議長，是共和黨在國會的領袖！

三名候選人中，雖然小亞當斯跟亨利・克萊算不得是和睦，但在多數問題上，他倆的理念更接近，所以亨利・克萊鼓動他在眾議院的支持者力挺小亞當斯上位，他成功了！

高票落選，傑克遜雖然接受了失敗，心中卻不可能不悲憤。他和他的支持者們認定，被東部那些貴族精英們耍了，他們通過「腐敗的交易」，侮辱了平民的權利。大英雄傑克遜的委屈落敗，讓他羅致了更多的支持者，在他們看來，跟亞當斯、亨利・克萊這一黨人，在很多方面都已經話不投機了，不如組建新的黨派表達訴求，也能在亞當斯執政期間，保持自己的影響力。就這樣，美國迄今為止歷史最悠久的主要政黨——民主黨就誕生了，並延續至今。傑克遜是民主黨之父。

總統之戀

歷史上，小亞當斯因為國務卿任內的工作表現被高度讚揚，被認為是史上最優秀的國務卿之一。至於他的總統任期，也許是因為傑克遜的宣傳，多少有點兒名不正言不順，而且，既然他只獲得了一個任期，對於他的總統表現，老楊這部簡單通史中，就不廢筆墨了。倒是亞當斯離開白宮後要讚一下，這夥計退而不休，參選眾議院回到國會，後來心臟病發作倒在工作崗位上，「革命」到了生命最後一刻！

有一八二四年墊底，一八二八年的競選更好看了。隨著老牌精英的逐漸減少，新興的政客們拋棄了節操，大膽秀下限。這不是一場選舉，這是兩個老男人的罵街表演，史上這輪著名的謾罵競選，還出了人命。

再次對壘，傑克遜的民主黨已經頗有規模了，有屬於自己的報紙和媒體隊伍，他們可以全方位打探亞當斯的私生活，然後大肆攻訐。亞當斯被指控的罪名包括：暴君、賭棍、拉皮條的（傳說是亞當斯在聖彼德堡搞外交時，將一位美國少女介紹給沙皇）。預備拿私生活做文章整死對手，一定要先保證自身比聖人還清白，可惜相對於小亞當斯，傑克遜的私生活更容易被詆毀。

傑克遜出生自蠻荒墾殖地的愛爾蘭移民家庭，亞當斯陣營不知道在哪裡搞到猛料，說傑克遜的老媽是個妓女，被英國士兵帶到美國，嫁了黑白混血人，生了傑克遜（叫傑克遜的在黑白的問題上都有點糾結）！

既然下決心搞政治，就知道自己的老母肯定是首當其衝會經常被對手問候的，而即使是強悍如老胡桃木，他看到這份報導，也忍不住流下了眼淚。

最讓傑克遜心痛的是老婆。這裡要隆重推薦一本小說，美國大師級的傳記作家歐文•史東的著名作品《總統之戀》。小說寫的就是傑克遜和蕾切爾的愛情故事。

蕾切爾來自從東部到西部拓荒的家庭，十七歲時，嫁給了肯塔基州頗有家世的羅伯茨。羅伯茨是個小心眼的老男人，天天防範老婆，總怕別人打老婆的主意。時間長了，蕾切爾受不了壓力，要求分居，羅伯茨張羅著提起離婚訴訟。

一七九一年，墜入愛河的傑克遜迎娶了蕾切爾，很快，他就知道，他們的婚姻是無效的，因為羅伯茨的離婚手續還沒辦好，蕾切爾還是別人的老婆呢！從此，傑克遜就落下了通姦的惡名，即使是一七九四年，在辦好所有手續後，兩人重新舉辦了合法的婚禮，可通姦兩個字卻永遠如影隨形，洗不掉了。

這是傑克遜的軟肋，他的政敵們總喜歡找這裡下手。上篇說到，傑克遜體內留著一顆子彈，就是因為有人說蕾切爾是蕩婦，激怒了老胡桃木，他要求決鬥，並在身中一槍後，將對方擊斃。

政界對嘴吵急了可以決鬥，取對方性命，可總統大選，就由不得你殺人了，對方再狠，都是遊戲規則。傑克遜必須忍，蕾切爾忍不了。從背上「蕩婦」罵名開始，這個美麗而快樂的姑娘就日趨頹廢，沉溺於抽玉米芯香煙解憂，漸漸落魄為一個邋遢憔悴的老婦人。一八二八年，傑克遜做足了保密功夫，防止蕾切爾讀到報上那些不堪入目的內容，可這些內容實在太強大了，就在蕾切爾聽說傑克遜贏得了大選，預備為自己的第一夫人形象置辦行頭時，讀到了關於自己言辭噁心的報導。一八二八年耶誕節前夕，雖然以絕對優勢戰勝了亞當斯，成為下任美國總統，可傑克遜沒有一絲欣喜之情，他可憐的一直有心臟病的妻子，終於沒能戰勝這一輪又一輪的人言可畏，溘然而逝，傑克遜將沒有第一夫人的陪伴，孤獨黯然地入主白宮。

＊美國沿襲歐洲風尚，雖然公開禁止決鬥，但真要約鬥，員警不會現場抓人，如果決鬥的過程是公平公正的，沒人告官，官家並不追究。之前伯爾和漢彌爾頓的決鬥，是因為漢彌爾頓事先公開宣告了自己在任何狀況下都不會先開槍，過程上已經不公平，所以伯爾殺人要被問罪。

關稅危機

作為史上最成功的總統之一，傑克遜任內大事不少，最大的一件應該是將不可避免的南北戰爭推遲了三十年，至少在自己任內，雖然一觸即發，畢竟，沒有發生。

南北分裂，起源於國內爭執已久關稅問題。

美國的工業從無到有，蹣跚起步，面對強大的來自英國工業品，毫無半點競爭力。立國時漢彌爾頓擬定的思路，要對進口物品開徵關稅，一是可以保障本土工業的發展，二是為聯邦政府增加一筆收入。

一八一六年，政府正式擬定了關於關稅的法規條例，在隨後的幾年裡，關稅逐年增長，到一八二八年，關稅已經到了百分之四十五的高位。

美利堅從建國起，南北就彆扭，隨著國家越來越大，政府越來越穩定，南北分歧一直沒有消弭。如今東北部新英格蘭地區，是工業資本家的中心，出現了不少本土工業，他們對於英國貨物的高關稅，異常歡迎，恨不得年年漲，年年高；中西部的農場主呢，他們種植玉米小麥之類的作物，對進出口的事不敏感，農產品市場能對來自歐洲的產品製造障礙也是好事；只有南部種植園主，對關稅深惡痛絕。

南部種植園，只種一種作物，那就是棉花。棉花大部分出口英國，再從英國交換回南部需要的工業產品。美政府不斷調高關稅，對南部的進出口影響很大。南部因為墾殖的時間過長，土地有些透支，棉花種植園日漸式微，西部也開始有些很興旺的棉花產區，讓南部心裡更煩躁，全部遷怒於政府的關稅政策。他們突然想到，憲法裡並沒有規定可以收關稅，政府的關稅政策是違憲的！

傑克遜的副總統卡爾・霍恩就來自南卡羅來納州，他認為此時此刻，他必須站出來捍衛州權。於是他提出了著名的《南卡羅來納的聲明和抗議》，指責「可憎的關稅」違憲，並強調，既然聯邦政府是各州推舉的，那州權就應該大於聯邦權力，聯邦法令如果違憲，則各州可以拒絕執行。

卡爾・霍恩是作為傑克遜的革命戰友，隨他競選一起成為總統的，一直大力支持傑克遜，他感覺這次的南卡事件，傑克遜應該支持自己一回，最關鍵的是，都知道傑克遜雖然強硬，但一直是個州權的積極擁護者，強烈支持擴大州的權力，要求聯邦政府管得越少越好。

沒想到的是，傑克遜在沉默了一陣後，立場鮮明態度強硬地表示了自己的態度：「聯邦必須受到保護」！

對於老領導跟自己翻臉，卡爾·霍恩是有心理準備的。傑克遜不是文盲大老粗，可跟學院派精英相比，他言談舉止都透著粗鄙，經常措辭錯誤，招人笑話。這樣的人，他的辦事方法有自己的體系。他幾乎不相信那個官方的內閣，國家大事，他喜歡把親信叫到白宮邊吃邊談，這幾個親信，被政敵們叫做總統的「廚房內閣」。廚房內閣中，戰爭部長約翰·伊頓是傑克遜的老友，也是總統最信任的一個幕僚。

卡爾·霍恩認為，傑克遜在關稅的事情上居然不跟自己一條心，就是廚房內閣的主意，他預備將這幫人各個擊破，消滅所謂的「廚房內閣」。

第一個下手的目標就是約翰·伊頓。伊頓的夫人佩吉是二婚的，老公死後嫁給伊頓，江湖上有傳聞說，佩吉第一任老公死前，伊頓就已經跟佩吉有了一腿，所以，伊頓夫婦，又是一對「姦夫淫婦」。以卡爾·霍恩的太太為首的華盛頓政界太太團，集體抵制佩吉，不許她參加圈內的活動。

這件事直接觸了傑克遜的霉頭，蕾切爾臨死時無奈的目光他銘記於心難以忘懷，他不會允許另一個無辜的女人再遭受一樣的詆毀，更何況這還牽涉到自己最信任的朋友。總統甚至專門為此召開了一次內閣會議，叫來牧師和當事雙方，詳細了解到底伊頓兩口在婚前，有沒有睡在一張床上，而且有現場目擊者！

大約就是經過這件事，傑克遜和卡爾·霍恩是正式翻臉了，卡爾·霍恩追隨傑克遜的目的就是惦記這下屆總統大位，傑克遜對他心寒，提拔了自己的另一個小弟國務卿馬丁·范布倫做繼承人，因為在「佩吉·伊頓事件」和其他大小事件中，范布倫總是堅定地站在總統一邊，揣摩聖意，從不添亂。而發現自己在聯邦政府已失去前途的卡爾·霍恩，索性辭去副總統的職務，回到南卡，全力經營他的州權大業。

一八三一年，傑克遜以絕對多數選票獲得連任。南卡的抵觸情緒似乎也越來越暴躁，當地立法機構召開大會，投票取消了聯邦政府的關稅法，還禁止本州繳納稅款，公然跟聯邦政府對抗。

雖然脫掉了戎裝，傑克遜骨子裡還是軍閥脾氣，他揚言要絞死卡爾・霍恩，並向查爾斯頓派出了戰艦和稅收船，加強了軍事防範，擺出了武力清理門戶的態勢。一八三三年，國會通過了一項法案，授權總統使用武力解決這種叫板的行為，眼看著，南北戰爭一觸即發。

幸好此時有個神通廣大的和事佬，找到了讓兩邊都體面下臺的梯子。這位大仙就是亨利・克萊，他提出，聯邦關稅不能廢止，但可以逐年遞減，爭取到一八四二年下調到一八一六年的水準。

看到總統興兵防禦查爾斯頓，南卡已經有民眾質疑卡爾・霍恩這種以單一州對抗整個聯邦的犯傻行為，卡爾・霍恩也知道，逼著老軍頭傑克遜玩武力，自己會死得很輕佻。既然聯邦表現了鬆口的態度，自己就別再強著找抽了。於是，一場危機就這樣被化解了。而其他州受了教訓，以後再用州權叫板，要先謹慎掂量！

央行生死劫

傑克遜是美國歷史上第一位平民總統，他的上臺，標誌著美國從精英政治轉向平民政治，宣告一個平民的政府，也可以完好地運作一個國家，不會比貴族差。而在整個美國歷史中，傑克遜可能是權力最大的總統，在美國的標準上，他已經是個獨裁的「暴君」了，有人甚至稱呼他為「國王安德魯一世」。

美國建國時確定了三權分立的制度，核心就是總統和國會的關係，按建國時精英們的想法，總統的權力應置於國會之下，國會最大。而前面說過，美國的憲法，其實是留下了大bug，可以成就一個強勢甚至獨裁的總統，傑克遜就成功地實現了總統權力的最大化。在他任內，總統輕鬆控制了國會，頻繁人事變動，讓內閣成為總統的聽話班子，傑克遜更是空前地使用了十二次總統否決權，讓自己大部分意願都順利落實。

以美國這樣的體系，就算出一兩個「獨裁者」，他們也不可能像法王或者德皇那樣，因一己之私，闖出大禍，可只要是「獨裁」總會犯錯的，也可能遺禍無窮。傑克遜任內除了打擊州權叛逆，還繼續大力清洗驅趕印第安人，無情掠奪原著民的土地，使之成為白人的新莊園，這些事，對美國人民來說，都不算太壞，可傑克遜對央行的偏執認識，卻讓美國的金融體系幾乎面臨癱瘓。

傑克遜是平民總統，是代表最大多數人的政府，是舉著打擊東部權貴的大旗上臺的政府，他反對聯邦政府權力過大，更反對與政府有關的貴族權力機構掌握著讓少數人投機暴富的權力，比如美國的央行，聯邦銀行。

大家還記得，漢彌爾頓最早提出建立一個國家銀行時，是遭到了當時反聯邦黨人極力反對的，雖然第一合眾國銀行帶著政府的股份順利開張，並獲准經營二十年，但這期間，反對央行的聲音還在持續。所以第一央行合同到期後，因為反對派阻擾，有四年時間，央行停辦。一八一五年，英美戰爭中的經濟混亂，大家發現沒有央行的約束和總攬還是不行，於是當年反對過央行的麥迪遜簽字批准再建央行，一八一六年，第二合眾國銀行獲得了二十年的許可權。

傑克遜任內，第二合眾國銀行的行長是尼古拉斯•比德爾，在他的銀行世界裡，他是跟傑克遜一樣的鐵腕男人，這兩個男人的碰撞對峙，勢必會讓局面不容易控制。

第二銀行的合約在一八三六年到期，傑克遜很早就明白表示，他不會允許合約繼續。比德爾急壞了，趕緊聯繫央行的高層顧問斡旋，都是國會能說得上話的大員，其中就有亨利•克萊，他們預備將央行問題上升到政治高度，爭取國會支持。

亨利•克萊在國會的影響力是不容小覷的，國會真通過了延長銀行憲章的議案。美國的憲法對總統有特殊福利，對於國會的法案，總統享有有限否決權，也就是說，如果參眾兩院的法案，不是超過三分之二的絕對多數通過的，總統可以否決。傑克遜毫不客氣地使用了這項總統特權，讓國會法案變成廢紙。

要跟總統在關於央行的事情上打持久戰，亨利•克萊和他的班子認為，必須緊密團結共同進退，最好是結成一黨便於管理。那就組建一個新政黨吧，因為傑克遜的鐵腕和獨斷，亨利•克萊等已經在背後稱呼總統為「國王安德魯一世」，要組建一個反對「國王」的政黨，就按英國的傳統，叫輝格黨吧！（輝格黨的來歷參看《老大的英帝國》）

民主黨和輝格黨，又有兩個政黨，這就是美國歷史上的「第二黨系」，當下核心爭論議題也有了，這不大選年又來了，一八三二年，很明顯，就是一次要不要取消央行的全國民意總調查。

亨利•克萊再度成為傑克遜的對手，獲得了不到傑克遜四分之一的選票，再次敗北。就是這樣一個結果，讓傑克遜認定了，摧毀央行是眾望所歸，一個民主派的總統，自然要配合民意，合眾國銀行，保不住了。

雖然合同沒到期，傑克遜已經動手。政府的存款都存在央行，總統下令，財長給轉出來，轉到跟總統關係很好的幾個州銀行去，這些銀行被輝格黨稱為「寵物銀行」（輝格黨善於策劃各種刻薄外號）。財長比傑克遜了解美國經濟，拒絕執行命令，總統馬上換掉了財長，換上新的；第二任財長也不執行命令；還有誰能比老山胡桃木更硬呢，他果斷再次撤換。好在第三任識時務，馬上完成了任務。

行長比德爾不信邪，他預備硬碰硬。政府撤出存款，比德爾馬上聲稱銀行資金不足，要召回貸款，還要加息。這下，商業環境嚴峻了。

比德爾的反擊的確是造成了金融環境的惡化，總統並不著急，因為他知道，比德爾更窩囊。因為召回貸款的客戶中，跟央行的業務是息息相關的，尤其是商業階層，他們真想聯手找麻煩，比德爾也不好過。總統和行長扯皮，對一般人來說，肯定是主要找行長吐槽，不會直接去見總統，所以，比德爾的日子也煎熬。

對抗的終極結果出爐，比德爾也沒有山胡桃木硬，他低頭了，擴大了貸款規模，條款也寬容了。既然比德爾低頭了，就說明總統贏了，一八三六年，第二合眾國銀行關門！

突然關閉銀行，會不會引發危機呢？傑克遜說，不會，有國家統計局資料為證！一八三五至一八三七年，美國政府拋出的財務報表讓所有人驚歎，也能讓漢彌爾頓汗顏。因為在這兩年中，美國政府完全擺脫了債務，國債為零，國庫還有大量存款！

政府怎麼發了大財呢？前面講過，巨高的關稅是個重要收入，但最日進斗金的，還有土地銷售。通過各種辦法兼併的西部土地，被政府測量後出售，是聯邦政府巨大的財源。

錢多了也麻煩，聯邦政府要這麼多錢幹嘛用呢？民主政府自然有公平的處理辦法，中央的收入部分來自地方嘛，既然中央有錢不欠債，就把多的錢還給各州唄。各州歡天喜地拿回了政府發的紅包，都投入了基本建設，經濟驟然繁榮，到處歡歌笑語。

經濟繁榮，一定要防止過度投機。傑克遜非要將央行置於死地有個重要根源是，這夥計痛恨紙幣！可能跟他自己早年的投機生意失利有關，反正他覺得，銀行就應該經營金銀通貨，而不是以開印刷廠為主，就算為了便利要使用紙幣，紙幣必須要有相應的硬通做支持。所以離任前，傑克遜再次頒發總統令：再有人跟政府購買土地，必須使用硬通貨！

大家都能感覺到，傑克遜這一輪針對經濟的動作，不算太高明，肯定蘊藏著巨大的危機。只是傑克遜雖然獨裁專斷鐵腕還爆脾氣，可他堅持站在平民的立場反對權貴反對貴族政治，反對聯邦集權，最後，他還是將自己超高的民眾支持率保持到離任。

傑克遜是史上第一位遇刺的在職美國總統。槍手近距離射擊，子彈還卡殼了，老軍頭傑克遜反應更快，舉起拐杖劈頭蓋臉打將過去，刺客被打得鼻青臉腫。這個事不能推論出有人恨毒了傑克遜（恨毒了這個詞是跟《甄嬛傳》學的），後來查出，刺客是個當天沒吃藥就跑出街的精神病患。

一八三六年的，一片大好，各項事業欣欣向榮，傑克遜選定的繼承人范布倫戰勝輝格黨各路對手，接班入主白宮，也看出了傑克遜的不衰的人氣！

十七、越窮越光榮

把一八三七年美國遭遇是史上第一次嚴重經濟危機完全歸罪於傑克遜並不公平，實際上，傑克遜最後那兩年，這個大農業國的農業收入並不高，甚至可以說是歉收的。本土作物不夠，就必須大量進口外國主要是歐洲的農產品，美國的工業品還不構成去國際市場競爭，所以美國的對外貿易實際上出現了逆差。

不光美國不好，這一年，歐洲也正趕上資本主義社會週期性的經濟危機。所謂由資本主義根本矛盾引發的這個週期性危機，並沒有那麼多意識形態的內容，只要有市場有供求就一定會出現。比如豬肉，價格上漲，大家發現豬肉有利可圖，所有人都養豬，第二年豬肉價格暴跌，豬農虧死，於是又都不養了，改行，豬少了，價格又漲了，諸如此類循環。說是資本主義特有的，不過是因為自由市場經濟的環境下，政府不好出手調控這些漲跌罷了。

美國的歐洲交易夥伴陷入危機，忙著從美洲撤回資金，而傑克遜總統剛規定，買地交稅，政府只收硬通貨，硬通貨數量有限啊，市場上的錢越來越少，官方說法叫做流動性嚴重偏緊，有錢好辦事，沒錢自然什麼都辦不成了。

遇上這種事，范布倫倒是很淡定，恐怕是他自己也知道，他著急也想不出辦法來。因為州銀行陸續倒閉，政府的錢存在哪間銀行都不方便了，范布倫任內最大努力，就是致力於建立一個獨立金庫，來保存政府的錢。這個獨立金庫大部分的功能跟當年的央行差不多，只是范布倫絕對不敢重開央行，要不然太不給老領導面子了。

面對危機，范布倫跟遭遇股票大跌一樣，選擇臥倒裝死，想看危機能不能自己過去，只是沒想到，這場危機前後持續了五年多，幾百家銀行倒閉，大量工廠關門，基礎工程大都停工，失業的勞工比比皆是。缺乏硬通，政府的土地買賣又只收硬通貨，所以土地銷售也受影響，政府的收入也跟著萎縮，很快，赤字重新出現，從此以後的美國國債只見大漲，再沒見過清零那樣的奇蹟了。倒是有一件事符合了當初傑克遜的理想，經濟都這樣了，投機也跟著被遏制了！

不出意外，范布倫這個德性還能連任就沒有天理了！一八四〇年的大選主題詞是：越窮越光榮。輝格黨改變政策了，傑克遜的超人氣都來自平民，顯然這是大選獲勝的基石，於是輝格黨也開始走平民路線。前次選舉，輝格黨選了好幾個候選人，以圖適應不同種群的要求，結果選票分散，反而便宜了范布倫。這次他們預備從平民的審美角度選擇候選人，所以，當亨利•克萊以輝格黨老大的身分要求再次參選時，輝格黨其他大佬一致建議這個老政客在家好好休息。

輝格黨推舉出身維吉尼亞貴族後裔的哈里森參選。這個出身能感動平民嗎？能啊，關鍵看怎麼包裝了。哈里森出身軍旅，在打擊印第安人的鬥爭中，戰績彪炳，這讓他跟傑克遜一樣擁有很高的聲望。最關鍵的是，輝格黨此時在選舉方面已經很專業了，民主黨攻擊哈里森是個喜歡小木屋裡喝蘋果酒的粗人，輝格黨馬上表示，我們哈里森大叔，還真是這麼個人，豪爽親民，輝格黨還在全國發起了蘋果酒和小木屋的集會給哈里森拉票，大得平民選民的歡心。在打擊對手方面，輝格黨也定位精準，針對哈里森這個樸素親和的形象，輝格黨在報紙上發布漫畫，將范布倫塑造成一個，用銀質器皿喝著法國葡萄酒，還裝模作樣的闊老頭。

范布倫陣營很發懵，作為代表平民參選的民主黨，他們沒想到對手會以彼之道還施彼身，看來黨派的理念是什麼已經不重要了，從此時起，選舉的技巧才是第一位的，跟不上形勢的范布倫只能黯然離去。

蘋果酒和小木屋聽著浪漫，對健康可能不利，因為總統哈里森大叔就職一個月後，就肺炎死翹翹了，第一次在美國政壇最沒有存在感的副總統，實現了接班。接班的副總統叫泰勒，這夥計原來是民主黨的，後來因為對傑克遜的做法有點意見，就跳槽到了輝格黨。等泰勒上臺，輝格黨就暗暗叫苦，原來這夥計是個無間道，雖然加入了輝格黨，骨子裡還是向著民主黨！

泰勒任內，美國開始跟中國建立貿易聯繫，那年頭，任何一個西方國家跟中國打交道，都別指望是公平正常的貿易邀約，一八四四年的《望廈條約》，美國佬加入了英國帶隊的殖民大軍，到中國分割利益，隨後的歲月中，中國屢受欺凌的場景裡，不再缺乏老山姆的身影。

十八、擁抱太平洋

整個十九世紀，美利堅的主旋律就是史詩般壯麗的西進運動。前面說過，從美國建國起，很多人就存了「自然疆域」的野心，他們認為，「天命所歸」美國人應該完全擁有北美地區。因為打不過加拿大民兵，向北發展沒戲了，老山姆只好就跟北部的加拿大兄弟一起，並駕齊驅向西邊擴張，要擁抱另一片大洋。

在任何國家，國土能越來越大肯定是好事，任何國民都不會拒絕自家擁有廣袤的國土。而在十九世紀的美國，隨著國土不斷增加，國內總有些彆彆扭扭的人，人為製造障礙，讓政府西進征程掣肘。為什麼？就因為美國長期懸而不決的一國兩制的古怪形勢，哪兩制？一方要蓄奴，一方要廢奴。

對北部尤其是新英格蘭地區來說，他們重點發展工業運輸業金融業等現代產業，除了幫自家打掃院子，黑奴幾乎用不上。而對南部來說，大種植園大莊園，那是勞動密集型產業，掙的全是黑奴的賣身血汗錢。要不准養奴隸，誰能雇得起一幫子白人自由民種棉花啊？

產業形式不同，市場環境要求不同，自由的地區和蓄奴的地區，對政策有不同的要求，最怕國會厚此薄彼，讓自己吃虧，所以，兩種勢力在國會也是不斷在調整中均衡的。西部土地的增加，並陸續變成州後，因為當地墾殖經濟的要求，國會內蓄奴派的力量也跟著增強了，讓北部地方很無力。雖然一八〇八年，總統廢止了奴隸貿易，但西部對奴隸的需求總是存在的。而南部，如今因為土地透支，棉花種得也不如西部豐滿，所以，乾脆他們調整結構，專門飼養並向西部提供黑奴了。如此一來，南部和西部在奴隸的問題上態度是一致的，很容易在國會佔大頭。好在美國政治是最務實的，都知道是平衡是一切的根基，他們試著用各種手段不斷調整，總要讓兩方的勢力大體均衡。

密蘇里妥協

一八一九年，密蘇里地區人口達到六萬，可以申請建州。密蘇里是全美第二十三州，之前正好二十二個州，十一個蓄奴州和十一個自由州。早先賓夕法尼亞州和馬里蘭地區曾因為自留地界限不明發生過矛盾，後來動用天文學家進行測量，才確定了界限，根據測量的天文學家的名字，這條線被稱為「梅森─狄克遜線」，不知道什麼時候就成了自由州和奴隸州的分界線，也就是常說的南北分界線。

這條線只說劃到賓州和馬里蘭一帶，如果向西延伸，大約密蘇里州應該是屬於北部的，應該是自由州。可路易斯安那也是墾殖地區，密蘇里開荒種地也要人啊，不知不覺中該地已經容積了上萬的奴隸了。按道理，這一定是個蓄奴州。

憑空增加一個蓄奴州，自由州肯定是不幹的。事件的轉機來自東北部的緬因地區，他們原來屬於麻塞諸塞州，現在想成立獨立州。局面很清楚，如果北方阻止密蘇里以蓄奴州加入聯邦，南方也絕對不會同意緬因州誕生，但如果雙方都讓步，緬因顯然是自由州，如此則國內就了十二個自由州和十二個蓄奴州，還是平衡態勢。

皆大歡喜了，就這麼通過吧。這就是著名的「密蘇里妥協案」。以後的美國歷史，我們會經常看到「妥協案」這種字樣，在美國早期，最糾纏不清，理不斷又不敢剪斷的南北糾結中，屢屢以雙方高度智慧相互妥協，維護了聯邦的整體統一。不過，這些矛盾沒有根本解決，每次妥協也只是延緩了危機的到來，大家都知道，南北雙方最後還是沒有躲過一場你死我活的戰鬥。

一顆孤星

美國人感覺自己「天命所歸」要統一北美，第一個原因是對自家政治體制的高度自信，認為向周邊輸出推廣是必須的；另一個原因，則是他們盎格魯—撒克遜人種的莫名優越：黑人已經為奴，南北美原住民那種黑不黑黃不黃紅不紅的膚色，也上不得檯面，不配和高貴的來自北歐血統的白種人為鄰，而最可氣的是，美利堅向西不斷建立新家園的旅程上，迎頭碰上了墨西哥人，美國人愛上了德克薩斯。

墨西哥也算是沒落世家了，南美神祕夢幻的瑪雅和阿茲特克文明都起源於這裡，十六世紀，一位西班牙神仙，以區區千人不到，就摧毀了強大的阿茲特克帝國，墨西哥淪為西班牙的殖民地。

隨著南美地區如火如荼的造反運動，墨西哥一八二一年獲得了獨立，成為墨西哥第一帝國，接收了西班牙留下的大部分地盤，從德克薩斯到加利福尼亞的地區。

墨西哥剛立國，沒什麼經驗，看著北方德克薩斯這麼大片的土地，還沒什麼人，心裡著急了。抬頭一看，東北那些美國佬最喜歡亂竄，不如勾引他們過來玩吧。老墨還真是了解美國人，在西部混的美國佬，最大的特點就是永遠不滿足，總覺得還有其他更好的地方可以去闖一闖，而且他們對土地的渴望是沒有極限的，越大越好，越多越美。

老墨想老美所想，一八二四年，大方地頒布了移民政策，對美國佬低價出售土地，還免他們的稅。老墨想得美啊，讓美國佬過來墾荒，開放邊疆，可以給墨西哥政府交稅，將來萬一美國人想武力西進，打起來的時候，這幫子傻移民正好是緩衝。

這個故事又叫「引狼入室」，到一八三五年，德克薩斯土地上的美國人已經超過三萬，是墨西哥人的好幾倍了。

老墨的人權水準比美國人高，人家國家是不准讓黑人當奴隸的。可來德克薩斯的墾荒美國人，大部分都來自南部，天經地義地覺得，家裡不養著黑奴，簡直沒法過日子。

一八三〇年，動盪的墨西哥局勢，成就了聖安納將軍成為獨裁者，德克薩斯一直挺自治，新墨西哥政府希望加強中央政府統治，有些激進移民開始提議，乾脆德克薩斯獨立。聖安納於是將美國人在當地的一個領導者抓捕關起來。小規模的糾紛時斷時續地在部分地區爆發，墨西哥政府開始向德克薩斯增兵，一八三六年，被惹毛的美國人宣布，德克薩斯獨立。

面對墨西哥的政府大軍，德克薩斯的移民武裝七零八落，不成規模，經常被揍。聖安納對反叛絕不留情，即便美國起義者投降了，他們也殺無赦。

這時，有位叫山姆・休斯頓的美國人站了出來，這是美國歷史上著名的牛仔。

休斯頓出生於維吉尼亞的軍人家庭，少年時，跟隨寡母西遷到田納西東部定居。休斯頓不愛讀書，居然翹課到印第安人的部落去，跟印第安人打得火熱，學會了印第安語，還被一個老酋長收為義子！

英美戰爭中，傑克遜在田納西招募民兵，休斯頓加入了老山胡桃木的隊伍，並成為他忠實的戰士，一直追隨傑克遜。戰後回到田納西，休斯頓自修了法律，順利成章成為公訴人，而後進入田納西議會加入政界，還成了田納西州的州長。

雖然有點印第安人氣質，休斯頓到此時應該還算是走的主流美國政治家的道路，傑克遜順利入主白宮，作為他派系親信的休斯頓又當上了州長，大有機會被當作傑克遜的接班人來培養。

可這位老兄愛上了老友的女兒，老友非常夠意思地安排了他們的婚事，婚姻維持了非常短的時間，老婆就跑回家了。婚姻破裂的原因是個謎，休斯頓從此就沉淪落魄並酗酒，後來竟然辭掉州長之位，跑回到印第安部落去了！

一個州長成為邋遢的酒鬼有點驚人，但在印第安部落，可能不算太嚴重的問題。休斯頓娶了一位不嫌棄他的印第安姑娘，成為所在部落與華盛頓的聯絡人。他穿著印第安服飾在首都遛達，老領導傑克遜見到他，多少有點兒傷心寒心，於是給他出個主意，讓他到德克薩斯去，那個廣闊的天地，會適合這個牛仔並讓他建功立業。

牛仔是個大地主，他進入德克薩斯後就購入了大面積的土地，建立了自己的莊園，成為當地權貴。德克薩斯獨立戰爭中，休斯頓成為一股民兵的司令。一八三六年四月二十三日，在現在的休斯頓市（可以猜到休斯頓這個城市就是用山姆・休斯頓的名字命名的）附近，休斯頓的美軍戰勝了聖安納的墨軍，還生擒了聖安納。聖安納此前殺了不少同胞，休斯頓的手下都勸他報仇雪恨，而休斯頓非常理性地留下了聖安納的性命，逼他簽下和約，讓德克薩斯獨立。

既然獨立了，就趕緊回到美利堅大家庭吧！沒想到，休斯頓熱情的笑臉竟貼了華盛頓的冷屁股。德克薩斯必將是個蓄奴州，且是個巨大的蓄奴州，北方人肯定不願意他們加入，增加南方的力量。沒想到一直主張擴張的老領導傑克遜總統也是不同意的，他認為，如果接收了德克薩斯，那就是給美利堅預訂了一場與墨西哥的戰爭了。而後的兩位總統范布倫和哈里森基於一樣的原因，都不同意德克薩斯加入，只是勉強承認了德克薩斯共和國。

不能回家的休斯頓只能勉為其難成為德克薩斯共和國的第一任總統，仿效美國國旗，用一顆孤星旗代表自己這個不倫不類不知如何自處的國家，這裡也叫孤星共和國。

孤星其實並不孤。這樣一個位置這樣一個國家，美國人不要，歐洲大把人歡迎，對英法來說，這實在是抑制美國西擴的一個大好辦法，所以他們紛紛向這顆孤星展示了溫暖的笑容，告訴他，你不會一直這麼孤單。

英法一插手，美國人就感覺不妙了，泰勒總統任內，就忙著說服德克薩斯再回來，求北方的議員們鬆口，這一轉眼，就到了一八四四年，看來德克薩斯的問題，會是大選的核心議題了。

黑馬波爾克

美國人在西進，加拿大人也在西進，平行擴張，彼此不衝突，在太平洋岸邊，兩邊終於撞上了，他們撞在奧勒岡。

奧勒岡地區在現在的美國西北角，包括如今的奧勒岡州、愛達荷州、懷俄明州、蒙大拿州和華盛頓州。十八至十九世紀之間，這裡最多就是遛達著美加兩國的獸皮商人。

當初英美戰爭後，美國和加拿大已經彼此默許北緯四十九度分界線。後來的歷屆美國總統都認為，這條線從大西洋拉到太平洋，所有的土地都這麼分就行了。可沒想到，已經在奧勒岡地區駐紮並生活的美國人並不答應，他們認為，美國應該全取奧勒岡，要以北緯五十四度四十分為界，將加拿大西部的溫哥華港都納入其中，如若加人不許，可以考慮再次揍他們！（他們忘記上次是誰揍誰了）

雖然國會因為各自的政治目的，對擴張是有人同意有人反對，但廣大的老百姓對擴張是一百個歡迎的，這其中還包括北部那些不種地的城市人口，他們當然也會喜歡主張兼併了德克薩斯和奧勒岡的總統，最好是態度強硬，拿不到不惜一戰那種。

如所有人預料，一八四四年大選，民主黨派出前總統范布倫出戰，輝格黨再次出動了老油條亨利・克萊。在全國人民最關心的西部擴張問題上，范布倫在任上時就不贊成德克薩斯回家，而亨利・克萊本來是個堅定的擴張主義者，不知道出於什麼目的，在西進的問題上，他突然變得很保守，應該說，這兩位，都不是美國百姓願意支持的人選。

民主黨反應比較快，斟酌後，他們果斷放棄給范布倫第二次機會，而是另外推舉了一匹黑馬。鑒於民主黨的核心，都是傑克遜嫡系的人馬，大都是當年在田納西追隨他的小弟，乾脆選一個最像傑克遜的吧，曾經的田納西州州長，江湖人稱小山胡桃的，就他了，正好傑克遜也是這個意思，詹姆斯・波爾克橫空出世，對決亨利・克萊。

范布倫在擴張的問題上態度曖昧，而亨利・克萊則是在參選以後，突然宣布他支持兼併德克薩斯，讓人懷疑這個政客的真誠。只有波爾克，從現身就高呼，不僅要合併德克薩斯還要全取奧勒岡！全國人民都high了，波爾克當然就是總統了。

在任總統泰勒太沒存在感了，雖然他對德克薩斯的大業付出了最多的努力和口舌，眼看這一場大功勞要落在波爾克手裡，泰勒很不服。而他趕在下課前，終於讓兩院同意接納德克薩斯，而後在任的最後一天，親自派人送信給休斯頓，讓自己成為那個兼併了德克薩斯的總統。一八四五年十二月，德克薩斯州成為美利堅第二十八州。

德克薩斯的事沒趕上，波爾克上任，就全力處理奧勒岡的事。波爾克競選時很強硬，真做了總統就謹慎。偏執於五十四度四十分線，英美開戰的機率很高，好在此時此刻，兩國都不願意開打。英國人態度好，發郵件給新總統，說既然你們原來就認可四十九度線，那我們就堅持這條線嘛，也不能你家喜歡哪條線就哪條線吧。波爾克趕緊把信轉給國會，看英國人夠客氣的，把關係弄僵並不好。波克爾向英國和加拿大釋放了最大的善意，沒理會國內日益喧囂的主戰派，與英國人達成協議，從此美加之間的北緯四十九度分界線就確定下來，延續至今。

奧勒岡沒打起來，德克薩斯那邊開打了！德克薩斯入美，墨西哥火死了，最可氣的是，在邊界劃分上，兩邊還說不清楚。波爾克願意息事寧人，承認墨西哥認可的邊界——紐埃西斯河，但馬上派軍隊駐紮在河邊，號稱是保護德克薩斯。

老墨再傻也能想明白，軍隊過來，保護德克薩斯是假，美國人繼續覬覦新墨西哥甚至加利福尼亞是真。這兩個地區因為老墨早先「引狼入室」的政策，也到處都是美國人，美國商人在這兩個地區收益頗豐，此時也正力勸政府，務必將這兩片土地收進美利堅的版圖，他們可不希望永遠變成墨西哥公民了。

波爾克先禮後兵，他先派遣特使到墨西哥打商量，看老墨願不願意出個價，把老美看中的地區賣給美國算了。墨西哥的領導人居然不肯賣。一八四六年五月，國會以絕對多數通過對墨西哥宣戰。終於，老山姆在用過各種和平手段擴張後，想嘗嘗武裝佔領的滋味了。

這場美墨戰爭沒什麼精彩之處，老美揍老墨優勢很明顯，大約在當年秋天，美國軍隊對新墨西哥和加利福尼亞地區已經實際佔領。對墨西哥來說，新墨西哥和加利福尼亞是屬於北部邊疆地區，就算被佔領，也不能低頭，還可以接續戰鬥。於是，波爾克派出海軍，在墨西哥海岸建立基地，全力攻擊墨西哥的核心地帶，並順利佔領了墨西哥的首都，墨西哥城。

墨西哥在一八四七年投降。一八四八年二月二日在墨西哥城附近的小鎮瓜達羅佩－伊達爾戈，雙方簽訂了條約。老墨含淚出讓了加利福尼亞（下加利福尼亞半島仍屬墨西哥）、內華達、猶他的全部地區，科羅拉多、亞利桑那、新墨西哥和懷俄明部分地區。美國佬不算太欺負人，付了一千五百萬美元算是購買，墨西哥欠的三百二十五萬美元債務也一筆勾銷。需要特別記錄的是，按波爾克初衷，他是希望把整個墨西哥吃掉的，可沒想到國會又不給力，北部認定如果墨西哥全部入美，則南方的勢力未免太大了，北方就不願意跟南方在一個聯邦內耍了。波爾克知道，南北問題必須妥協，哪個總統也不敢太強，非常鬱悶地答應簽約，讓墨西哥還留在地球上種仙人掌。

淘金加利福尼亞

隨便在地球上拉個人問問，這個世界上最有價值的東西是什麼？大多數人的第一反應肯定是黃金（這是市儈級的答案，小朋友不要學。老師要是問你這個問題，正確答案可以回答為知識或者美德等等諸如此類）！

黃金這個東西是很可愛的，它密度大，很重，所以，即使是小小的一塊，也不容易被風颳走被水沖走，在有黃金的地區，河道水流舒緩尤其是拐彎處，他們就可愛地沉積下來，希望被人帶回家。挖石油還需要建個鑽井平臺，而黃金，如果不是大規模開採，想發一筆小財則只需要平底鍋。把河底沙土弄在鍋裡，平行搖動，多淘換幾次就能讓金子和沙子分離，幾乎沒有技術含量和投入成本，男女老少咸宜，唯一的前提是，首先要發現一個金礦，還要保證自己不要在這個過程中搞丟了性命，有命淘金沒命花錢。

一八四六年，居住在加利福尼亞的美國定居者已經組建成立了自己的國家——索諾瑪共和國，用一面印有大熊的旗幟作為國旗，這個大熊成為了加州特有的標誌，現在去加州旅遊，還隨處可見這頭大熊在州旗上隨風飄揚。

一八四八年二月，老墨將加州賣給了美國人，簽字不久，墨西哥人就開始在家撞仙人掌，撞得頭破血流，悔青好幾條腸子，而美國人在家裡高興得快瘋了。

合約簽訂前的一月份，一位美國人在加州一條河邊查看自己的磨房水車，為了保證運轉，他要把水裡的雜物稍稍清理一下，突然，水中沙礫裡，一些金光閃閃的東西亮花了他的眼睛，他再三再四地確定自己沒花眼沒做夢後，認定這附近，有金礦！

這娃精啊，雖然興奮得快瘋了，也忍著沒滿世界嚷嚷，他告訴了自己的老闆，兩人商量好保守祕密。後來證明，他倆的保密工作僅僅是對墨西哥人發生了作用，讓他們傻不拉嘰地一千五百萬賣掉了幾乎是世界上儲量最豐富的金礦之一，而且，黃金熱過後，加州地區還發現了石油。

我們對加州淘金熱不陌生，很多老美的電影描述了這段瘋狂的歲月。從金礦的消息傳遍全美，往加州的移民比錢塘江潮還凶猛。「去西部，年輕人，去西部」成為當時最振奮人心的口號和戰鬥動員。東部人農村的就放下蓋了一半的房子種了一半的地，城裡人則是立刻炒了老闆的魷魚，或者老闆自己也跟著跑了，都你追我趕你搶我奪地跑到加州去找黃金了。加州那些原來靜寂的邊區小鎮，頓時熱鬧起來。因為淘金業不僅吸引了淘金客，還有些賣盒飯的、賣飲料的、賣設備、賣工具、幫著打雜的、開酒廊、KTV的都自動為產業配套，那是一片熱火朝天的搶錢風景啊！

加州淘金熱吸引的不光是美國人，風聞的歐洲人不少，不過其中最可憐最受氣的，就是不遠萬里揣著發財夢去美國冒險的中國人。

鴉片戰爭後，大清瀕臨崩潰，又趕上天平天國鬧得社會動盪，百業凋敝，南部沿海地區，尤其是廣東福建一帶，有大量的失業手工業者和農民。海邊的人是不怕跑路的，聽說大洋對岸居然黃金遍地，那是怎麼都要去闖闖的。中國勞工以人身抵押，購買船票，長途飄零到達加州，吃苦耐勞的中國人，從來都捨得拼了性命為家人賺取一份好生活，子孫的未來能通過這一次出洋得到保障。在他們看來，美國就是「金山」，第一批華人上岸並駐紮的地方——聖佛蘭西斯科從此就被我們稱為「三藩市」。

不是意淫，整個加州的淘金活動，真的是因為中國人的參與，才有了轟轟烈烈的效果。因為中國人實在是特別能吃苦，特別能投機，在相同的機會下，尤其是這種一窩蜂沒有組織的密集勞動中，中國人往往能產生其他族群產生不了的個體能量。赤貧的賣苦力，稍有積蓄的開店做生意，中藥房、中餐館、中國茶樓也都應運而生，成為淘金時代的一部分記憶。而因為淘金這個起源，此後的中國人，一批批都嚮往著太平洋東岸那片神奇的土地，到現在這種熱望也都沒有消減過。隨著中國人不斷登陸，華人與美國社會的矛盾也開始逐漸顯現，中美關係的各種因果也在緩慢培養中。

十九、成長中的年輕共和國

交通成就美國

美利堅的版圖不斷向西，新的州絡繹加入了聯邦。在十九世紀前，不斷增長的版圖帶來的是讓人頭痛的距離問題，距離不會產生美感，只會產生莫名的隔閡和各種費用。

比如新英格蘭地區土地不太好，農產品不豐富，但工業和金融業都發展得不錯，而向西越過阿帕拉契山脈的俄亥俄州、印第安那州那邊就有廣袤的耕地，和價廉物美的各種作物。如果這幾個地區要展開貿易，早先是很難的。

運輸是最大的問題，俄亥俄州、印第安那州、伊利諾州這些地方加入聯邦時，政府賣地都獲得了幾年免稅，作為回報，聯邦投入一部分土地款，幫著修建公路。現在美國的大部分公路都可以免費通行，在十八世紀，那時美國人上馬路，也要三步一崗五步一哨地掏過路費的，當然那時候走的是馬車。

走收費公路運輸貨物，最常見就是到了目的地，運費嚴重超過貨物本身的價值，生意很容易做賠本。而且以美國越來越巨大的疆域來說，趕著馬車走陸路，顯然是跟不上發展的需要。

走不起陸路的，還有水路。北美這塊寶地，河流山脈平原高原什麼地貌都不缺。還有像密西西比河這樣貫穿南北的巨大河流，和它那些密布分叉的各支流，為南北運輸提供了便利。

原來在密西西比河上穿梭的，都是木質帆船。這些船，沿河從北南下，倒是一路順溜，可逆流而上，回到北方，就有點困難。小一點的帆船，到了南方的新奧爾良港後，一般就拆了報廢，反正是回不去的，只有大船能緩慢地，一步三搖地漫溯，大約要花四個月的時間能走完密西西比河。

十八世紀末，英國人詹姆斯•瓦特發明了蒸汽機，並設想可以將其用作輪船的動力。一八〇二年，美國人富爾頓製造出了世界上第一艘蒸汽輪船，以每小時六．四公里的速度，在哈德遜河上試航，雖然比馬車的速度慢，但這絕對是運輸業的一場革命了。

有了蒸汽船，水運就顯得格外重要了。隔著阿帕拉契山脈的東西兩方，他們的貿易交流方式是這樣的。俄亥俄州和印第安那州的玉米小麥，從密西西比河下水，南下一路到新奧爾良，換上海輪，從墨西哥灣繞過佛羅里達半島，送到新英格蘭地區去。同理，新英格蘭地區的好東西，也用這個辦法送到西部去。

這個過程，聽著都累死了。貿易的雙方更加不滿意，時間長，費用也不低，容易賠本，長此以往，東西兩邊的貿易就一點兒意思都沒有了。

不用單純靠天吃飯啊，這都十八世紀了，人力可以改變很多事了，我們開運河！

開運河是人人都會想，可這樣的工程，投資都是天文數字。一八一七年，紐約州新州長德維特•柯林頓就職（不用聯想，跟後來那位柯林頓沒啥子關係），他帶領的運河派也終於在紐約州議會取得勝利，他在任的重要工作就是開運河。

為什麼是紐約呢？

第一是地理位置，紐約州正好位於阿帕拉契山脈的一個斷口處，州內有哈德遜河穿過，運河就是將哈德遜河與五大湖連接；紐約本身就是出大西洋的良港，如同能和五大湖區聯通，則西部的產品能順利出洋出口。

第二，紐約州率先解決了融資的問題。柯林頓州長去找聯邦要錢，開出運河預算七百萬，聯邦政府哭喪著臉告訴他，「俺們一年才兩千多萬的收支呢！」當時所有人都認為，柯林頓的這項宏圖大業只能是夢想了。

柯林頓萬般無奈，死馬當活馬醫，他去找華爾街了！

就在柯林頓當選州長這一年，華爾街四十號，才被每個月兩百元租金租下來，成為紐約證券交易委員會的總部。之前雖然華爾街已經有經紀人從事證券和高級商品的交易，他們還都是打游擊借用一個俱樂部安身。到一八一七年，才算有個正經辦公室安頓下來。

柯林頓來到華爾街四十號，他知道來對了。紐約證券交易委員會嗅到了巨大的機會，他們向州長保證，將全力承銷運河的債券。雖然當時的「紐交所」很小很簡陋，可人家不說大話，運河債券賣得非常好，甚至賣到了倫敦。

天時地利人和都有，美國史上最大的工程，伊利運河在一八一七年七月四日破土動工。

十九世紀初，開工這麼巨大的工程，其艱辛和挑戰不必說了，一八二五年十月，經過八年的建設，伊利運河比計畫提前兩年正式通航，五百八十四公里的水道上，八十三個大閘巍然聳立，控制著河段內的落差。這八十三個大閘，也是運河的收費點。

伊利運河連接了五大湖區和紐約港，東西貨物的運輸時間減少了三分之一，費用減少了四分之三，從開通之日起，運河上的船隻就往來如梭，僅僅用了七年時間，運河就收回了全部投資。

運河沿岸的城市全都跟著風生水起，尤其是紐約，因為排隊一眼望不到頭的商船進出穿梭，從不停歇，紐約港幾乎戰勝新奧爾良，成為北美人氣最高的港口，連帶紐約迅速躍升為美國最繁華的大都會。

伊利運河引領了美國的運河狂熱，俄亥俄州、印第安那州受到啟發，也開鑿運河，將伊利湖與俄亥俄河連接，於是，俄亥俄河沿岸的商品，也可以非常暢順地進入紐約，甚至進入歐洲。

有了運河這種交通方式，東西部的社會狀況也都跟著轉變。新英格蘭土地不適合耕種，那就什麼都不用種了，想種的，都去俄亥俄州種去。紐約全力發展工業、金融、國際貿易，西部就給提供各種農產品，更多的白人也可以沒有顧慮，去西部發展了。

運河的成功在很多地方可以複製，但大部分地方還真複製不了，地理環境不給力，總有幾座不識趣的大山橫亙在中間。

運河開不了，另想辦法。不是有個英國人已經發明了蒸汽火車了麼，可以發展鐵路運輸啊！

一八二八年七月四日，查理斯・卡洛爾，當時碩果僅存的《獨立宣言》簽署者，顫巍巍地鏟下了第一鏟土，宣告，美國的第一條專線鐵路巴爾的摩—俄亥俄線動工！

鐵路一開通，就構成了對運河的直接競爭。大家都知道，鐵路運輸在便捷便宜方面，是其他任何交通方式都不能比的，當越來越多的鐵軌鋪出來，而蒸汽機車經過改良速度越來越快，越來越安全穩定後，鐵老大就能牢牢佔據運輸界的統治地位。

一八三〇年後，北美地區的運河熱被鐵路熱取代，如火如荼的鐵路建設在各州各地熱火朝天地展開著。進入五〇年代後，尤其是加州等最西邊的土地進入版圖，鐵路的建設更是要大幹快上，保證讓新來的西部和東部緊密相連，尤其是要以最快的速度把加州的黃金運出來，淘金的設備和淘金漢要運進去。

一八六九年，被英國人評為世界第七大工業奇蹟的工程，美國太平洋鐵路貫通。長達三千公里的鐵路，橫貫美國東西，原來從紐約到三藩市要走大半年，鐵路開通後，一個星期就走到了。而這項堪稱奇蹟的大工程，原本計畫十四年完工，實際七年就實現了通車。

將工時縮短一半，不是什麼工業奇蹟，是人力的奇蹟。太平洋鐵路的鐵軌下，有多少華工的白骨，無法計算。如果太平洋鐵路建設是一部史詩，則華工的付出和努力是其中最壯麗的篇章，連最排華的美國人都必須承認，沒有華人的拼命，這條鐵路不會這麼快為美國創造驚人的財富。太平洋鐵路通車後，美國的東西部才算真正意義上成為一體，保障了經濟的快速發展，為大國崛起做好預備。對美國這個移民國家來說，華人對它的貢獻和其他來自歐洲的移民至少是一樣重要，且值得敬重的。

交通發展自然就會聯想到通訊的發展。美國東西間隔著幾千公里，沒有合適的交通工具，是很容易做到老死不相往來的。可如果由著西部在大西洋沿岸，一點消息都沒有，這塊領土收回來可有點不牢靠。且不管大型的人員貨物往來，至少要先實現郵路通暢吧，尤其是淘金熱開始後，看在黃金的份上，一定有聰明人能想出解決的辦法。

在美國西部電影中，我們會看到一個著名的快遞公司，小馬快遞。加州的某個參議員投資，建立了一條從密蘇里州的聖約瑟夫市到加州的州府薩拉托加的快速郵路。原來公共馬車送陸上郵件，走這段距離需要二十五天左右。小馬快遞成立後，在路上建立了一百九十個驛站，購置了五百匹好馬，徵募了年輕勇敢的騎手。跟中國古代的八百里加急一樣，每次急趕二十多公里，換馬或者換人，人馬不眠不休翻山越嶺，接力趕路，十天完成這趟穿越五個州的苦旅。

小馬快遞是西部發展史上的一道靚麗風景，尤其是小馬快遞的騎手們，更是西部電影裡，風采奕奕的帥哥英雄。可惜，這麼帥的快遞公司，卻是很短命的，人力馬力，最後都抵不過科技。

薩繆爾・摩斯，全世界知名的「摩斯電碼」的發明者，可能很少人知道，他本是個畫家。不是窮酸落魄，死後畫才出名的那種，他曾任美國畫家協會主席。四十一歲那年，為了研究出一種長距離傳送信息的辦法，摩斯開始投身科學事業，還是最高深莫測的電磁學！

一個外行從零開始搞科研，困難是可想而知的，莫爾斯耗盡了積蓄，真的變得窮困潦倒了。

一八四四年五月二十四日，在華盛頓國會大廈聯邦最高法院會議廳裡，年過半百的摩斯顫抖著手調試著他的電報機，進行人類歷史上第一次遠距離信息發收試驗。摩斯在預先約定的時間，向巴爾的摩他的助手發了電報，助手很快收到那份只有一句話的電文：「上帝創造了何等的奇蹟！」人類從此就有了電報了！

電報實驗一成功，西部聯合電報公司就應運而生，一八六一年，直達加州的第一條電報線路開通，獲得了巨大的成功，電報公司的老闆為了感恩回饋社會，用這筆盈利創辦了康乃爾大學。另一方面，失敗的也有，小馬快遞自然是被硬生生地擠倒閉了。

鐵路方面反應快，他們馬上想到，電報和火車是可以配合運作的，電報線路完全可以沿著鐵路線延伸。東部的精英們也想到，隨著交通和通訊的發展，是新聞業的重大機會，於是美國最大的通訊社——美聯社也就在那前後成立，並開始在全國範圍內收集整合各種消息，報業自然也就跟著快速發展了。

工農業革命

一八五一年，倫敦的萬國博覽會在倫敦的海德公園開幕。史上第一屆世博會其重要內容，就是東道主向全世界炫耀他家工業革命的巨大成就。目的達到了，世人都為不列顛的新技術新設備感到振奮。有個叫卡爾•馬克思的德國中年男人，在會場轉了一圈後，敏銳地感覺到，來自美利堅的工業產品更讓人訝異，畢竟，那只是個成立了不到一百年的新國家。馬克思因此斷言，早晚，歐洲經濟發展中心的地位，將向美國轉移。

建國後的頭一百年裡，不斷收穫西部大片土地，對主流美國人來說，認定了自己是一個農業國家，只要勤懇老實地在土地上耕耘，就能建設自己的樂土。

發展農業，美國有幾個和其他地區不一樣的地方，比如歐洲，他們人口多土地少，所以充分利用土地是頭等大事，美國則相反，人口少土地多，如何最大限度使用勞力是重點考慮；再比較中國這樣農民普遍文化程度較低的農業國，美國佬大都不算是文盲鄉民，很多種地務農的，有文化有頭腦。綜合這兩個條件，可以預計到，美國農業發展一定是以大力發展農業科技為基礎的。

美國人隨時要面對新土地的墾荒，他們需要了解當地的氣候、地理、水文等情況，華盛頓配套的史密森學會成立了，它是一家專門為農業生產提供歷史資料和基礎資料的科學研究機構。

十九世紀之前，美國的農民手工勞動居多，一八〇〇年後，從金屬犁開始，美國的種地設備就絡繹不絕地湧現出來。

三〇年代，收割機出現，一天能收割十五英畝的土地。到五〇年代，巴黎世博會時，一台美國收割機，收割一英畝燕麥只用二十一分鐘，而歐洲的同時代產品，需要花費接近一個小時的時間。而就在這段時間，美國農民已經開始使用聯合收割機，將打穀和揚場兩個工序結合完成。也是美國人，率先將蒸汽動力使用在土地的機械化耕作上。總之是到了五〇年代，雖然英國還是地球第一的工業老大，但在農業機械化方面，美國已經趕上並超過了它。

這個階段，美國人在農業科技上的發明數不勝數，其中有不少，不僅對農業發展，甚至對歷史的進程都產生了影響。

介紹大家認識一位美國著名發明家，他叫伊萊・惠特尼。

說到惠特尼，要先說到棉花。英國的工業革命，第一個全產業實現了機械化的行業就是棉紡業，英國的棉紡業發達，當然也就帶旺了種棉花的。美國的一些南方種植園，就靠著給英國人提供棉花，共同致富了。

英國要供應全世界的棉紡織品，南方種植園使勁種也跟不上需要。因為美國南方地區，氣候所限，只能種植「高地棉」。高地棉的特點就是棉絨的纖維短，和棉籽糾纏在一起很難分離。另一種叫「海島棉」的棉花，因為纖維長，可以被歐洲現有的軋棉設備分離，而高地棉只能靠黑人奴隸用手指頭剝。手工剝離棉絨棉籽，可以想像一下，這個效率是多麼低。在很長一段時間裡，明明棉花的市場更加好，南方地主也只能重點種煙草。

出身於麻塞諸塞，對棉花沒什麼了解的工程師惠特尼不知怎麼的，就被南方種植園主看中，被邀請製造新型的，能對付高地棉的軋棉機。

惠特尼不懂棉花，可他是機械天才，十天他就造出了模型機，六個月後，大型的軋棉機就問世了。

軋棉機的問世，改變了整個美國南部的格局。其實，美國南方是很適合種棉花的，就是這個棉籽糾結的問題不好解決，如今突破了瓶頸，南方驟然一片開朗。

所有煙草、稻穀、靛藍的種植都為棉田讓路，這種可愛的作物有很長的生長期，採摘時，又不需要特別的技術，隨便拉一船啥也不懂的黑奴，丟進棉花地裡，就能產生經濟效益。

於是，美國南部漸漸形成了棉花帝國，必須以大量黑人勞作為基礎的棉花帝國。黑人成了南方必不可少的資源和財富，南方的蓄奴州會越來越多，且越來越頑固，大家也都知道，南北方終究會因為奴隸的問題而翻臉。要是惠特尼沒有搗鼓出這麼一部機器，水稻靛藍這些低收益產品負擔不了大量黑奴的費用，煙草種多了又搞壞土地，南方的奴隸自然也就慢慢少了，那時候，誰知道美國歷史會怎麼樣呢。

惠特尼發明出一部改寫了歷史的機器，按當時的影響，跟賈伯斯發明蘋果一樣神奇，他應該輕鬆進入某個富豪榜才對。然而他沒有，機器太轟動了，吸引五里八鄉所有人都來參觀，設備也沒那麼精密複雜，好多人現場就能學會原理，並山寨出一模一樣的。十九世紀之前，美國的專利保護不算完善，軋棉機掙的錢，全被惠特尼用來打官司訴訟，保護自己的權益，最後，這麼重大的發明，帶給發明家的居然是負債。

有手藝的人是餓不死的，惠特尼的天才很快被用在其他方面。十九世紀初，美國人跟歐洲有點戰爭風險，打不打的，國會感覺要先解決武備，找工廠生產點槍支備用，預備生產四萬支滑膛槍。

四萬支槍，當時可是個大工程。那個時候的生產工藝是很笨的，一支槍，從頭到尾在一個工人手裡完成，磨具、定型、打磨、拋光、裝配都是一個人，高級訂製，每把和每把都不一樣。一支槍損壞了，找不到相同的零件更換，要臨時對應著實物加工，才能生產出換修的零件來。所以，四萬支槍，當時大型的軍工廠也不敢說能按期交貨。

惠特尼有信心，他毛遂自薦要接這個訂單。當時的情況比較緊急，首都的官員也有點病急亂投醫，就給他一萬訂單，其餘的分給二十多個承包商去完成。

兩年的合同期轉眼而至，惠特尼根本拿不出成品交工。但他一點不鬱悶，他背著十支槍到了華盛頓，給當時的總統傑佛遜表演了一個絕活：他將十支滑膛槍拆開分解成零件，混亂地擺放在一起，而後蒙上自己的眼睛，從零件中隨手抓取，很快組合成一支完好的滑膛槍。所有人一看就明白了，不是惠特尼有最強大腦，記住了所有零件的搭配，而是，他生產的，都是標準件，任何一個部位的零件都能跟其他零件組合。

傑佛遜總統更明白，他不僅看懂了惠特尼的展示，他馬上想到，惠特尼是為工業生產開啟了一片新天地。原來，生產槍支必須是非常熟手全能的技師才能完成，現在不需要了，任何產品，任何工人都只需要熟悉一個部分的加工工藝，然後由這些標準化零件任意組合成產品，且能完美地解決零件維修的問題，這將極大地降低成本並提高生產效率，這不是普通的工業革新，這是一場工業生產的革命啊。

國會不再追究惠特尼延誤了工期，還追加撥款幫他繼續研發。這種「標準化」方式啟發了很多人，不少發明家開始投身研究生產「標準化件」的機床。

惠特尼的生產「標準化件」，而後組裝的生產方式，對世界工業甚至人類發展產生的影響肯定是要大於他讓美國南部種滿了棉花。這種方式剛傳到歐洲時，一直以工業老大自居的英國人是不以為然的，直到他們聽說，美國普通工人，一天能裝五十支槍，而英國工人，熟練技師累死了一大裝兩支！

新人類新事物

十八世紀末期開始，酗酒似乎成了美國人的一種狀態。

在西部地區。土地增加了，農業新技術廣泛採用了，穀物產出也出現了剩餘。在鐵路還不發達的時代，剩餘的穀物沒地方銷售，只好自家釀酒喝了。

作為一個由清教徒構建的宗教國家，經濟增長，物質富裕的環境中，一定會存在個性解放和個性克制之間的矛盾糾結。西部人狂放不羈，釀酒豪飲可以理解。在東部呢，對清教徒的社會來說，已經風靡歐洲的各種舞會、沙龍、戲劇表演甚至寫作繪畫之流，都有可能讓自己的信仰蒙塵。東部的工業漸漸有了起色，出現大批產業工人，這些工人同志們下了班，不准鬥地主不准打麻將不准泡KTV，似乎唯一的樂子，就是自己找點小酒喝喝了。根據前文的記述，釀酒這一行，還算得上是美國的一個極其重要的傳統工業部門呢。

酗酒的危害就不用講解了，尤其是對一群循規蹈矩的基督徒來說，酒量和酒品恐怕都不是來自上帝的恩賜，平時越壓抑的人，喝醉了往往越離譜，更有些借酒裝瘋趁機釋放情緒的，這都會導致一些傷及風化或者社會治安的行為。

喝醉了胡說八道胡作非為，大都到不了驚動員警的尺度，可這是個宗教國家，教會是不能坐視的。這似乎又到了信徒們被物質世界誘惑失去靈性的時刻，旨在再次強調宗教的重要，並再次復興宗教的地位的大覺醒運動又很有必要了，這是第二次大覺醒運動。

一八二六年，美國戒酒協會成立了，在宗教教義的幫助下，成功地幫助一些人戒酒，這些人又被請去現身說法，聲淚俱下地「懺悔」酗酒時的罪孽，收到了很好的效果。跟酗酒行為一樣轟轟烈烈的戒酒運動開始了，有超過百萬的人自願簽字立誓參與戒酒。

看美劇，發現到現在酗酒問題在美國的社會各界還比較普遍，似乎酗酒在美國人的文化裡，已經上升到了道德甚至罪惡的高度。美國人戒酒的辦法是加入一個「互助小組」，酗酒的成員交流自己的「失足過程」，下定「痛改前非」的決心，戒酒成功的會當作監護人，一對一地監督，效果似乎挺不錯。這種戒酒方式在中國肯定行不通，但如果大家了解美國的宗教文化對救贖尤其是自我救贖的重視，則可以理解了。

十九世紀初在美國的歷史上，我們喜歡稱之為「戰前」，都知道，一場慘烈的內戰即將爆發，戰爭的焦點，就是要不要解放奴隸的問題。美國憲法提出眾生平等，沒有限制種族和性別的條款，但具體的內容進入各州，就有不同的操作方式。比如對民主國家來說最基本的選舉權，黑人是肯定沒有的，而婦女也沒有。

跟黑人不一樣，那個年代的美國婦女雖然沒有政治權利，但大都是受人尊敬的。除了來自歐洲大陸紳士風度對女士的基本態度，在清教徒開天闢地的墾荒歲月裡，女人因為堅韌、忠貞、純潔、辛勞當然還有逆來順受這些「優秀品質」，雖然沒有財產、啥事說了都不算，也依然是一個家族的重要維繫，還經常被當作道德的代表，文明的標誌。當美國人考慮要不要廢奴、要不要戒酒這類關於道德的議題時，女人們說話了。

女人們不是想走出家門就可以了的，一八四〇年在倫敦召開的廢奴大會上，幾位來自美國的女性代表遭到了會務組的阻攔，不給她們代表資格，不准她們參與大會。

這是廢奴大會，也就是說，與會代表都是開明進步的廢奴派，都已經預備給奴隸們自由了，居然還不能接受幾個走出家門的女人！

這幾個美國女人憤怒了，她們堅定了一個信念，不僅要解放奴隸，更要解放跟奴隸一樣地位的自己。就這樣，美國的女權運動算是正式啟動了。一八四八年，她們在紐約開會，成立了相關的組織，發表了女權運動的宣言，掀起了一場長達半個世紀的爭取女性權利的運動。過程很坎坷，直到一九二〇的第十九修正案通過，美國女人才獲得了投票的權利。

基督教在發展過程中，形成很多派系，每一次運動都各領風騷。戒酒運動主要由福音派的基督徒參與，而女權運動，驚動了大量貴格派教徒。大覺醒這樣的運動，讓宗教界各派系都受到不同的挑戰和洗禮，也都潛移默化地做著自身的微調，當然更不可避免有新的宗教思想乃至新的宗派產生出來。比如戰前這段不太平靜的歲月裡，摩門教誕生了。

二〇一二年，跟歐巴馬競選美國總統的麻塞諸塞州前州長羅姆尼吸引了很多人的視線，他的賣點在於，他是個摩門教徒，讓摩門教這個神祕的宗派成為全球的話題。一個黑人和一個摩門教徒競選美國總統，這個畫面拿到十九世紀初去給當時的美國人看，一定讓很多人信仰崩塌三觀盡毀。

摩門教的起源跟所有宗教一樣，要有個先知，還要有個故事。

一八二〇年，約瑟夫•史密斯十四歲。他當然是個基督徒，但基督徒也有宗派，不確定就不曉得應該去哪個教會教堂參加活動。史密斯向上帝問禱，請上帝指引他正確的教會。誰知上帝說，沒一個教派是真正純粹的基督教，所以上帝安排這個十四歲的孩子，自己去建一個讓上帝滿意的宗教。

很多年後，史密斯在紐約的小山丘上發現了一套金質的刻寫版，靠著上帝派來的天使的幫助，史密斯看懂了刻寫版上的文字，並在一八三〇年將其翻譯出來，這就是摩門教的聖典——《摩門書》。

刻寫版上講述了這樣一個故事，在哥倫布發現美洲大陸的幾百年前，有個以色列的部落遷居美洲，並建立了成功的文明社會。耶穌死而復生後，來到了美洲大陸，讓這個美洲的部落沐浴在神的光輝中。後來時間長了，人們在信仰上有了偏失，放棄了耶穌為他們指引的正確的道路。為了懲罰這些跑偏的罪人，耶穌將他們變為深色皮膚，大約也就是後來的印第安人的祖先。史密斯的任務，就是重建這片美洲文明。

叫摩門教顯得比較簡潔響亮，摩門是傳說中美洲的先知，這部金質刻寫版的作者。摩門教的正式學名叫基督教後期聖徒教會，以《聖經》和《摩門書》為行動綱領。

《摩門書》被翻譯出來那年，摩門教就算正式成立了。冷不丁冒出一個新的教派，新的先知，還網羅了不少人，教主史密斯還公開宣言可以一夫多妻，根據當時的宗教環境，毋庸置疑，主流教派直接將其定義為邪教。對付邪教手段都是比較粗暴的，摩門教徒生活在其他教派環伺的社區，肯定也是受盡非議和白眼。為了保全摩門教的發展，史密斯帶領他的教徒們開始在美國大陸上，顛沛流離，找尋屬於摩門教的「耶路撒冷」。

摩門教向西尋找聖地的旅程，是壯美的美國西部開發史的重要篇章，可以媲美中國的萬里長征。紐約待不下去了，摩門教徒們跟著教主到了俄亥俄州，開荒墾殖，吸引了不少信眾，迎來了第一個發展高峰。可是摩門教徒注定跟周圍格格不入的，還有他們的一夫多妻制，在十九世紀已經比較文明的美國，怎麼看都詭異，漸漸的，俄亥俄州也不幹了，驅逐了摩門教徒。

離開俄亥俄州，遷徙到了密西西比州，這裡的人更不友善，只好搬到伊利諾州。伊州寬容多了，不僅接納了他們還有人贈予土地，摩門教徒勤勞肯幹，有拓荒精神，三兩下，一片荒地就被建設成一個小鎮叫做納府（Nauvoo）。

有了自己的鎮子，生活還是不算正常。史密斯教主堅持一夫多妻制，又讓其他居民覺得不可忍受，就在摩門教內部，似乎也出現了分化。摩門教的內部鬥爭和外部的扯皮，造成了當地的不安定，史密斯教主的處理方式不算太好，矛盾激化演變為暴力事件，史密斯被捕關押，一個暴徒襲擊了監獄，史密斯和他的兄弟被打死。

鬧成這樣，伊利諾州也不願意收留摩門教徒了，教徒們在新的教主百翰・揚的帶領下，決定到西部去，到沒人干涉他們信仰的地方去。要想沒人干涉他們的信仰，肯定是沒有人煙或者只有印第安人的蠻荒之地。

一八四六年離開伊利諾州時，摩門教徒超過一萬五千人，拉家帶口，行李輜重，老弱病殘，一路走得跌跌撞撞。這種翻山越嶺，挑戰未知的旅程，肯定是需要成年男性在前面逢山開路遇水搭橋，此期間遭遇不測慘死最多的，當然也都是成年男性，一家之長。

到這裡，我們就可以客觀地討論一下摩門教的一夫多妻制度了。摩門教到處尋找存身之地，大部分的時候都是在沒人去的地方墾荒，根據當時的美國環境，就算是摩門教，分配耕耘土地也都是以男性戶主為標準，西行這一路，成年男性死得比較多，留下大量沒有戶主的孤兒寡婦。其他的男人，收留孤兒寡婦，關照他們的生活，幫他們開荒種地，雖然不合理，但很合情。仔細想想，要不是這一夫多妻的制度，摩門教怎麼能在這麼艱辛的流浪中發展壯大呢？

在西部探險者的指引下，摩門教徒終於找到了上帝應許的「聖地」——鹽湖城。當然，在當時，那裡不是城，就是一片鹽沼，完全看不出適合安居樂業。好在摩門教徒是可以開天闢地的，他們從山上引來淡水，改良土壤，居然讓這一片不毛之地煥發出了勃勃生機。

也許這真是上帝應許之地，本來鹽湖城只是摩門教徒世外桃源的修行地，能養活大部分教徒就不錯了。幸運的是，突然加州就發現了黃金，突然東西的交通特別重要了，突然，被摩門教徒建設得挺方便的鹽湖城小鎮就成了進入西部的重要路口！就這樣，鹽湖城發長為繁華都市。

城市大了，外來的人口也多了，非摩門教的教徒當然也都來了，聯邦有必要對這裡正規管制了。摩門教徒願意加入聯邦，並要求一片很大的土地建州。對於這個教派依然存有顧慮，聯邦只能同意劃一小片區域，比周邊的州都小，按當地一個印第安部落，稱之為猶他州，這已經是一八九〇年的事了。加入聯邦不是沒有條件的，摩門教徒必須放棄一夫多妻制。現在，雖然是大部分教徒們都放棄了這個「教義」，但還是有些信徒糾結不放，每年似乎都有摩門教引發的這一類問題。

摩門教對美國西部的格局影響不僅僅在猶他州，一八五四年，為了對西部地區傳教，幾個摩門教徒穿越沙漠在一個綠洲裡停駐，隨後，他們本著摩門教開疆闢壤的精神，將綠洲建設成興旺的小鎮，這片沙漠明珠就是現在的拉斯維加斯。有了拉斯維加斯，摩門的傳教士們就可以穿越內華達的沙漠進入加州，一直走到太平洋岸邊，走出一條著名的「摩門通道」。

現在的摩門教早就洗掉了邪教詆毀，作為第一個在美國本土誕生出的宗教，現在它發展壯大，在全世界有千萬信眾，反而在美國發源地只有六百多萬信徒。聽上去雖然人不算多，但幾乎都是精英，在政商界地位顯赫，除了羅姆尼，原來的駐華大使洪博培，以及著名美國暢銷書《暮光》的作者史蒂芬妮・梅爾都是摩門教徒。想想他們在顛沛流離中表現出來的堅持和堅強，以及他們不可阻擋的開拓精神，成功是非常自然的結果，這一點，他們與猶太人非常類似。

二十、文化的獨立運動

鄉音無改

相比較美國建國大半個世紀的各種成就，可能對美國人來說，最了不起的，是終於形成了屬於美利堅民族的語言，也就是我們現在常說的美式英語。

美式英語的形成原因非常容易理解，清教徒在新大陸落地生根，很多新事物是他們從沒見過的，大英的百科全書或是詞典上也找不到，殖民者為了生活方便必須為之取一個大家都能懂的新名字，其中大部分，應該是參考了印第安人的叫法。現在美國五十個州，超過一半的州名就來源於印第安語。

除了印第安人，新大陸吸引了絡繹不絕的歐洲各國移民，各種語言很難不交互影響，比如boss（老闆）這個詞就是荷蘭語，spuke（鬼魂）源自德語，cache（地窖）是法語，hicienda（種植園）是西班牙語，也不要忽略來自非洲黑人的貢獻，buckra（白人）這個詞，就是他們經常說的。

在形成期的美利堅版圖上，沒有文化中心，沒有文化權威，華盛頓雖然是首府，也並沒有讓其他州仰視的地位，沒有任何一種說法或者是口音是可以引導整個大陸的，華盛頓口音也算不得什麼

「官話」，美式英語是美國人不斷向西擴張中，口耳相傳被逐步建立發展起來的，這就決定了，美式英語，首先是以口語為基礎的，那就別指望這種「新語言」還能夠嚴格地遵從來自英格蘭的苛刻語法和使用方式。

外國人學習美語時，經常會為花樣繁多的各種俚語頭痛，俚語似乎已經成了美語的一個特色。「俚」這個字，在咱們中文的字典裡，最常用的解釋就是民間的、通俗的，可以引申為不正式甚至不文雅的。將美國英語中的一些口語詞彙定名為俚語（slang），似乎也說明了這些新晉的殖民地英語詞彙在大家心目中的看法。

美語中，「OK」這個詞應該是地球上被使用的最廣泛的一個詞彙。而這個熱詞的起源依然是美語文化中一個未解之謎。

有兩種說法比較靠譜，第一是來自第八任美國總統范布倫，他在參選總統時，他的團隊成立了一個Okay club來支持他，OK這兩個字母源於范布倫的出生地Old Kinderhook（老肯德胡克地區）。

第二個說法是認為跟第七任的美國總統老山胡桃傑克遜有關，傑克遜曾經是法庭文書，他審核過的記錄如果沒有問題，他就批上OK兩個字，表示Oll Korrect（All Correct）。傑克遜雖然後來一直否認他這樣寫過，但當時還是有人以此攻擊他，顯然他是寫了錯別字。

雖然如今美國已經成為第一超級大國，地球霸主，並以強大的壓力向全世界輻射自己的文化，很多老派英國人還是認為美語就是一種郊縣腔，上不得檯面的。好在美國人從來是不計較來自沒落母國的看法。一八二八年，生於美國本土，在耶魯接受教育的地道美國佬諾亞•韋伯斯特，編撰出了兩大本厚厚的《美國英語詞典》，收列了五千多個英語詞典從來沒有過的詞彙，到一八四〇年，編修後的《美國英語詞典》增加到七萬個單詞，隨著後來的不斷增加，這部《美國英語詞典》終於躋身《牛津英語詞典》的身畔，成為英語詞彙的另一個權威，也同時讓美國英語——美利堅民族自己的語言正式宣告誕生了。從此後，牛津腔英語似乎代表著學院古老保守，而美國英語則代表著隨性時尚和朝氣，彷彿也就是這兩個國家的狀態。

雖然英美的語言原是一體，但有部分現代美國人表示，英語已經聽不太懂了。倒是越來越多的英國明星逆襲好萊塢成功，成為賣座大腕，而他們的口音似乎是重要因素之一，根據角色設定，說英式英語的人大都是高雅性感還有文藝範兒的，就算反派，也是邪魅狂狷那種，絕對不會蓬頭垢面歪瓜裂棗，這是個很奇怪的現象。

俺們屯裡的文化人

按人類發展的規律，有了屬於本民族的文字，自然就會產生屬於本民族的文學。十八至十九世紀之交，歐洲已經閃耀過的文學巨星，我們就不用再回顧了，反正咱們的主人公老山姆家此時是沒什麼特別值得閱讀的東西，之前那些《聯邦黨人文集》啥的，我相信很多人是用來催眠的。

美國是教徒為主的國家，生活是去娛樂化的，喝酒打牌固然是「有罪」了，就是讀小說看畫報也要小心，既然已經有了《聖經》，大家還需要閱讀其他東西麼？

不管美國人看不看小說，英國的小說是挺發達的，好在大家都是使用英文的，所以英文書籍進入美利堅總要影響一些技癢的寫手。

那陣子英國最流行的作家是沃爾特・司各特。出生於蘇格蘭的司各特原本是個詩人，可惜生不逢時，老楊在英國卷裡的說法，很多人不幸，是因為活在了拜倫的時代，不論男女。司各特自知，在寫詩這個業務上，他再努力，也越不過拜倫這座巔峰了，所以趕緊轉行，開始寫小說，主要是歷史小說。

在當時，不論是英倫三島還是美利堅，小說的地位都不算高，但司各特的著名作品《韋弗利》僅在美國就出版銷售了二十萬冊，此時的美國，全部人口才六百萬。

美國最早的本土作者率先受到司各特的影響，最明顯的就是華盛頓・歐文。

歐文出生於十八世紀晚期，從小喜歡讀書，尤其崇拜司各特、拜倫等人物。年輕時，歐文遊歷了歐洲主要國家，在一八〇九年寫出了《紐約外史》。

根據當時英國人的說法，誰會看一本美國人寫的書呢？美國人的書能寫些什麼呢？《紐約外史》真是一本美國書，講述的是荷蘭的殖民者在紐約的統治，是真實的美國故事有道地的美國風味。

既然我們現在會談到這本書，顯然它在當時是獲得了成功的。如果說萊克星敦是打響了美國獨立的第一槍，《紐約外史》就算是美國文學誕生的初啼了，巧的是，這兩種革命還都是華盛頓領導的。

《紐約外史》是歐文的曇花一現，他後來的作品大部分還都是以歐洲題材為主，讓他在歐美兩邊都贏得了極高的肯定，他是第一位被歐洲人認可的美國作家，按規矩，大家會稱他為美國文學之父。不過，這位美國文學之父並沒有堅定不移地將美國的本土風貌描述給歐洲人，他的地位有點兒值得商榷。

說到正宗的美國文學，我們都喜歡從詹姆斯・菲尼莫爾・庫柏開始。

庫柏是個在紐約州長大的富二代加官二代，他的父親帶著全家建設了自己的小鎮，小鎮旁邊就生活著印第安部落，為他後來的作品提供了素材基礎。

自己是個富二代，庫柏還娶了個富家千金，有錢又有閒的庫柏在三十一歲完成了第一部小說。跟歐文一樣，對自家的文化沒底，庫柏的第一部作品臆想歐洲貴族生活，寫出來不倫不類。他隨後端正了思想，開始從美國本地尋找靈感。

不久，庫柏的戰爭小說《間諜》問世，因為小說是講述獨立戰爭時的故事，接了美利堅的地氣，讓讀者接受了。受這個啟發，庫柏找到了更接地氣的題材——西部探險故事，並寫就了《拓荒者》一書。

美國人開拓西部的歷史，是全世界絕無僅有的探險故事，一旦打開這條創作道路，靈感一定會源源不絕，新奇而且獨特。

庫柏塑造了一位由印第安族撫養長大的白人英雄——納蒂・邦波，綽號鷹眼，也叫「皮裹腿」（印第安人打著裹腿）。以鷹眼為主人公，創作了五部長篇小說，一八二三年的《拓荒者》是第一部，其他四部分別是《最後的摩根戰士》（一八二三）、《大草原》（一八二七）、《探路人》（一八四〇）和《殺鹿人》（一八四一），五部小說被整合成《皮裹腿故事集》。

《皮裹腿故事集》講述了鷹眼冒險和戰鬥的一生，其背景，當然是美國從建國到西部拓荒這段瑰麗的歷史。

鷹眼的故事中，以《最後的摩根戰士》最為大家熟悉，也被認為是小說系列中最好的一部。故事發生在英法戰爭的第三年，北美的印第安人繼續愚昧地分幫站隊幫助自己的敵人，有些印第安部落幫助法國，有些印第安部落幫助英國。不管幫那邊，很多印第安部族都凋敝得差不多了。鷹眼此時已經是英軍的偵察員，他和摩根酋長父子倆穿梭在哈德遜河畔的密林中，打探法軍的消息。摩根部落，也就只剩下了酋長父子倆。一位英軍的少校要護送兩位美麗的英國小姐到她們父親駐守的要塞去，誤信了一個休倫族（支持法國的）的印第安導遊，走進歧途，遭遇危險。

鷹眼帶著摩根酋長父子解救了英國少校和兩位少女，一行六人向要塞進發，沿途有各種見聞、衝突、還要戰勝各種困難。到了要塞後，又發現法軍正在圍攻，鷹眼和摩根人加入了戰鬥。最後經過一場慘烈的大廝殺，女主角和酋長的兒子慘死，摩根部族只剩下酋長一人，而投靠法軍的「反派」——休倫族也被滅絕。

嚴格地說，作為一部世界名著，硬傷不少，有些情節也編得過火，但必須承認，作為一個殖民地闊少，庫柏在作品出表現出來對印第安族的同情是很可貴的。

除了對土著的感情，庫柏更強烈的，是表達對他生活的這片大陸的欣賞和敬畏，在他的文字中，對風景的描繪是不惜筆墨的，山脈巍峨，深谷幽翠，大河洶湧，小溪淙淙，這樣的環境中，有帥哥有美女，有跨越文化的愛情和血肉橫飛的廝殺，雖然大家都知道庫柏絕對沒有在印第安荒原耍過短斧子和匕首，完全是憑空編出來的探險，也是好看的。

庫柏塑造出了慷慨豪邁、激情熱血、追求自由還樂觀向上的西部英雄形象，並以此為核心開發出了美國文學最重要分支——西部文學。當庫柏的小說和他的西部英雄風靡美國，成為每個美國男孩的必讀作品後，這種性格特徵也在極大地影響著美國人性格的形成。我們甚至可以說，西部小說是美國精神的濫觴。

一八二四年，庫柏創作了一部描寫海上冒險的小說《舵手》，雖然沒有《最後的摩根戰士》有名，但著名作家、詩人木心給予這樣的評論，「凡英文寫海的作家，都以庫柏為領袖」。於是，美國文學的三個重要組成，革命歷史小說、西部探險小說、海上歷險小說基本都是由庫柏開宗立派的，庫柏才是名正言順的美國文學奠基人！

……牢門一下子從裡面打開了……到了牢門口，她用了一個頗能說明她個性力量和天生尊嚴的動作，推開獄吏……她懷裡抱著一個三個月左右的嬰兒……她的裙袍的前胸上露出了一個用紅色細布做就，周圍用金絲線精心繡成奇巧花邊的一個字母A……

稍微讀過些小說的人，對這個場景當不陌生，它出自美國名著《紅字》，作者是納旦尼爾・霍桑。

霍桑出生於麻塞諸塞州的賽勒姆市，這個地名在本書前面曾出現，十七世紀晚期，那裡發生了著名的女巫案，霍桑的祖父，曾是審判女巫的一名法官。父親早逝，霍桑在親戚家過了幾年寄人籬下的日子，後受人資助進入大學，畢業後在海關做小公務員。

出身於一個清教徒的家庭的霍桑，必須是個清教徒，但他這個清教徒的程度如何，就不得而知了。

霍桑在寫了幾部優秀轟動的短篇小說後，在一八五〇年創作了第一個長篇《紅字》。依現在的眼光看，《紅字》是個有點兒病態的虐戀故事：殖民地時代，海斯特是個高貴美麗的沒落貴族小姐，她嫁給了又老又醜的有殘疾還有錢的老學者奇林沃斯（別問海斯特為什麼嫁給奇林沃斯，在那個時代，女人總有無奈）。奇林沃斯預備舉家搬到波士頓，搬家途中，奇林沃斯被擄失蹤，音信全無。在殖民地，海斯特跟年輕英俊且前程遠大的牧師丁梅斯代爾相愛了，這種隱祕的禁忌之戀導致海斯特懷孕並生下了一個女嬰。

通姦罪主要問責男人，殖民地有關當局裁定，只要海斯特供出姦夫，並向牧師虔誠懺悔，可以考慮赦免。可面對刑獄和各種屈辱，海斯特頑強保持了沉默。即使她被判示眾，抱著孩子看著審判她的人群裡，等著她懺悔的那個「姦夫」。

海斯特拒不招供，坦然領下所有的罪責，她將終身佩戴一個「A」字，代表著她是個Adultery（通姦）的淫婦。海斯特用自己精湛的繡花技術，將一個考究精緻的「A」大大地繡在自己胸口，並帶著它住進郊外偏僻的茅舍，靠做手工安靜地撫養天使一般美麗的女兒。

奇林沃斯在海斯特受審這天回來了，他勒令海斯特保密他的身分，他要祕密查出讓他戴了綠帽的姦夫，並用自己的辦法報復。

海斯特受審，丁梅斯代爾也崩潰了，他不敢承認自己的罪孽，但無時無刻不在私下折磨自己的肉體，絕食，用鞭子抽自己，他還在胸口，烙下了一個「A」。奇林沃斯很快就感覺到牧師就是他的仇家，他開始用各種變態手段折磨這對可憐人。

在女兒珠兒七歲後，海斯特不忍看到丁梅斯代爾被奇林沃斯折磨，她提出一家三口私奔。丁梅斯代爾答應在新總督就職當日，他做最後一次佈道後離開。那一天，丁梅斯代爾以他淵博的知識和出眾的口才激情四溢完成了一次輝煌的佈道演說，信眾仰視他如同敬神，他的職業生涯走到了頂峰。

佈道結束後，丁梅斯代爾突然召喚珠兒和海斯特來到身邊，他走到七年前海斯特受刑的刑臺上，當眾承認自己就是當年的「姦夫」，並沉痛懺悔，他撕開自己的衣襟，露出胸口的紅字，而後心力交瘁倒地身亡。奇林沃斯生命的全部意義就是報復折磨海斯特和丁梅斯代爾，如今牧師經過懺悔而死，讓奇林沃斯的生命支撐立時崩塌，一年後他也死了，將財產都留給了珠兒。

在早期殖民地的清教徒社會裡，清規戒律是非常多的，清教徒生活的克己復禮，簡樸壓抑。從《紅字》開篇時，圍觀群眾的言行來看，這些自以為蒙主恩寵的人，生活中更缺少陽光。

《紅字》中，海斯特顯然是個完美形象，霍桑塑造這樣一個帶著「罪」而完美的女人，似乎是對清教徒社會的某種抨擊。其實，霍桑並沒有擺脫清教徒家庭帶給他的桎梏。整個小說的設定中，霍桑認同海斯特是有罪的，但她拼著自己的堅忍和努力，完成了自我救贖，不管周邊對她多少侮辱多少白眼，她一直友善地對待那些憎惡她的人，直到她的努力終於讓她重新贏得尊重，她胸口的「A」不再代表通姦，而是象徵著能幹（Able）和天使（Angle）。

而牧師呢，在小說的大部分，他都是個無能的孬種，讓人就懷疑，海斯特怎麼還能如此癡戀他。可在最後的懺悔後，拉開衣襟露出「紅字」的一剎那，他也完美了，讀者和上帝都原諒了他。

所以，《紅字》是一部特別能代表霍桑糾結心態的作品，一方面，作者已經意識到，清教倫理對人性是個極大的束縛，必須批判；可另一方面，他潛意識裡還是認同清教的道德觀，執著於原罪和贖罪的宗教信條，除了給可憐的珠兒一個美好的結局，霍桑對於他自己的矛盾心態和現實也表現出了無可奈何的悲觀。

十八至十九世紀，歐洲的浪漫主義大行其道，霍桑的出現，基本算是讓美國文學趕上了歐洲的潮流。霍桑的浪漫主義更高階，他被稱為是「象徵浪漫主義」大師，因為他的作品大量使用象徵手法。就算讀者看小說完全不動腦筋，也都能感覺到，《紅字》這部小說裡，藏了很多明喻、暗喻、象徵的手法，最明顯的，就是文章中多次反覆出現的「A」。象徵手法的小說最具娛樂性，可以讓很多文學評論家閒著沒事找謎底玩，不怕累的話，可以讓整本書每句話都是謎面，所以，史上研究《紅字》揣度霍桑心思的文字，可比霍桑自己的作品多得多了。

霍桑可以當之無愧被稱為大師，作品不少還風格各異，除了象徵主義，在心理描寫方面，也開了美國文學的先河。

虐戀和西部風情英雄救美，聽起來都不錯，但老楊最偏愛的還是偵探懸疑類的作品，我經常告誡自己要鍛鍊身體，力保長壽，因為「坑爹」的《名偵探柯南》還沒有結局呢！

一個日本偵探幹嘛叫柯南，真相只有一個，作者要致敬英國的懸疑小說家，柯南・道爾，世人誰能不愛福爾摩斯？

老楊也愛福爾摩斯，但更愛十九世紀美國的作家愛倫・坡，而且我總認為，是愛倫・坡一手創造了福爾摩斯！

埃德加・愛倫・坡，生於一八〇九年，死於一八四九年，人生的主要歲月以賣文字為生，活得亂七八糟窮困潦倒。

埃德加的親生父母是一對英國演員，父親在他一歲時離家沒了音信，母親不久死於肺病，他被一個蘇格蘭商人愛倫收養，名字變成了埃德加・愛倫・坡。

養父母對養子的愛是帶著情緒化的，高興時就寵溺，不高興時就漠視。愛倫・坡幼年時跟隨養父母在蘇格蘭和倫敦等地遊歷，最後又回到了美國。養父的生意情況不太穩定，愛倫・坡進入維吉尼亞大學就讀後，無法收到全額的學費生活費。愛倫・坡不勤工儉學，倒是學會了賭博，落下大筆賭債，養父更不願意替他償還債務，一年後愛倫・坡就輟學了。

生活所迫，愛倫・坡只好去當兵，養母死後，養父跟愛倫・坡緩解了關係，幫助他退伍，進入了西點軍校深造。

人生遭遇坎坷，愛倫・坡的性格不會太隨和，年輕氣盛時，喜歡惹是生非。他語言文字天賦過人，之前已經正式出版過頗受好評的詩集，進入西點後，炫耀才情，喜歡寫滑稽詩諷刺教官和學校，居然讓其他同學很崇拜。當然，他這麼鬧，也如願以償地再次被西點開除。

軍校裡不光是同窗之誼戰友之情還有粉絲之愛，愛倫・坡的西點同學居然湊錢資助他出版了第三本詩集，裡面就有愛倫・坡著名的詩篇《致海倫》。

此後愛倫・坡就開始嘗試職業作家的生涯，在美國歷史上，他是第一個想用寫文章糊口的人，可惜這位大哥酗酒好賭，而且，根據當時那個版權保護的狀態，就是當個啥惡習都沒有的作家，也很難吃飽。

掙錢不多並不妨礙愛倫・坡生活精彩，二十六歲那年，他第三次結婚，娶了自己的表妹維吉尼亞，表妹十三歲！在愛倫・坡的各種好壞名聲中，又多了一項：蘿莉控。

讓愛倫・坡大紅的是長詩《烏鴉》，發表於一八四五年的《明鏡晚報》。烏鴉這種動物，不管在哪種文化裡都代表不祥，總是跟死亡相隨。愛倫・坡的長詩，描述了一個驚悚片的場景：蕭瑟的冬夜，爐火明滅，紫色的窗簾在搖曳，一個男人困頓地翻著書頁。這時，寂靜中響起叩門聲。打開門，門外除了風什麼都沒有。男子以為是他死去的愛人來探望，他低聲呼喚，只收到黑夜裡的回聲。這時，突然飛進來一隻烏鴉，它陰森森地停駐在門頂的雅典娜半身像上。孤寂的男子認為烏鴉可能帶著另一個世界的消息，想跟它溝通，他與烏鴉展開了一段關於生與死、聚與散、痛與傷的對話，烏鴉從頭到尾只回答了一句 Nevermore（永遠不再）。

老楊的英文水準，僅僅限於將這首長詩看懂，體會不到更深層的傷痛和美感。從網上找到一個朗誦版，靜靜地聽了一次後，這個黑夜的畫面會在眼前緩緩展開，它是僻靜的、孤獨的、陰冷的、抑鬱的更是痛徹心扉的。

愛倫・坡的詩歌首先勝在技法，他熟練地使用英文詩歌的格式和韻律，《烏鴉》這首詩朗誦起來有音樂的旋律，而這種黑色陰暗驚悚的表現方式，使之成為一種哥德式音樂，愛倫・坡是哥德風詩歌的開創者。詩中大量的象徵暗喻手法，似乎比霍桑的《紅字》更適合猜謎，愛倫・坡當然也是象徵主義的重要代表。

愛倫・坡命運多舛，飽經離喪，幼時喪母，暗戀的女人、姨媽、養母都先後離去，當他覺得表妹是生命中唯一的一道陽光時，結婚剛七年的維吉尼亞也染上了肺病——一種專門奪取他身邊女人的疾病，愛倫・坡知道，維吉尼亞也會終告不治，《烏鴉》就是誕生在這種情緒中。

《烏鴉》的成功對愛倫・坡的財政狀況沒有任何改變，一八四七年，維吉尼亞死去。兩年後，愛倫・坡在失蹤了幾天後，突然神智不清地出現在街頭，表情痛楚，說話含糊，不知道穿了誰的襤褸衣衫。他反覆念叨著一個人名：Reynolds（雷諾茲），一直成謎。

一八四九年十月七日早晨，愛倫・坡逝世，留下的遺言是：請上帝拯救我卑微的靈魂。

上帝沒有可憐他，活的時候窮困潦倒，死後也沒有安寧。他的敵人，某個編輯文學評論家，想盡辦法玷污愛倫・坡的名聲，甚至用捏造的資料出版了愛倫・坡的傳記，將他描述成一個酗酒、吸毒、怪誕下流胚。傳記居然還賣得非常不錯。

寫書詆毀死人是很容易的，因為死人不能為自己辯白。可愛倫・坡不受影響，對他的讀者來說，如果愛倫・坡是個很正常很陽光很正能量的人，他寫的東西，就不太有說服力了。

前面說到，老楊認為，是愛倫・坡一手創造了福爾摩斯，為什麼這麼說呢？

除了詩歌方面的成就，愛倫・坡大約寫了六十部左右的短篇小說，大約可以分為冒險恐怖小說、罪案推理小說和神祕懸疑小說三類，看看這些小說的類型，讀者還能要求愛倫・坡是個陽光少年麼？

愛倫・坡統共寫了五部罪案推理小說，這五部小說就成了推理小說界的寶典，它建立了推理小說的基本寫作方式和五大推理形式，到現在為止，推理小說再創新似乎也沒有超出這五大公式構建的框架。

首先，愛倫・坡塑造了一個叫杜賓的偵探，他智商卓絕，觀察力超人；杜賓身邊有個朋友，對杜賓的一舉一動是不明覺厲（雖然不明白在說什麼，但覺得好像很厲害的樣子。「雖不明，但覺厲」的縮句。），懷著崇拜之情記錄他的思考推演過程；必須還要有個在辦案方面不算太靈光的員警，偶爾需要藉助外腦的說明。看到這個配置，大家的腦子裡第一時間想到的應該是福爾摩斯、華生和蘇格蘭場的雷斯垂德探長。

杜賓的第一個故事，是發表於一八四一年的《莫格街謀殺案》，講述了一個密室殺人案。

第二部故事是發表於一八四二年的《瑪麗・羅傑疑案》，在這個故事裡，杜賓沒有勘測殺人現場，僅通過報紙上對殺人案不同角度的報導，就推理出了真凶。這種不去現場，根據已知條件純推理的辦案方法，有個專業名詞叫「安樂椅偵探」，顧名思義。

二〇一一年，日本有部很火的電視劇《推理要在晚餐後》就是這種模式。而據說愛倫・坡是根據真實案件寫下了這部小說，雖然後來還是沒有抓到凶兇手，當事人和警方都說「杜賓」的推理基本是正確的。

第三個故事發表於一八四三年，《金甲蟲》。愛倫・坡用這部小說參加了一個徵文比賽，獲得一百美元的大獎，這恐怕是他寫作生涯裡最大的一筆稿酬了。金甲蟲是一個密碼解密而後發現寶藏的故事，密碼探祕的故事幾乎被後人寫爛了。

第四個故事是一八四四年的《你就是凶手》。案件一發生，作者就用各種方法影射了第一嫌疑，讀者的思路被帶走，也認定了作者指向的凶嫌，最後發現凶手是大家完全不會想到的人，真凶是通過死者「復活」指認，驚嚇招供的。這種心理戰的模式，在各種罪案作品中屢見不鮮。

第五個故事也在一八四四年，主角還是杜賓神探，關於一封《失蹤的信》，情節很簡單，講述了心理盲區的事，一言以蔽之，眼皮子底下的東西反而最難找。英國新版的《神探夏洛克》中，愛琳初見福爾摩斯時，全裸出現，而後在福爾摩斯要打開愛琳的保險箱時，他意識到，愛琳已經告知了他保險箱的密碼，也就是她自己的三圍。

柯南・道爾說「在這條狹窄的小路上（指寫推理小說），一個作家必須步行，而他總會看到在他的前面有愛倫・坡的腳印。」如果讀者是熟讀了這兩個人的作品的，應該會感慨，柯南・道爾哪裡是踩著愛倫・坡的腳印在行走，他簡直就是偷了愛倫・坡的鞋子！

公平地說，愛倫・坡創造了推理小說這個模式，但的確是柯南・道爾將其發揚光大了，不管是故事情節還是人物塑造，到福爾摩斯時，都豐富了很多。可作為公認的文字精緻，語言優美的大文豪，愛倫・坡作品中表現出的文學性，是柯南・道爾不可企及的。有人說，愛倫・坡寫小說都帶著詩歌的意境和美感（當然他的美感大都是些黑色的抑鬱美），所以，柯南・道爾算是通俗作家，而愛倫・坡絕對是文學家！

對於愛倫・坡一輩子的成就來說，推理小說還算不得是頂點，公認他的恐怖小說寫得更好，沒有一個字的裝神弄鬼，文字舒緩平靜，可讀完就是不寒而慄。比如世界文學名著《黑貓》，這篇小說發明了一種殺人拋屍方式——將屍身砌進牆裡！天曉得愛倫・坡這夥計每天心裡在想啥。

愛倫・坡在二十世紀才洗刷了惡名，獲得「昭雪」，而後火箭般竄升到美國文壇的頂點，現在人送給他的桂冠，他的腦袋絕對不夠戴：偵探小說的鼻祖、恐怖小說的大師、科幻小說的開創者、哥德風的最佳代表、唯美主義、象徵主義、浪漫主義他通通是中堅人物，更不用說，在文學評論和詩歌寫作方面，他還確定了某種標準。蕭伯納認為，美國文壇只有兩個大家，愛倫・坡和馬克・吐溫！

愛倫・坡死後近一百年後，從一九四二年開始，每年愛倫・坡的誕辰，都有一個帶著頭巾披著斗篷的神祕人出現在愛倫・坡墓前，他會帶一瓶白蘭地，自己喝一口，剩下的和三支玫瑰留在墓前。神祕人的神祕祭奠堅持了六十年，直到二〇一〇年，終於有好事之徒想把此人當場抓住，揭破真身時，神祕人就不再出現了。

後世被愛倫・坡影響的作家不止柯南・道爾一個，懸疑電影大師希區考克也是愛倫・坡的追隨者，好在愛倫・坡雖然窮，留下的鞋子不少，只要你敢穿，就能穿上走下去。

在歐洲幾卷中，介紹文化歷史時，最不能忽視的就是哲學這個範疇。十九世紀初，歐洲文壇似乎認可了美國的幾個作家作品，但對於哲學這種高大上的問題，歐洲的態度是很明確的，美國哪有哲學家啊？

有沒有哲學家，首先看看有沒有屬於本土的哲學思想。十八世紀初歐洲開始啟蒙運動，到這個世紀之交時，基於啟蒙運動和法國大革命的影響，歐洲哲學一會兒唯心，一會兒唯物，又有存在主義、實用主義、馬克思主義各種主義，看著一個比一個艱深。這些艱深的字眼，生活在美利堅鄉下的老鄉怎麼看呢？

十九世紀初，美國的知識份子自立自強自尊自愛，他們開始考慮，除了國家要獨立，一定要有屬於美國大陸自己的思想體系。只是歐洲的哲學家太強大，對美洲的輻射太強，美國人的思路很受壓制。只有康德、黑格爾、謝林這些大拿說出來的，那才是哲學嘛！

好吧，既然想不出新的，我們就嘗試在歐洲現有的主義上拔高，超越，好在哲學這東西，有的時候跟玄學真假難辨。

新英格蘭地區的知識份子提出了「超驗主義」。拿這四個字問百度，收穫的答案可難懂了：主張人能超越感覺和理性而直接認識真理，強調萬物本質上的統一，萬物皆受「超靈」制約，而人類靈魂與「超靈」一致。超驗主義者蔑視外部的權威與傳統，依賴自己的直接經驗，強調人的主觀能動性。

看不懂？換成中國話就懂了，就是萬物有靈，人可以靠著自己的修行達到天人合一的境界（這是要修道啊）！

提出這套「玄學」理論的，我們姑且稱他為美國的本土哲學家——拉爾夫・沃爾多・愛默生。

愛默生是個牧師的兒子，長大後子承父業也是一個牧師。不過，他很快發現，除了讀聖經佈道，他應該有更全面的東西分享給美國人。

還俗後的愛默生致力於一件事，就是讓美國的文化和思想徹底獨立。且不論他的超驗主義在歐美的哲學體系中地位如何，他至少有兩個出發點，塑造了真正的美國精神：一，他堅信就算美國沒有歐洲那樣古老的歷史，依然可以建設出屬於美利堅民族的藝術輝煌；二，人要充分相信自己，通過自我的努力和完善，達到某種高遠的目標。

愛默生是真正美國化的學者，他喜歡演講，善於演講，所以當他著書立說時，他的文字更傾向於讓所有的人能聽懂，這也算是打造了美國文學的一種特質。

一八三六年，愛默生出版《論自然》一書，講述了超驗主義的思想，雖然這個「主義」一直沒有系統的理論，但它仍然吸引了不少美國本土學者的擁護。第二年，愛默生在哈佛大學演講，主題是「論美國的知識份子」，被譽為是美國知識界的獨立宣言。

《論自然》一書沒有被完備地保存，現在只剩殘篇。以至於要了解超驗主義，最佳的讀物就是《瓦爾登湖》。

一九八九年三月，作家海子臥軌自殺，隨身攜帶了四本書，引發很多人對他意圖的猜測，其中一本，就是《瓦爾登湖》。不知道是不是幾年前的海子熱，順便帶熱了這本書，當時在機場、星巴克等「高檔」地方，該書出現的頻率非常高。有一次飛往北京，延誤無聊，老楊也買了一本跟風媚俗，在飛機上一口氣讀完，掩卷歎息：真是本好書，即使變成另一種語言，還能感覺到她的美。

亨利・大衛・梭羅，出生於麻塞諸塞州的康科特城，這裡也是愛默生和他的超驗主義的中心。

梭羅來自蘇格蘭清教徒的家庭，畢業於哈佛，曾經是愛默生的助手兼弟子，深受導師影響。

一八四五年七月到一八四九年九月，梭羅在康科特森林瓦爾登湖畔用斧子搭建了一個棚屋，自給自足，過了兩年神祕而招人非議的「隱士」生活，並以此經歷寫成長篇散文《瓦爾登湖》。

讀《瓦爾登湖》容易魔怔，如同一些俗氣的飲品廣告，在酷暑的夏日裡揮汗如雨，一口不知道什麼的飲料喝下去，周遭立時變成了森林和清溪，人也立刻精神了。打開《瓦爾登湖》，你會沉浸在一種畫面想像中難以自拔：小山腰，森林邊，一座小木屋，木屋旁是蒼松和山核桃林，屋門口有條窄窄的小路通向湖邊；小路兩邊有精細的小花，到秋天掛著會閃光芒的野櫻桃；鷹在半空盤旋，野鴿子在視線裡亂飛；屋裡的人早起發現地板髒了，就將家具搬出來，順便曬曬被褥，用白細沙將地板掃乾淨；忙完家務就去砍木頭、種豆子；黃昏時，到湖上泛舟吹笛，有幾條鱸魚在船邊遊弋；晚上回到木屋，桌上擺著一本《伊里亞德》。

這不是「隱居」，這是神仙過的日子！老楊讀時神往了很久，幸而及時想到，蚊叮蟲咬，沒有網路的日子，一點不神仙！

從文學和哲學的角度看《瓦爾登湖》，它是超驗主義的經典，但似乎在如今這個社會狀態下，更有意義。首先，工業科技的快速發展，已經犧牲了環境，《瓦爾登湖》描述的靜謐純淨，只能去十九世紀的讀物中尋找了；隨著物質財富的不斷增加，人類正在失去自由，離開中央空調、汽車、電腦、網路的我們，寸步難行；人在對功利的追求中，精神日益枯萎，每天想的不過是房價漲了、油價漲了、肉價漲了，錢怎麼總不夠用呢？就算真看到了青山綠水的瓦爾登湖，估計很多人第一時間考慮的是，如果開發出來做農家樂，應該很賺錢吧！想到這些，似乎突然明白了海子的離去，不知道此時此刻，他有沒有找到他自己的《瓦爾登湖》……

超驗主義講究天人合一，人與自然和諧共存之美，但也有人認為，對待自然，尤其是暴風驟雨，邪惡難測的大自然，人類必須戰勝而且征服，哪怕付出自己的生命。這個題材來自十九世紀中葉的美國作家，赫爾曼・梅爾維爾的《白鯨記》，講述了一個有點偏執的船長，被一條白鯨咬斷了腿，他憋著復仇之火，滿世界尋找那頭仇家，終於同歸於盡，大仇得報的故事。

且不說人和一頭鯨魚這麼較勁是不是不健康，從小說的角度看，描寫大海上的各種探險，和捕鯨這個高危行業的種種，聽上去還是挺刺激的。《白鯨記》在當時沒有引起轟動，到二十世紀才被重視，大約是因為這是一部百科全書式的浩大作品。劍橋文學史稱之為「世界文學史上最偉大的海洋傳奇小說之一」。英國的毛姆更是將其定義為唯一能進入世界名著前十的美國作品！

除了以上密集爆發的文人，美國文化還有其他的亮眼風景，美國誕生了有濃郁的美利堅風情的畫家和畫派。

對繪畫來說，美國有先天的優勢，那就是取之不絕的自然奇景，歐洲隨處可見的精美鄉村，整齊城鎮，喧鬧人群，美國人不稀罕，他們有歐洲人想都想不到的大氣景致，大山大河，無邊荒原。

十九世紀早期，哈德遜畫派誕生於紐約，那時的哈德遜河谷，人煙稀少，景色天然，落在畫上，有種蒼涼之美。後來這些畫家發現，深入西部，有更宏偉的畫面，大峽谷、洛磯山脈、黃石山區都為他們提供了無限靈感。美國本土的風景畫，可能沒有歐洲浪漫主義、抽象派之類的講究，可就是精準地描繪了本土的自然景色，讓美國人很喜愛，流傳了全國各地。

二十一、湯姆叔叔的小屋

老楊每次打開電視，必須抱怨：現在的電視劇一天到晚就是男男女女家長里短這點破事！我抱怨完，就會想到，兩百多年前，有個跟我一樣抱怨的傢伙，他就是霍桑。他抱怨的是：美國如今的讀者，就是為那些胡編亂造的女人著迷！

這種霍桑鬱悶存在於所有十九世紀早期的男作家心裡。現在我們說到十九世紀的美國文學，前面那幾位爺都被捧上天，可如果真要以市場和銷量論英雄，這幾位大師、文豪統統笑話。霍桑的《紅字》，講述牧師通姦的故事，夠悚動了吧，費好大勁賣掉了一萬本，也號稱是暢銷書了。可跟他同時代的部分女性作家，隨便一出手，就有幾萬甚至幾十萬的銷量。

十八至十九世紀的美國，是女性作家的天下，她們的作品，有個學名叫「情感小說」，說白話就是「言情小說」。

那個時代的美國，工農業都快速發展，社會經濟也突飛猛進，男人們是很忙的。下層男人，為生計打拼，中層男人，為小康打拼，高層男人，為地位打拼，不打不拼的時候，要關心政治，考慮選情，更閒的時候，大部分有點閱讀能力的男人，肯定是首選來自歐洲的「高端」讀物，不管什麼時候哪個國家，你在路邊咖啡店坐著，不拿本高大上的書，怎麼好意思跟人打招呼。

男人忙，女人也忙，但女人的忙有點單調。那個時代的美國女人，不管出身如何，一嫁人，必須相夫教子打理家務。如果還有清教徒的規矩限制，女人們只要一嫁人，跟軟禁區別不大。大部分白人婦女，實際上並不需要掃地做飯帶孩子的，有黑奴傭人幫忙，這些中產女人，養尊處優，一天閒著發慌，看小說是最大的娛樂，讀者群是巨大的。

居家女人愛看什麼？家長里短、婆婆媽媽、雞毛蒜皮，當然還有男歡女愛。如果再考慮宗教背景下，大部分女人的虔誠心態，那些帶有慈善性質，充滿社會關愛的言情小說，則算是昇華了。主人公最好是女人，出身良好，家道中落，美麗非凡，略有才情，通過自己的努力，尤其是善行感動周邊，收穫愛情，最後重回錦衣玉食的生活，這是主要題材，三角戀之類的也不能少。文字上走明媚憂傷體的路子，悲傷如果逆流成河，則更感動無數讀者，這類東西，大部分時候是女人能寫得更順手。所以十九世紀的美國暢銷小說，都是些女人寫給女人看的東西。

老楊絕對沒有看不上女性作家的意思，因為這個時代，奧斯丁、勃朗特姐妹正在歐洲文壇緩緩上升，她們的地位，是任何一位男作者都不敢貶低的。而嚴肅藝術總是被通俗藝術逼入冷宮，這在任何時代都不稀奇。

介紹暢銷書作家，就從最暢銷的那本開始——《湯姆叔叔的小屋》，當年銷售了三十萬冊，流傳到英國後，一年售出一百二十萬冊！放在今天，也是超級暢銷書。

作者哈里特·伊莉莎白·比徹·斯托，習慣稱之為斯托夫人。她出生於一個牧師家庭，成人後嫁給了神學院的教授，也是個牧師，所以她的一生都生活在濃郁的宗教環境中，她嫁的斯托教授，是個比較激進的廢奴主義者。

斯托夫婦居住在俄亥俄州的辛辛那提，隔著俄亥俄河，對岸就是肯塔基州。肯塔基是蓄奴州，俄亥俄是自由州，俄亥俄河就成了分界。

一八五〇年，美國國會頒布《逃奴法》，規定各州都有緝拿逃跑奴隸的義務。這項法案讓南方黑奴的北逃由地面轉入地下，南北間出現了許多祕密地道——「地下鐵路」。從肯塔基州，只要越過俄亥俄河，就到了「解放區」，自然有支持廢奴的善心人士接應救助。

斯托夫婦就是善長仁翁之一。逃過來的黑奴講述了自己在種植園的遭遇，斯托夫人也親身到肯塔基的莊園參觀過黑奴的生活。因為斯托夫人之前一直為雜誌撰稿，也寫過不少有影響力的小說，所以當有人建議她，寫一部反映黑奴的生活，呼籲解放黑奴的作品時，她很快就完成了創作。

《湯姆叔叔的小屋》幾乎翻譯成了世界上所有的文字，相信老楊的讀者都已經讀過。它講述了一個黑奴湯姆被原來那個還算仁慈的主人賣掉後的種種遭遇。湯姆不僅是能幹親切的奴隸，更是虔誠的基督徒，不管遭遇任何苦難，他都不放棄自己的信仰，最後甚至付出自己的生命。

不管小說被拔高到什麼位置，《湯姆叔叔的小屋》在整個情節結構上，並沒有超脫出當時家長里短的情感小說的局限，看文字和對白，總有囉囉嗦嗦的感覺。它的價值在於，黑人的苦難，被一個女人，尤其是一個牧師太太寫出來，就有一種極度傷感的悲憫情懷，更可信更有說服力。而湯姆作為一個忠誠的奴隸，虔誠的教徒，最後以「殉道者」的姿態死去，更增加了悲劇的力度。

小說最初只是在一本反蓄奴的週刊上連載，因為太受歡迎，於是在一八五二年整書出版，創下了當時小說銷量的紀錄。

南北雙方對小說的反應各不相同，北方反蓄奴派當然是發現，這本書將成為對付南方的利器，尤其是小說進入歐洲也成為暢銷書後，南方奴隸主的形象極為惡劣，北方廢奴主義者佔據了道德的制高點。南方激憤了，他們質問斯托夫人：你見過幾個奴隸主？你到過幾個莊園？你認識幾個黑奴？當然還少不了，你一個女人家摻和這些事幹嘛?!

小說的真實性最遭質疑，斯托夫人一輩子也就去過肯塔基一個蓄奴州，似乎真算不得調查了解得比較透徹。為了反擊南方，斯托夫人在弟弟的幫助下，整理梳理了媒體上來自南方的各種案例，真實故事，編成兩百多頁的《湯姆叔叔小屋的鑰匙》（A key to uncle Tom's cabin），也就是俗稱的《××解密》之類的東西，在一八五三年出版。這本「解密」的主題思想就是：你認為我誇張了，其實真實情況比我寫的還慘呢！這本「解密」也成為當年的年度暢銷書！

一本書紅到這個程度，它就不是一個暢銷書的問題了，它是個一個社會文化現象，而且肯定跟當時的局勢息息相關。

一八六二年，斯托夫人見到了當時的總統林肯，據她後來說，林肯總統當時稱她為：寫了一本書發動了這場戰爭的小婦人！

大戰是不是因為一本小說開打的，不好分析，不過，小說發表後不久，大戰是實實在在地開打了！

二十二、無法妥協

大荒野

從墨西哥手裡搞來大面積的國土，分明是件大好事，可把美利堅政府愁得夠嗆。比如加利福尼亞，從淘金熱開始，這裡就是全球熱土，吸引了三教九流各路人馬逐鹿，無法無天的狀態令人髮指。若沒有官家約束，後果堪憂，聯邦政府希望加利福尼亞地區能夠快速建州，納入聯邦的管理體系。

老問題又來了，未來的加州允許不允許蓄奴?!波克爾總統實在煩不過這個問題了，一八四九年，他拒絕了連任競選，第一次參選時的承諾都實現了，不用再來四年證明自己，或者說折磨自己，他非常清楚，他任內收來的那些土地，蘊藏著巨大危機。

墨西哥戰爭中表現醒目的老軍頭泰勒將軍代表輝格黨入主了白宮，他請求加利福尼亞能以自由州的身分入聯邦，南方人當然不幹，如果加州是自由州，那以後的新墨西哥、奧勒岡、猶他州都是自由州了，廢奴的問題就可能隨時在國會被通過，南方種棉花的還活不活?好吧，逼急了，我們南方就脫離聯邦!老軍頭泰勒行伍出身，最不怕威脅，他也放狠話，南方如有異心，他將「御駕親征」平定他們。

保住聯邦的統一不要內戰是頭等大事，國亂方顯忠良，每到這個時候，又是亨利・克萊勇敢站出來想辦法。這夥計活該當不了總統，他注定就是個職業消防員。

一八五〇年，消防員又搞出一份救火案，共有五條，其中的焦點是：加州以自由州入聯邦；政府出臺《逃奴法》，用法律規定美國司法部門不論是自由州還是蓄奴州，都有責任抓捕逃跑的奴隸；哥倫比亞特區內廢除奴隸貿易，但不是廢除奴隸制等等。

妥協案就是指望大家妥協，可泰勒總統也不給省心。這位爺在烈日曝晒下參加了國慶典禮，回去後感覺有點中暑，吃了大量的水果、捲心菜、黃瓜，狂飲冰水，五天後，因為急性腸胃炎，在劇痛中死去。想想隨後會發生的故事，不免讓人冷汗，泰勒這樣突然的死亡，真可能是上帝心機深重的安排。

總統死了，妥協案也通過了。一八五〇年的妥協案，算不得勝利，這就像是給中暑的人大量吃黃瓜冰水一樣，吃著可能暫時舒服，隨後搞不好會要命。

不久，妥協案就遭到了衝擊，因為堪薩斯—內布拉斯加之爭。

現在的南北問題，其實已經不僅僅是蓄奴廢奴這麼單一的層面了，南北方在關稅、稅收、基礎建設投入等各種項目上都要爭出個短長。當國會就建設跨西部的鐵路發生討論時，各州為了自己地區的利益更是抱團的抱團結夥的結夥，都希望讓自己的家鄉成為東西鐵路線上的樞紐，為了實現私利，各種敏感事務都被用來當作工具，把南北問題整得更加複雜無比。

有個叫史蒂芬・道格拉斯的政客脫穎而出，他來自伊利諾州，現在他是西部民主黨的重要領導人之一。他想的是，如何能讓伊利諾州成為鐵路上的重要站點。

伊利諾州以西是愛荷華和密蘇里，隔著密蘇里河，對岸則是大荒野地帶，美國中部的平原區。

美國人不敢對印第安人做得太絕，還是要留給他們一點存身之所，按早先美國政府和印第安人的約定，大荒野留給印第安人安家。

道格拉斯知道，如果這裡全是印第安人，是不值得修建一條鐵路的，最好是讓美國人移居這裡也成為州，這樣以來，從芝加哥起步的鐵路，就會貫通伊利諾，讓其成為東西交通的一個重要站點。

白人移居印第安的土地，對美國人來說簡直是天經地義，可問題是，這個地區位於密蘇里妥協議定的界限以北，按道理，這將又是一個巨大的自由州，南方人絕對不會答應。

道格拉斯早就想好了，他預備挑戰之前所有的妥協案，他提議，以後任何州，到底是廢奴還是蓄奴，都不用國會扯皮幹仗，州內全民公決不就行了嘛。

全民公決聽起來很合理，但，密蘇里妥協案已經存在了，在很多人心目中，它跟憲法的高度差不多，隨便一個政客一拍腦門想個主意，就可以否定一條已經存在的法律？

別吵別亂！道格拉斯還有B計畫，這麼大的荒原，一個州用不了，分成兩個吧，北部叫內布拉斯加，南部叫堪薩斯，內布拉斯加如果是自由州，堪薩斯就全民公決，看民意吧！

就這樣，堪薩斯—內布拉斯加法案（簡稱堪—內法案）最終成立，成為法律，既然都通過了，就不鬧了吧？

共和黨和堪薩斯血案

不能，既然密蘇里妥協和一八五〇年妥協都可以被推翻，那這項法案也可以作廢！

道格拉斯自己絕對沒想到他策劃的這件事有驚天地泣鬼神的效果。在支持或是反對堪—內法案的問題上，本來分裂的美國政界分得更碎了。剛立足未穩、根基不深的輝格黨首先扛不住這種衝擊，四分五裂，一八五六年後，像早年的聯邦黨一樣，消失了。民主黨內部也因為這個事分裂，產生不同的族系。

所有反對堪—內法案的人，立場是鮮明而堅定的，認定，這個法案將是對美利堅不可預想的災難，來自各個黨派各個族群的反對者，決定集合在一起，他們成立了共和黨，預備持續鬥爭抵制堪—內法案。對，就是現在這個共和黨誕生了。

黨派不是專案小組，不會為了一個工程暫時性地結合在一起，他們一定會有一個預備長期秉持的核心理念。

核心就是兩個字「自由」，自由的國民、自由的土地，對資本主義經濟來說，大量的黑奴存在，不僅是個不安定因素，也讓白人勞工失去很多機會。共和黨是聯邦的支持者，他們認為，州權不宜太大，應讓所有的州緊密團結在中央政府周圍，保證聯邦的統一，絕對不能分裂。

支持廢奴的黨派和人群，都有明確的意識形態，認定黑奴是民主社會發展的巨大障礙。而南方蓄奴派的支持者，他們原來可能只是從經濟角度考慮問題，可扯皮了這麼多年，有些東西在他們心目中也形成了意識形態，在他們看來，讓黑人作為私有財產，由奴隸主安排他們的工作和生活是一種非常人道的態度，北方的資本主義工廠裡，環境惡劣，工人生活狼狽不堪，還不如南方的奴隸；勞資糾紛才是社會不安定的因素呢，南方根本不會發生這種問題！

既然已經是意識形態領域的分歧了，那就別指望調和了，動嘴誰也說服不了誰，那就動手吧！

第一滴血灑在堪薩斯的大街上。不是要全民公決堪薩斯的性質嗎？旁邊的密蘇里州派了幾千人到堪薩斯幫著投票，贊成蓄奴的自然成了多數。政府裡有位贊成蓄奴的將軍還在密蘇里組建了一支軍隊，到堪薩斯「鎮壓」呼籲自由州的積極份子。

蓄奴的可以去堪薩斯，廢奴的當然也要去。俄亥俄州的激進人物，約翰・布朗帶著兒子們到了堪薩斯，趁著月黑風高，布朗父子殺了五個外州過來的蓄奴者，將屍體留在大街上，警告不准其他的蓄奴者再進入堪薩斯。

這是「波塔沃托米槍殺事件」，事情一進入以暴制暴的程序，就不受控制了，整個堪薩斯成了角鬥場，順便還衍生了大量搶劫偷盜的犯罪活動。

堪薩斯在流血，國會也在戰鬥，北方的廢奴派政治家口才好，將南方蓄奴派貶得很難看，南方派覺得多費口舌無益，索性揮著拐杖，將北方派議員打翻在地，頭破血流，差點殘廢。被打的成了北方英雄，打人的被舉為南方好漢，兩邊都存了滅掉對方的想法。

高院選擇陣營

泰勒吃死，副總統菲爾莫爾接班。新總統人緣還不錯，一八五〇年的妥協案能通過，多虧他上下遊說，周旋。菲爾莫爾是聰明人，知道自己任期不長，犯不著讓自己不痛快，妥協案這東西，能讓局勢平靜一天算一天，過一天是一天。

一八五二年大選，輝格黨的競選能力微弱得可憐，民主黨的皮爾斯輕鬆成為總統。皮爾斯任內遇上的大好機會是夏威夷。太平洋上夏威夷周邊幾個島子聯合成為夏威夷王國，也吸引了大量的美國移民。一八五四年，他們答應加入聯邦，可這時蓄奴州鬧得沸沸揚揚，皮爾斯沒有這麼強悍的心理，再忍受一場暴風驟雨，於是只好放棄了。據說針對加拿大的兼併行動，也因為蓄奴的問題被中止。

一八五六年的大選，流血堪薩斯成為焦點，民主黨派出了法寶——布坎南，戰勝了頭次參選的共和黨，再次入主了白宮。

布坎南為什麼是法寶呢，因為南北方鬧得激烈的這幾年，布坎南同學正作為公使被派駐倫敦，他沒在政局中心摻和，因而沒有大面積樹敵，新興的共和黨以其激進的反蓄奴主張，輸在了經驗不足上。

大選成功並不值得慶祝，布坎南是個老政客，當選時已經六十五歲了。這樣的老人家進入此時已然風雨飄搖的白宮，實在不是老來福，而作為老政客的謹小慎微，左右逢源，也會讓他在這樣的環境下，把局勢攪得更糟。

地方上在流血，國會在鬥毆，總統換得快，三權分立中的兩大部門都混亂，剩下的司法部門，最高法院能繼續超然而外嗎？這時，我們不能不提到引發南北內戰的一個重要事件，斯科特訴桑德福案。

斯科特是個黑奴，在密蘇里州被賣給一個叫桑德福的美國軍醫。桑德福一家遷居伊利諾州和威斯康辛地區（那時還不是州），根據密蘇里妥協案，這兩個地區都是自由州，不許蓄奴，所以按常理分析，斯科特進入這兩個地區後，他的奴隸身分就應該自動解除了。

軍醫桑德福中途死了，斯科特和老婆孩子被當作遺產留給了遺孀，而後又被轉給桑德福的弟弟，也是桑德福，回到了密蘇里州。

這時斯科特不幹了，說我一家現在應該不是黑奴了，怎麼還被當作豬馬牛羊一樣到處轉手呢？斯科特因此到法院告狀，要求自己的自由身分。密蘇里的巡迴法院判主人要給斯科特自由，桑德福不服，上訴密蘇里高院，密蘇里高院推翻了巡迴法院的判決。斯科特無奈之下，向最高的聯邦法院上訴。

最高法院的九位大仙再次被推上風口浪尖，這九位象徵著美國司法的最高權威，很多人認為，這一場官司，能讓不可隨便表態的高院，對喧囂無解的南北糾紛，提出一個終極的判斷標準。

九位大仙七票對兩票，駁回了斯科特的上訴，理由是，斯科特是個黑奴，屬於公民財產，不屬於公民，他沒有起訴的資格啊；黑奴能隨便起訴主人，以後阿貓阿狗桌子椅子難道都能來告狀了？最狠的結論是：憲法規定了，人的財產權是受到保護的，而密蘇里妥協隨便讓黑奴獲得自由，那是剝奪公民財產的行為，所以，這個被大家頂禮遵從的法案，它是違憲的！

可以想像，全國立時砸鍋了！蓄奴派上街扭秧歌，廢奴派拍著桌子罵娘，此時已經有人預言：這也許是奏響了徹底推翻整個蓄奴制度序曲！

二十三、大個子來了

美國人的規矩，每四年一次國會和總統大選，國會議員的選舉正好比總統選舉早兩年，也就是每兩年，美國就要遭遇一次不同種類規格級別的選舉。之前一直說總統選舉，其實，國會的選舉也非常熱鬧。

這一篇，我們從一八五八年的國會說起。

一八五八年伊利諾州的參議員選舉是全國的一個亮點，民主黨和共和黨公開展開了競爭，民主黨派出的候選人有名聲有人氣，正是因為堪—內法案攪得地動山搖的道格拉斯。共和黨派出一個身高一百九十三公分的瘦高個子，舉手投足不甚協調，走路還彆彆扭扭的，這傢伙大名叫亞伯拉罕・林肯。

道格拉斯心裡暗暗叫苦，雖然從表面看，道格拉斯在風度氣質上更像個政治家，可這個叫林肯的怪傢伙，平時說話著三不著四的，一碰上辯論或者演講這種場合，他就會突然口若懸河激情四射，長手長腳打起手勢像個大蜘蛛，很具煽動性。最讓道格拉斯鬱悶的是，林肯顯然不如自己有知名度，可他死乞白賴總要搞公開辯論，顯然就是拉道格拉斯幫自己炒作。

道—林辯論經過七次交鋒，前後持續了十個月，走遍了伊利諾州各地，林肯終於讓自己跟道格拉斯一樣紅了。在最敏感的蓄奴問題上，道格拉斯捍衛「全民公決」的處理辦法，認為共和黨的激進的態度對南方壓力太大，會挑起地區爭端。最後，林肯輸掉了這次選舉，道格拉斯成為伊州的國會參議員。

大個子林肯生於肯塔基州一個普通的木匠家庭（木匠家庭的孩子都不容小覷），他的家庭像很多其他的西部家庭一樣，都經歷過一段盲流般到處亂竄不能安定的時光，林肯四歲時，這一大家子又開始遷徙，這次他們選擇了土地肥沃的印第安那地區。

歷史上的偉人大部分都有一樣偉大的母親，林肯有兩位，生母和繼母。作為一個拓荒的家庭，家中的男女孩子都被當作勞力培養，讀書學文化，倒是其次考慮的。南茜•漢克斯，一位終日操勞的家庭婦女，平時逆來順受的，在兒子讀書上學的問題上，表現出了罕見的偏執。因為母親的堅持，林肯獲得了最基本的教育。

九歲那年，南茜去世，幸運的林肯遇到了善良的繼母，她對林肯和姐姐視如己出，還盡己所能支持林肯讀書。

家庭環境決定了，林肯不大可能獲得完全正規的教育，少年時代的林肯已經做過五花八門包括伐木工、船工、木工、屠宰工、店員、種植園工人等等各種工作。

二十一歲時，這個喜歡漂泊的家庭遷入了伊利諾州生活，作為一個大小夥子，更應該外出打工維持家計，於是林肯受雇於一個船主，乘木筏順河南下，到了南方的新奧爾良。應該說，這一路的見聞對林肯影響甚深，傳說他沿途看到被欺辱的黑奴，和南方普遍的對黑人的不人道待遇，而在心裡埋下了要讓黑奴自由的種子。

寫人物傳記時用這種春秋筆法很正常，老楊照例是不太信一個出身貧寒的船工，看到不平後，能想得那麼深遠。林肯的父母都是虔誠的信徒，而且是出自某個抵制奴隸的教會，從小受家庭影響，看到黑人的遭遇，林肯心有戚戚焉倒是可能的。

二十四、一八六〇年大選

一八六〇年，氣氛來的詭異。

前一年的冬天，約翰・布朗在維吉尼亞法庭，包括叛國在內的三項罪名成立，絞刑處死。這位爆脾氣的老人家早先參與著名的「地下鐵路」活動，幫著南方黑奴逃向北方，堪薩斯鬧得火爆時，他跑去殺人立威，最後他預備號召一場黑奴起義，一舉推翻奴隸制。

約翰・布朗還真是組織了美國歷史上「聲勢最大」的黑奴起義，一八五九年，他帶著二十個人，其中四個是他兒子，加上五個黑奴，佔領了維吉尼亞哈伯斯渡口的聯邦軍火庫，可歌可泣地堅持了兩天，最後，逼得政府調動羅伯特・愛德華・李上校帶領一支正規軍過來結束了這場混亂。

對北方廢奴者來說，約翰・布朗是英雄是烈士是殉難者，整個北方廢奴地區都為他哀悼，直到現在還有關於他的紀念活動。

對南方來說，約翰・布朗當然是暴徒無賴恐怖份子，尤其是問吊前，他的一番豪言壯語，更是讓南方心裡有點發寒，他大意是說：本來我以為不用流血就能洗清這個國家的罪惡，現在看來，不流血是不行的了！

到底約翰・布朗的行為怎麼定性，是個麻煩的問題。隨著老楊最近既聖母又玻璃心，對於這種打著「愛國」旗號的殺人放火，忍不住地嗤之以鼻。不管世界歷史上對布朗老大爺的行為如何推崇，我看他，感覺就是家族恐怖份子。對美國歷史不太了解的人，好多都認為，約翰・布朗本身就是個黑人，否則對於他殺掉白人爭取黑人解放的行為，多少會有點兒困惑。需要特別一提的是，約翰・布朗雖然沒機會參加後來正式的南北大戰，但他是北方第一個跟南方第一名將李將軍交過手的，泉下有知，也當過癮了！

南方本來以為，蓄奴廢奴的這一場爭執，最後可能會以美國政治家一貫務實靈活的方式解決，現在看來，有些事一定要提前著手準備了。

在這個思維指導下，民主黨一八六〇年四月在查爾斯頓召開的總統提名大會，就有了分崩離析的結果。

前面說到，林肯靠纏住道格拉斯辯論而揚名立萬，所以毋庸置疑，道格拉斯是民主黨內最熱的人選。他倒楣就倒楣在被林肯纏上了，雖然贏得了參議員的選舉，可在辯論的某些議題中，明顯掉進了林肯的辯論陷阱，在主要政治綱領上，含混其詞或者無法自圓其說，讓南方民主黨認為，作為總統候選人，道格拉斯太慫。

南北方的民主黨在競選綱領上無法同步，墨西哥灣沿岸各州加上南卡和喬治亞的代表直接翻臉走人，另立候選人，此時此刻，美國唯一的全國性大政黨民主黨在聯邦分裂之前，先分成了南北兩部！（共和黨此時充其量只算是一個北方的政黨）

黨派政治，一個黨分裂，另一黨幾乎是必勝了。共和黨還是覺得有必要小心為上，雖然他們手裡有幾張大牌，有資歷有名望有金主，但最後，他們還是統一選出了黨內資歷經歷都普通的林肯。林肯成為候選人，最大的原因是：他從來沒說過要廢奴！

對，共和黨是新的，可政治家都不是雛兒，在南北劍拔弩張的時刻，過於激進絕對不是好事。林肯當然反對奴隸制，但他一直說的是，要控制南方蓄奴地區的擴張，南方有黑奴地地方，繼續保留黑奴，可以逐步將廢奴推進一個溫和的進程中，而不像其他的激進候選人，總是吵鬧著，一舉將南方地區所有的黑奴都解放！

民主黨南北兩部加共和黨，一八六〇年的大選已經冒出了三個總統獲選人，其他的人還不怕事大，老的輝格黨消失後，遺老遺少無處安身，自說自話組建了一個所謂憲政聯盟黨。這個黨是蓄奴還是廢奴呢？這麼複雜的問題，人家直接迴避，這黨的總綱領就是，聯邦要團結，不要搞分裂，他們也推了個候選人出來！

兩個人競選就夠亂的了，一下子四個候選人，這樣的格局，稍微懂事的都知道，最後當選的那位，在選票上說服不了全國人。對，林肯當選，選舉人票他是過關了，可是選民的票，他只獲得了百分之四十不到，也就是說，這個美國史上最偉大的總統，是被少數人選出來的。在廣袤的十個南方州，大個子得票為零！

這麼低的票數當選，顯見局勢是不好控制的，南方也早已放話，只要林肯當選，他們就退出聯邦。一八六〇年十一月，當宣布林肯獲勝後，南方陸續開始撂挑子走人。不過此時此刻，他們可沒說馬上要幹仗啊，只要沒有真正翻臉，一切都還有機會挽回！

誰能挽回？誰說話最好使？當然是此時民主黨的總統布坎南。可怨不得美國歷史將布坎南描述成窩囊廢，在這夥計剩下幾個月的任期內，他索性更窩囊了！

我們還是要批判一下這種政權更替的「候任制度」，很不科學。上任垃圾時間無所事事，候任沒有正式接班也不敢指手畫腳，這段時間最容易無組織無紀律無法無天。

這是生死攸關的四個月時間，一八六〇年十二月，南方最激進的南卡羅萊納州宣布脫離聯邦，第二年一二月間，密西西比、佛羅里達、阿拉巴馬、喬治亞、路易斯安那、德克薩斯陸續脫離。

布坎南欲哭無淚，通知國會說，任何州都沒權力這樣說走就走，脫離聯邦；但既然當初聯邦政府是契約政府形式成立的，「合同」約定就是好合好散，如今南部覺得不爽，想要分家單幹，似乎也沒違反憲法，攔著也不合適啊！

到底南方脫離聯邦違不違憲，這是千古難解的政治難題，迄今沒有正確答案，而對於布坎南這樣的庸人，更是想解題無法下手了。

出於對戰爭和聯邦分裂的恐懼，布坎南小打小鬧做了幾項軍事方面的部署，基本可以說，這些部署，讓南方各州更團結更齊心了。

候任四個月，布坎南難過，林肯也不好過，他當然知道即將接手什麼樣的爛攤子，焦慮而無能為力，只好蓄了一臉大鬍子，此後成為大個子的重要標誌，後來的歲月，他幾乎沒空也沒心思，收拾自己的造型了。

二十五、無法命名的戰爭

夢想合唱團

不滿現狀的同胞們，內戰的這個重大的問題，掌握在你們，而不是我們手裡。政府不會主動攻擊你們，如果你們不做侵略者，就不會遭遇衝突。你們並沒有對天盟誓要毀滅政府，但我們卻要立下最莊嚴的誓言來「維繫保護和捍衛它」！

我不願意結束我的演講。我們是朋友，不是敵人，不用是敵人。雖然激情可能褪去了，但不會割斷我們感情上的紐帶。那神祕的記憶的琴弦，在這片廣闊的土地上延伸，從每個戰場和愛國者的陵墓到每一顆跳動的心房和每個家庭，我們善良的天性會再次撥動這根琴弦，將聯邦團結的合唱奏響！

一八六一年三月四日，林肯在國會大廈的臺階上發表了就職演說，上面這段，是演說的最後一部分。林肯善於演講，他的講稿是每個想考託福的同學要讀要背的內容，因為從英文的角度看，寫得是真心好。

在文章中，林肯哀怨而又不失自尊地表達了對南方的友善之心，對時局的挽救之意，煽情地像是一個婦人挽留他變心的丈夫。可惜的是，南方的老爺們不懂這麼抒情的英文，這節骨眼，這大個子還想組織一個「夢想合唱團」?!南方認為還不如一炮轟掉這根「琴弦」，免得北方動輒「亂彈琴」！

林肯就職的前一個月，脫離的南方七州成立了自己的新國家——美利堅聯盟國，我們俗稱之為邦聯，推舉了密西西比的參議員傑佛遜•戴維斯為首任當然也是唯一一任總統。

南方七州宣布脫離聯邦的同時，就以最快速度佔領了州界內聯邦政府的各要塞、兵工廠、政府辦公大樓以及連帶的各政府要地。到林肯上班的時候，南方七州界內，只有兩個軍事要塞還控制在聯邦軍隊手裡，一個是位於南卡查爾斯頓港一個小島上的薩姆特要塞，一個在佛羅里達。

薩姆特要塞由聯邦軍隊的安德森少校帶著一群士兵把守。邦聯態度強悍，但要一上來就對聯邦軍隊動手，好像還做不到。於是邦聯派代表到華盛頓，要求當時的布坎南總統，把要塞直接交給南卡政府。

布坎南這次一點都不慫，不但沒答應，還派了一艘商船補給薩姆特要塞，查爾斯頓海口的邦聯大炮對商船開炮，使其被迫返航，雖然起了硝煙，兩邊還願意斡旋並和解，這次沒打起來。

林肯接班入主白宮，他首要面臨的，還是薩姆特要塞問題。此時，林肯考慮得更深遠。戰爭已然不可避免，誰先動手誰是反派，這是定理，有沒有辦法讓邦聯先動手呢？

林肯也派了一艘商船開往薩姆特，上面沒有士兵和軍火，只有糧食。聯邦政府對邦聯政府放話，出於人道考慮，為饑腸轆轆的要塞士兵提供一些食物，想必貴方不會阻攔。邦聯這邊犯難了，讓船進來，等於向聯邦低頭，不讓進來，難道讓薩姆特要塞的守軍餓死？

南方的爺們辦事是很果斷的，說穿了，不就是要不要最後撕破臉嗎？都到這個份上了，還綳著給誰看啊？行！壞人，我們南方做了！

四月十二日，查爾斯頓的邦聯軍隊直接對薩姆特要塞開炮，兩天後，安德森少校投降，一八六〇年四月十四日這天，就算是官方認證的，美國南北戰爭正式開打！

數據分析

南北戰爭夠好些人研究一輩子了，研究歷史的，研究憲政的，研究軍事的，研究經濟的都能找到契合的「點」發展出各種不同體系的高論，尤其適合拿來寫論文，混職稱。

為什麼打？該不該打？能不能避免？到底是什麼性質的戰爭？南方是否違憲？總統是否違憲？戰爭到底是關乎經濟還是政治還是宗教……，請「地主們」恕老楊不能將這些問題一一找資料分析給大家，因為實在是浩如煙海，上天入地，無所不有。老楊這種入門級的歷史書，只能羅列最淺顯最皮毛的。

大戰伊始，當然要先看雙方戰力、裝備、經驗值、屬性、成長當然還要選擇英雄和攻略！（這是要打DotA（對戰）嗎？）

其實，以開戰時的資料來分析，稍有常識的人都知道，南方必敗，第一，肯定是輸在經濟上。

戰爭爆發時，南方邦聯十一個州，北方聯邦有二十三個州，九百萬人對兩千兩百萬人。北方擁有完備的工業體系，鋼鐵、紡織、軍火等工業全部在北方手裡，一八六二年開始，戰爭需要的全部軍備物質，北方都可以實現自產。南方在戰中，以大躍進的態度增加工業投入，但畢竟是沒有基礎，所以大部分的東西還需要依賴進口。

依賴進口就是軟肋，北方還掌握重要的碼頭，進口商品一般是進入波多馬克河北面的倉庫，然後才發往南方，所以，一旦北方禁運，南方就被扼住了咽喉。

北方擁有更好的交通系統，鐵路要比邦聯多兩倍，佈局也更合理，在調配資源方面，會更輕鬆從容。戰爭一開始，基本都是在南方的地盤裡作戰，本來沒有幾條鐵路的南方，交通被毀壞的更糟糕。

打仗，歸結到底打的就是誰錢多。這方面，南北雙方看不出高下，兩邊都很窮。北方有個優勢，至少有個全國性的通貨系統，有國庫和稅收體制；南方一切從頭開始，錢從哪裡來？除了借貸，似乎只能收關稅。在戰中，關稅是最沒有保障的，只要北方封鎖了南方的港口，沒有進出口，關稅就無從談起了。

北方同樣捉襟見肘，逼急了只好放大招，開印刷機印鈔票，沒有硬通貨支持的「綠背美鈔」誕生了。這種廢紙般的東西一進入流通，其貶值的速度如同高山流水，伴隨著所有物品的價格一飛沖天，到一八六四年，三元綠鈔能值一美金就不錯了。

印紙鈔是帖救命藥，北方能印，南方當然也能印，悲催的是，南方的科技水準差挺遠，印刷水準尤其明顯，紙鈔印刷如果沒有高科技作保障，那是多巨大的混亂啊。

經濟上看著不行，南方也不能說完全沒有優勢。林肯雖然做了戰爭準備，可他接收政府時，看著債臺高築國庫空空，海陸軍都破破爛爛的，還是很想哭的。有人分析，是上屆總統布坎南政府內的南方官員，知道早晚南北必有一戰，搞了不少破壞動作。

南方人早就準備要打，在林肯拿他的破爛軍隊頭痛時，南方的槍支都上好膛了。尤其是西點的不少名將，都來自南方，不管態度是蓄奴還是廢奴，他們肯定是要為南方一戰。

這些還都不算是南方最大的優勢，南方最牛的，還是棉花。不要忘記，英國的棉花百分之八十從美國進口，南方的種植園被打廢了，對英國的影響也挺要命的。而英國還擁有世界上最強大的海軍，如果不列顛想保住自家的棉花地，肯出手，局勢就不一樣了。

南方棉花帝國的老爺們都這麼想，可惜英國人跟他們想的不一樣。南方人低頭種棉花，不知道抬頭看市場。在南北開戰前，英國國內的棉花庫存出現了過剩，除了美國南方，英國人還發現，來自埃及和印度的棉花都不錯，尤其是英國人感覺到，南方美國佬越來越傲慢了，有你離了我就活不了的優越感，分明是個買方市場，怎麼能由著你賣家這麼橫呢。

英國對南方棉花的依賴緩和，可歐洲市場對美國北部小麥的需求卻很旺盛。糾結的貿易關係，加上這場戰爭輿論上還是關於奴隸制的，說起來是一場關於人權和民主的戰爭，歐洲列強也不敢盲目站隊，於是，南方寄予厚望的歐洲援軍，從頭到尾也沒見出現。

誰是大Boss

背景很重要，主角更重要，有請雙方的大Boss出場。

林肯的大致情況，前面已經介紹過了，他的偉大不用說了，但也不能不說，這個老夥計的一生，是極其苦逼悲催的一生。

即使是在政治和軍事生涯之外，林肯也沒過什麼好日子，他那位望夫成龍的老婆是個脾氣暴躁，囂張跋扈的女人，看不起林肯的家庭，更看不上林肯的朋友，公然發飆讓總統難看是常有的事。戰爭期間，林肯的小舅子們還都在南方的軍隊裡積極跟自己作對！

有些人說，林肯之所以能成為偉大的總統，完全得益於娶了一個潑婦老婆，自己臥室枕邊就有個需要隨時對付的「敵人」，必須二十四小時保持備戰的清醒頭腦！

一個成功的男人身後通常站著一位優秀的女人，一位成為聖人的男人身後一定叉著腰站著一位潑婦！

作為即將戰敗的南方地區大Boss戴維斯，就算家裡沒有一個喜歡罵人的潑婦，也談不上是幸福的。

戴維斯出生於一八〇八年六月三日，雙子座，按星相學，他是極可能跟同是風象星座生於水瓶的林肯惺惺相惜成為好朋友的，更何況，這兩位還都出生於肯塔基州，老鄉見老鄉。

只是，戴維斯不見得會看得上靠耍嘴皮子上位的北方小律師——林肯，戴維斯是標準的南方紳士，畢業於西點，崛起於軍界。

戴維斯的成名過程比林肯含金量高些，他參加了黑鷹戰爭。

黑鷹戰爭發生在一八三二年～一八三三年，是伊利諾地區驅逐印第安人的戰鬥。印第安部落出了一名頗有傳奇色彩的酋長——黑鷹，領導當地的兩大部落聯手跟美軍對抗。說是兩大部落，不過是三百名印第安武士和近千名家眷。而這支「游擊隊」利用山區沼澤樹林，打了一場出神入化的游擊戰，讓美國軍隊付出了慘重的代價。後來因為彈盡糧窮，黑鷹被俘虜。

戰俘黑鷹和兒子被押到東部受審，這對土著酋長父子凜然不屈和剽悍不馴的風度，令沿途圍觀的白人莫名敬仰，也讓這父子倆在美國歷史上留下大名。都知道，美國那些很牛的軍用直升機都以印第安人和部落命名，最著名的有阿帕契、科曼契，抗震救災更少不了著名的黑鷹。後來的愛荷華州被稱為「鷹眼州」也是源於紀念黑鷹。

圍剿黑鷹，是美國軍隊當時最風光的戰事，林肯和戴維斯都參與期間，林肯主持的是民團，戴維斯則是正規軍的中尉。民兵和正規軍在地位上總是差點兒的。黑鷹被俘後，由戴維斯負責押解，因為小戴對酋長禮數周到，得到黑鷹高度評價，也連帶出了點兒名。

作為軍官，戴維斯不會虐待戰俘，作為一個農場主，他更不會為難黑奴。戴維斯家族種植園內，黑人的生活條件和待遇是非常不錯的，主人客氣，幹活不累。所以對戴維斯來說，解放黑奴，讓他們失去白人主家的照顧，對他們實在是一種殘酷！奴隸制不僅不應該被廢除，反而應該在美利堅大地上蔓延，讓黑人永遠依附白人生活，這才是真正的人道！

出於這個想法，戴維斯隨後又參加了對墨西哥的戰爭，戰中負傷成為英雄。隨後他進入政壇，幫助皮爾斯參選，皮爾斯入主白宮，戴維斯被任命為戰爭部長。

林肯贏得大選，戴維斯也不爽，可他當時還是反對南方脫離聯邦的。後來趕鴨子上架，被南方聯盟國舉為大Boss，不立場分明不行了，這才正式成為「分裂者」。分裂者的幾個舅子也都在北方軍隊為聯邦軍隊作戰！

成王敗寇，既然後來戴維斯是輸家，肯定是個糟糕統帥。後人評價南方之敗，都認為戴維斯至少要背一半的罪責。這個老夥計出身軍旅，對軍事工作自然是自信滿滿，加上都說他脾氣暴躁，獨斷專行，終於就把南方帶進溝裡。

從開戰開始，戴維斯就堅持，南方之地，寸土不可讓！根據我們之前講的南方的各種條件，以人力物力如此地匱乏，防禦這麼大片的土地，肯定會拖死自己。

而對林肯來說，戰爭的目的就是戰勝南方軍隊，根本無須佔領南方的領土，所以他願意結合優勢，對南方實行穿刺般的進攻。南方的戰線拉開，單點防禦薄弱，北方軍團的戰法，正好奏效。

戴維斯還喜歡記仇，西點軍校期間，所有跟他有過節的人，他都刻意刁難，棄之不用，以至於軍隊和內閣，經常在人事安排上被人詬病。待到美國歷史上最驚豔的名將羅伯特•李將軍終於被戴維斯拿來救場，已經大勢去矣，神仙都無力回天了。

大Boss的個人水準的高低，應該是很明白了，戰中，南北兩邊的名將如雲，高下確實難判，他們的個人魅力和戰史地位並沒有因為輸贏受到任何影響。現在就讓我們進入那個美國史上本土最血腥殘酷的戰場，隨著每場戰役瞻仰那些名將的風采吧。

血染的風采之一

雖然老楊筆下，最明星的李將軍已經出場首秀，但在南北戰爭開打後，先大放光彩的南方將領，名叫傑克遜，人送外號「石牆」。

薩姆特要塞開打後，戰爭局面就形成了。南方的首都里士滿和北方的首都華盛頓幾乎是鄰居，開戰之初沒預備全國開花，打得翻天覆地。對南軍來說，北上直取華盛頓，像一八一二年英軍入侵一樣，讓華盛頓從總統到士兵全都落荒而逃，戰爭就可以省了。於是南軍步步北上，駐紮在離華盛頓三十英里開外的馬納薩斯。

華盛頓城外，北軍有三萬人駐守，這支軍隊可沒當年那麼慫了。這次他們預備先下手，幹掉馬納薩斯的駐軍，南下里士滿，也考慮讓戰爭直接中止。

一八六一年七月中旬，北軍南下，馬納薩斯的駐軍轉移到北部的布林河南岸，等來了增援的部隊，雙方在人數基本均衡的情況下開打。

第一場血戰檢驗了南北兩軍的成色，應該說，都不怎麼樣。面對北軍剛開始的進攻，南軍表現得比較混亂。因為北軍是要強渡布林河，所以守住河上的幾個橋樑是重點。在南軍亂紛紛的戰陣中，指揮官指著一位守橋的軍官對南軍喊道：看啊，傑克遜像石牆一樣立在那裡呢！

這位被拿來鼓舞士氣的榜樣，就是維吉尼亞軍團第一步兵旅旅長傑克遜准將，經過幾個小時的混戰，傑克遜和他的軍隊在混亂中進退有度，頑強不屈，而石牆散發出來的強大氣場，讓猛攻了幾個鐘頭已經疲乏的北軍突然士氣潰散，亂七八糟手腳並用地敗逃，跌跌撞撞跑回華盛頓，關起門來驚魂不定。

南軍雖然是贏了，狀態也好不了太多，加上沒有合適的交通工具，無力追著北軍殺進華盛頓，兩邊交手後快速分開，各自回到本壘。

這一戰南軍打出威風，石牆打出了威望，維吉尼亞軍團第一步兵旅借老大的名號被命名為「石牆旅」，整個南北戰爭，東部最精彩的戰鬥都有「石牆旅」的表演，參加大小近四十次會戰，甚少敗績，而最後上尉以上軍官幾乎無人生還，也讓這支部隊成為美國戰史上最卓絕的戰隊。

北軍在家門口輸得是丟人又現眼，指揮官立即下課。首都的安全不可掉以輕心，趕緊整合附近的幾支部隊，成立波多馬克軍團，找麥克萊倫將軍統帥這支東部主力。

喬治・麥克萊倫將軍，精力充沛的小個子。在西點軍校時，麥克萊倫正好是傑克遜的同班同學。傑克遜農民出身，幾乎是自學成才，進入西點後，成績也不好，還在班裡墊底，後來是憑著不服輸的倔強性格，在臨近畢業時迎頭趕上，以中等偏上的成績畢業。

麥克萊倫同學是「富二代」，在西點一直是優等生，第二名畢業。小麥同學成名也比傑克遜快一步。

一八六一年七月初，上面說的那場布林河戰役即將打響的時候，小麥進入維吉尼亞州西部，戰勝南軍，成功平亂，「解放」了不願意跟著維吉尼亞州叛國造反的先進群眾，並幫著在西維吉尼亞成立了忠誠於聯邦的政府，一八六三年，西維吉尼亞作為一個正式州加入聯邦。

因為成功地搶回了部分維吉尼亞，小麥紅了，被當作最合適的人選用來保衛首都。

一八六四年，麥克萊倫參加了總統大選，跟自己的老領導林肯對著幹。他當時拋出的綱領就是，馬上停止戰爭，即使是讓南方獨立。這個傻想法肯定是被斃掉，他的總統之路也隨之終結，可在一八六一年當時，林肯一點兒沒想到，他是將聯邦軍隊主力交給了一個反戰甚至疑似懼戰的人手裡。

麥克萊倫訓練軍隊是行家，波多馬克軍團看著是特別像樣，於是林肯不斷催促小麥，把波多馬克兵團拉出去遛遛，跟南方軍隊幹一場。奇怪的是小麥將軍一會兒說是裝備不夠，一會說是人員不齊，終歸是打不起來。

一八六二年初，面對急得跳腳的老大，小麥慢條斯理地拋出了春季作戰計畫，這個作戰計畫非常符合小麥的性格，幾萬大軍避開正面戰鬥，從海上繞道，迂迴進攻南軍首都里士滿。

人一做到大Boss，對自己的能力多少都會有點不切實際的自信。作為北軍的統帥，林肯也做不到充分放權，他也有他自己的一套戰略構思，林肯此時最牽掛的是京畿安全，而小麥覺得，只要對里士滿構成實際威脅，南軍自然不能對華盛頓動手。

小麥和林肯雖然思路不同，有一點是一樣的，那就是小心為上。打仗這東西，很多時候，就是會打的怕不要命的。

話說小麥終於說服了總統，從波托馬克河入海的一個小半島取道里士滿，發起一場巧妙的半島戰爭。主意挺好，可小麥已經帶著七萬大軍，他心裡還是不踏實，他就央求老大，再給增援。其實里士滿的守軍看著小麥心裡已經發毛了，在北軍即將上岸的地方，南軍只有一萬五千的人馬。

南軍這會兒就是不要命的，邦聯深知北軍那對將帥的小心和磨嘰，所以制定了一個老鼠戲貓的戰術。半島的南部守軍，裝腔作勢來回調度，小麥看著眼花撩亂，更是確定了，他即將攻打的地方，七萬人是肯定不夠，所以老大的援軍不來，死也不能動手。

林肯願意給他援兵啊，援兵要從首都附近派出去，可援兵走不動啊，他們被「石牆」牽住了。傑克遜根據高人的指點，也開始調戲北軍。

傑克遜連續發起了幾次「氣勢恢宏」的主動攻擊。這種虛張聲勢的任務太適合傑克遜了，石牆冷峻鎮定殺氣騰騰的氣質，他要唬人，怎麼看都像是真的。北軍認定傑克遜手握重兵，隨時會殺進華盛頓，威脅白宮，不僅軍隊不能隨便調走，最好再調些幫手過來。

在一八六二年五到六月這一個月的時間裡，石牆帶著區區一萬七千人，挺進三百五十英里，四次主動挑釁兵力比自己多兩到三倍的北軍，四戰皆勝，繳獲物質無數，將六萬北軍拖在原地，不能動彈。而當林肯終於反應過來，預備布置一張天羅地網圍剿石牆時，他還從四面八方的北軍包圍中，安逸地溜走了！

這無疑是南北戰爭最精彩刺激的一場秀。傑克遜牽住了援兵，小麥等不到人，更加不願妄動，對北軍有利的戰機，就這樣過去了。

倒是里士滿的南軍有點熬不住了，六月初，對小麥發起主動攻擊。這一輪攻擊，北軍好像是贏了，因為此戰南軍統帥受傷，戴維斯總統臨陣換了個統帥。

北軍的好日子這才算真開始了，換來的新長官，就是羅伯特・李將軍，之前他一直是總統的軍事顧問，而前面南軍老鼠戲貓的戰法，基本都是他的主意。

李將軍出身顯赫，李家從英國本土算起來，跟英王室有點飄忽的血緣關係。放眼整個北美地區，要說血統之高，家世之貴，李家絕對是排得上頭號。獨立戰爭開始，「李」家更是美國政商界的要緊人物。傳說華盛頓曾追求羅伯特的祖母，祖母嫌棄華盛頓門第卑微，而嫁入李家。

可憐羅伯特含著金湯匙出生，並沒有過上貴二代的日子，他的父親深受華盛頓重用，在獨立戰爭中是英雄，著名的「輕騎亨利」，戰後更成為維吉尼亞州的州長，都知道維吉尼亞州在聯邦中的特殊地位。

「輕騎亨利」是個紈絝，不上戰場他就投機倒把，到處騙錢，華盛頓也是受害者之一。只是出來混，早晚要還，到最後自己的錢也被騙光了。羅伯特成長的歲月，頂著「李」家的顯赫頭銜，過著有點窘迫的生活。他後來不得不進入西點軍校學習，是因為軍校不用繳學費。

羅伯特是個完美的人，家世完美，操行完美，成績完美，甚至連模樣都是完美的。西點的同學稱之為「大理石模特兒」，尤其是後來一臉白鬍子，加上一八二的身高，披上白袍他就可以進入古羅馬的元老院。而全優生羅伯特在西點求學期間保持的各項紀錄，至今沒有人可以打破。

這麼完美的男人，婚配只能娶公主，美利堅真有一位公主嫁給他了。能在美利堅被稱為公主，當然是要出身於華盛頓家，還記得華盛頓迎娶瑪莎，帶來兩個兒子吧。羅伯特娶的，就是他們的孫女，算起來是華盛頓的曾孫女。

聯姻讓羅伯特成為華盛頓家族的代言人，接受了華盛頓家族的財產，也將維護維吉尼亞的使命扛在自己肩上了。

羅伯特是個悲情英雄，作為李家和華盛頓家的傳人，他把聯邦看得比什麼都重要。李家雖然曾經是美利堅土地上擁有黑奴最多的人，羅伯特對黑奴的態度卻一直很明白，因為他在接手岳父家產幾年後就釋放了繼承的所有黑奴（釋放之前，有些關於他對黑奴不太友善的故事）。

戰爭終於不可避免地啟動時，羅伯特收到了林肯的邀請，帶領北軍作戰，羅伯特拒絕了。對他來說，這場戰爭，可以不用考慮黑奴之類的因素，他的家族使命要求他捍衛維吉尼亞，既然聯邦要對維吉尼亞動手，他只能加入南軍保衛家園。

需要說明的是，南軍中很多將領都是廢奴派，「石牆」傑克遜出身貧寒，一直是對黑奴報以同情，甚至還給自由黑人建過一所學校。

羅伯特接手了里士滿城外的南方軍，調回了自己最倚重的「石牆」，部隊重新整合，定名為北維吉尼亞軍團，主要任務就是保護里士滿和維吉尼亞，正好對應北軍的波多馬克軍團。四年內戰，東部戰場重要戰鬥，都來自這兩支著名的軍團。

獨立指揮大軍團作戰，李將軍也是第一次，他一點沒露怯，八萬五千的北維吉尼亞軍團毫不猶豫地發起了對十萬人的波多馬克軍團的進攻。

這一輪對決，小麥還真沒含糊，在海軍的支持下，橫掃半島，攻到了里士滿二十五英里開外的城下。

這是著名的「七日戰役」，小麥像是嗑藥一樣雄起了七天，藥勁一過，他又慫了。所有人衝他擠眉毛瞪眼睛，讓他抓緊戰機一舉攻佔里士滿，可他又故態復萌，開始羅列各種客觀條件，就是不作為。

林肯看著小麥拿鞭子抽都抽不動，乾脆自己制定了新戰法。他從來就是希望能從陸地上直接攻擊里士滿的，軍團調度到維吉尼亞北部，跟當時已經攻擊進入維吉尼亞並站穩腳跟的維吉尼亞軍團會合，再次攻擊里士滿。

知道小麥打仗，就喜歡人多，能有幫忙的，還不快去啊。而攪局的李將軍最喜歡攪和小麥的援軍，所以南軍率先撲向了維吉尼亞軍團。維吉尼亞軍團的指揮官跟小麥正好兩個極端，小麥是磨嘰，這位是冒進，於是，北軍非常配合李將軍的表演，在馬納薩斯，第二次布林河戰役，聯邦軍隊再次被邦聯軍隊挫敗。

小麥再磨嘰，也不得不面對李將軍在北方的勢如破竹，終於兩支軍團的主力遭遇在安提特姆。

安提特姆之戰，創下了驚人的單日傷亡資料。當天有六千將士殞命戰場，傷者近兩萬。聯邦軍在戰局中大部分時間佔據上風，有多次毀滅北維吉尼亞軍團的機會，因為小麥缺乏乘勝拼命的血性，在傑克遜火速馳援後，南軍得以撤回維吉尼亞。而傑克遜這支所謂援軍也已經是被打得支離破碎了。

實際上，此戰之前，小麥意外獲得了李將軍的一份軍事文件，知道李將軍將犯下一個致命錯誤，就是在兵力嚴重不足的狀況下，分兵作戰。小麥當時是欣喜若狂，誇下海口，這次如果不能幹掉南軍，他寧可回家。

到底小麥是神人還是廢材，後人對他評價很矛盾。我們如果盡量給他一個善良的評價，可以說，這個夥計從開始對戰爭的態度就有點模糊曖昧，說到底，這是一次兄弟鬩牆，手足相殘，即使是開戰到了一八六二年，好多人都還覺得，如果能在政治上解決問題，是不是可以不用血肉橫飛。

一八六二年這幾場惡戰打下來，就算是兄弟手足，也因為中間那些血和屍骸產生了隔閡，獨立戰爭對抗英國也沒有這麼血腥的場面，這已經不是政治或者意識形態之類的爭執了，這是戰爭，如果不殺死對方，自己就可能沒命！

林肯也醒了，這麼打是打不贏了，第一，小麥這個神仙必須下課，這個傢伙看著都像是南軍派來的無間道了；第二，要在政治上想出狠招，對南方釜底抽薪！

武鬥不如文攻

雖然北軍在戰場上表現明顯不如南軍好看，林肯也沒什麼精采絕豔的軍事謀劃，但他在政治上的出手，的確是北方最後勝利的重要基礎。

對南方的第一發重型武器，是《宅地法》。

南北戰爭怎麼打起來的？本來南方雇傭黑奴，過著舊貴族的生活，北方做高尚的人、文明的人、不用黑奴的人，兩邊可以相安無事，在國會也基本達到均勢。不就是因為突然多了偌大一片西部的土地，南北雙方都想爭取西部嘛。

之前為了解決聯邦財政問題，西部的土地被切割出售，可出售的單位面積太大了，一般老百姓買不起。北方多次想把西部土地無償分配給廣大移民，礙於南方種植園主的阻力，總不能成功。

現在好了，南方退出聯邦了，西部的土地，聯邦可以重新計畫了。凡是年滿二十一歲，沒參加叛亂的合眾國公民，先宣誓，獲得土地就是為了開荒種植，然後繳納十美元費用，就可登記領取總數不超過一百六十英畝宅地，該人在宅地上居住並耕種滿五年後，就可獲得土地執照而成為該項宅地的所有者。此外還規定：如果登記人提出優先購買的申請，可於六個月後，以每英畝一．二五美元的價格購買。

能想像這是一種什麼政策嗎？近百年以來，美國人前仆後繼從東部向西部移民，餐風露宿，不惜與印第安人搏命，不就是希望有一塊真正屬於自己的棲身之所。

既然生生世世都是自己的土地了，耕種的時候，就不能那麼粗放了，最重要的是可持續發展，對土地生態也有了一定的保護。在北方宣導的自由市場經濟的環境下，西部有了這許多的自耕農，又建立了強大的小農經濟的基礎，自然農業資本主義也就迅速發展了，對整個北方的資本主義經濟也是一個巨大的促進。

而對南方最致命的是，如今聯邦政府幫著農民實現了耕者有其地的目標，西部的農民當然會選擇加入北方軍隊，幫著聯邦戰勝南方，因為如果南方贏了，土地又給弄回去種棉花了。而後的戰爭，西部向北軍提供了半數的兵源和大部分的補給物資。

當然，老山姆家也沒那麼純潔，因為有後一項優先購買的法案，西部的土地也存在大量的投機。安提特姆之戰，聯邦軍雖然沒輸，肯定也不算贏了。李將軍的南軍已經進入北方作戰，這對南方和支持的南軍的人都是一個巨大鼓舞。跟南部有密切棉花往來的歐洲諸國，都惦記著，如果李將軍再一次北上成功，他們就可以考慮承認美利堅聯盟國，趁機獲得一些未來談生意的籌碼。

南北方說起來是內戰，無所謂好人或者反派，南方也不覺得自己是不正義的戰爭。但是林肯知道，他的王牌可以打出來了，只要亮出這張牌，這場內戰自動變成北方維護人道主義的正義之戰。對，戰前是礙於南方容易發飆，解放黑奴的事，大家都憋著不敢提。如今已經撕破臉，橫屍遍野了，還有什麼事不敢提呢？

一八六三年一月一日《解放奴隸宣言》正式生效，其主張所有美利堅邦聯叛亂下的領土之黑奴應享有自由。

注意啊，是叛亂的領土的黑奴享有自由，也就是說，沒有叛亂的蓄奴州，不用遵守。而叛亂中還沒有被北軍攻陷控制的地區，更不會遵守。所以這份宣言實際解放的黑奴非常有限，而且，大家還都認為，總統頒布這種法律，肯定違憲。

這篇古今最偉大的文字僅僅是一篇「宣言」，還涉嫌違憲，那麼，只好通過新的法案，讓奴隸解放確切落實。

後來的一八六四年四月八日，參議院在共和黨控制下，以遠超三分之二的多數光速通過了憲法第十三修正案，也是最言簡意賅擲地有聲的修正案：「不論奴隸制還是強迫勞役，今後及永遠都不應當存在於合眾國中」。雖然至一八六五年十二月十八日，才經過眾議院，並四分之三州通過正式成立，但宣言和法案真正成為了對付南方的大殺器，獲得了巨大的成功。

最明顯的效果體現在外交上，聯邦已經打著解放奴隸的旗號作戰了，再有支持南方的國家，那就是逆天了，十九世紀三觀端正的歐洲老百姓絕對不答應。

而最狠的作用是以一個南方不能模仿的方式解決了徵兵的問題。南方黑奴一聽，都跑到北方參軍去了。本來南方最大最有優勢的特產就是黑奴，如今他們自己不能徵來打仗，還為北方提供了巨大的兵源，還能不輸嗎？

南方的慘敗似乎已經注定，可神勇的南軍絕不會讓北軍輕易獲勝，即使是形勢向好，北方聯邦還是心驚肉跳地煎熬了整整一個一八六三年。

血染的風采之二

李將軍頭腦一直很清晰，他知道，防禦是解決不了問題的，南方想獲勝，只需要一次戰機殺進華盛頓，逼聯邦答應南方的要求；就算不能佔領華盛頓，能佔領東部那些重要工農業基地，也對後來的戰爭更有利。所以李將軍一次又一次地北上嘗試，雖然沒有成功，也把林肯騷擾得不輕，炒了小麥的魷魚後，他就左一個右一個換軍團統帥，結果這些傢伙看到李將軍統統啞火。

從華盛頓國會山莊到里士滿的國會大廈，一百七十公里，開車不用兩個小時，可在一八六二至一八六三年的那些戰爭歲月，這個距離比天地還遠。

錢斯勒斯維爾，維吉尼亞一個小村莊，一八六三年五月。新的北軍指揮官叫胡克，江湖人稱「善戰喬」（名字叫「喬」）對陣李將軍，聯邦軍隊的人數正好是邦聯軍人數的一倍。

李將軍顯然是沒學過孫子兵法的，在人數如此不利的情況下，他居然採用了一個分兵兩路夾擊的打法。

「善戰喬」這個名字後來成了天大的諷刺了，開戰兩天不到，聯邦軍隊就崩潰，要不是南軍自擺烏龍，波多馬克軍團可能就徹底葬送了。

南軍自擺的烏龍非常慘痛，悍將傑克遜被自己人的流彈傷了左臂，因為戰場醫療條件所限，傷口感染引發肺炎，「石牆」坍塌！

北維吉尼亞軍團善戰，很大的原因是李將軍隨時可以倚重石牆，這是個永遠不會掉鏈子的鋼鐵戰士，聽說「石牆」犧牲，李將軍沉痛地說：我失去了右臂。

傑克遜雖然犧牲，聯邦軍也最多只剩了逃跑的力氣，再次竄回了華盛頓躲起來。李將軍率軍得以北進馬里蘭，目標直取北部的工業重地——賓夕法尼亞。

波多馬克軍團不能不作為啊，換個指揮官，趕緊北上，屢敗屢戰，盯死李將軍。

兩支軍隊都在北上，一不留神又撞上了。賓夕法尼亞州南部小鎮蓋茨堡，聯邦軍搶佔了有利山地，自信的李將軍預備大舉進攻。

李將軍是個隨和紳士，他的作戰口令都是和風煦雨式的，不像命令，像是建議。他的這種指揮方式，很適合「石牆」這種硬漢，對傑克遜來說，既然你說了，不管是祈使句還是陳述句，我都豁出命去都為你實現。李將軍忘了，此時此刻，他已經失去傑克遜了。

蓋茨堡戰役，南軍大敗，損兵折將近三分之一，慌忙向大本營撤軍。林肯聽說後，大喜之下催促波多馬克軍團乘勝追擊，不知道是不是小麥的毛病傳染，聯邦軍隊最後還是坐視北維吉尼亞軍團安全地撤離了。

既然老楊連這位指揮官的名字都不願意介紹，就別追究其責任了。這是南北戰爭轉折的一戰，從此，南軍就失去了北上的鋒芒，只能守禦。

蓋茨堡的勝利不算完美，好在北軍的將領不全都犯毛病，終於有一個不掉鏈子不犯渾能跟李將軍爭短長的高手出現了。蓋茨堡勝利的第二天，維克斯堡的南軍向格蘭特將軍投降，北方戰場的正牌男主角總算是登場了。

尤利西斯・辛普森・格蘭特同志，中國人民的老朋友，第一位造訪中國的美國總統。那時候，中國官名叫大清，此時，格蘭特也還不是總統。

大家注意，格蘭特名字很長，首字母正好是US，所以他是名正言順的老山姆。

大戰中，東部戰場因為李將軍和石牆兩位神仙，一直被南軍佔據主動，而在西部，密西西比河流域，格蘭特率領的北軍才是真神仙。

一八六二年四月，北軍從墨西哥灣登陸北上，出其不意佔據了新奧爾良，不僅佔據了密西西比河的河口，還將南方最大的城市和金融中心控制。

隨後的征戰，就是沿著密西西比河一線清理南軍的要塞，一八六三年七月四日，也就是蓋茨堡李將軍兵敗之日，南軍在密西西比河上的最後要塞——維克斯堡因為長時間的圍困和炮轟，投降。宣告整條密西西比河被北軍清理乾淨，並牢牢掌控在手裡。因此脫離聯邦的十一個州，至少有四個州被格蘭特部隊切斷了跟南軍大本營的聯繫。此時可以說，南方想獲勝幾乎已經不可能。

格蘭特在西部戰場名聲越來越響亮，林肯終於發現了可以抗衡李將軍的北軍總司令。跟之前幾個北軍統帥相比，格蘭特最大的特點是，不怯戰，更不怕巨大的傷亡。

李將軍有自己的右臂傑克遜，格蘭特也有一條右臂，跟他一樣下得了狠手，敢殺人敢放火，敢叫大軍過後，寸草不生。

一八六四年，新上任的聯邦軍總司令格蘭特策劃了兩條戰線。在北方，他親帥波多馬克軍團進軍里士滿，逼李將軍帶北維吉尼亞軍團決戰；在南方，格蘭特西部軍團的悍將謝爾曼將軍殺進喬治亞，直取亞特蘭大，而後，穿越喬治亞，進軍海上，奪取重要港口薩凡納，最後，北上清剿南方剩下的地區，並在維吉尼亞與波多馬克軍團會師。

且將波多馬克軍團在北部牽制了李將軍的事按下不表，單看整個喬治亞州如何成了謝爾曼的遊樂場。

大家都讀過小說《飄》，對於謝爾曼將軍的作為，應該不陌生。謝爾曼將軍圍攻亞特蘭大的過程，從「思嘉」這個南方貴族小姐的視角，有細緻的描寫。一八六四年九月，在那個悶熱無比的日子裡，北方佬攻克了亞特蘭大，南部最繁華最美麗的城市。

格蘭特和謝爾曼在對待戰爭的態度上是出奇地嚴肅認真，戰爭是最泯滅人性的東西，既然已經開打，就無所謂慈悲了。想快速結束戰爭，除了打敗對方的軍隊，破壞對方的資源，更要盡快摧毀對方的戰鬥之心，最奏效的手法，就是對平民的傷害。戰士們可能不怕死，願意賠上性命，可如果賠上的是自己的家人父母姐妹，以及他們賴以生活的家財，就難免不肝顫。

進入亞特蘭大，謝爾曼要求居民放下武器，撤出城市，所有人都知道，這夥計按習慣要放火。亞特蘭大城裡，除了「瑞德」和「思嘉」兩個離經叛道的男女，其餘都是傳統紳士，謝爾曼的行為在他們理解之外，他們認為，如果自己留在城裡不走，謝爾曼斷不敢說燒就燒。

謝爾曼才不受脅迫呢，對一個喜歡放火的來說，燒亞特蘭大這麼大的城市，簡直就是提前過耶誕節了。最後逼得瑞德帶著思嘉穿越亞特蘭大的大火，逃出城外。而就在這個過程中，瑞德這個一直有點小自私玩世不恭的精明商人，突然就義無反顧地放下他最愛的女人，加入已知必敗的南方軍隊作戰去了！

亞特蘭大的大火燒了足足半個月，即使是通過《飄》的描述，我們也無法想像大火前這座城市的盛華光鮮，衣香鬢影。但它被焚燒的畫面居然刺激了瑞德這樣的人，在戰爭末期投身軍旅，跟南軍一起做最後的掙扎，至少是說明，謝爾曼同學耶誕節有點high過頭了。

最狠的不是火燒亞特蘭大，是隨後而來的海上進軍。謝爾曼給自己劈出一條寬約六十英里的進攻線路，一邊推進，一邊摧毀，人擋殺人，神擋殺神，人畜同理，管殺不管埋；拿不走的物質全部燒毀；至於設施和建築，謝爾曼是只恨沒有趁手的工具，他想，要是能買到大型挖掘機，再從某個東方古國雇傭一支拆遷隊就更好了。

這條六十英里的死亡地帶，草木不生，形同焦土，之前所有人都不會相信，自己人打自己人，可以用功到這個程度！

謝爾曼能在喬治亞玩這麼爽，顯見是李將軍在北方戰場態勢膠著。李將軍僅僅是統領北維吉尼亞軍團，戴維斯總統一直將邦聯軍隊的全盤控制權掌握在自己手裡。直到一八六四年初，李將軍才真正成為南方邦聯軍隊的總司令，可以制定全盤戰略，此時此刻，就算擁有拿主意的權力，李將軍也只剩苦笑而已。

格蘭特出擊里士滿，長達一個月的荒野戰役，讓北方軍付出了五萬五千人的代價，南軍也損失了三萬多人，里士滿依然安全。

換個思路吧，里士滿夠不著，就繞過里士滿，攻打其南部的彼得斯堡。這裡是里士滿通向南方的鐵路樞紐，只要佔領，里士滿就成為聯邦包圍中的孤島。

知道這裡是樞紐，李將軍察覺格蘭特的目的，當然是退守該城，這一來，雙方你來我往又變成了持久戰，從一八六四年七月到一八六五年四月，整整十個月的圍攻，格蘭特才收穫了這份艱難的勝利，死傷又是一個驚人的數字。

李將軍手上還剩兩萬多人，三月時，謝爾曼燒殺搶掠一路北上，與格蘭特大軍勝利會師，已成合圍之勢，切斷了北維吉尼亞軍團南下跟北卡的南軍會合之路。

再打下去，徒增傷亡而已。格蘭特可能不怕死人，李將軍卻不能不考慮，留下些南方子弟，重建他們的家園。

四月九日，李將軍穿上最正式的制服，全身披掛，以一位老軍人最端正的儀容向格蘭特要求投降。

這可能是歷史上最有愛的受降儀式，維吉尼亞州的阿波馬托克斯鎮，一棟二層紅磚樓裡，格蘭特非常恭敬地迎接了白髮白鬚的李將軍。格蘭特給予這位德高望重的敗軍之將以最高的禮遇，並答應給予南方投降的軍官以最後的尊嚴——同意他們在投降時保留手槍和佩劍。最後，李將軍提出，他的士兵如果還鄉，能不能帶走馬匹，格蘭特毫不猶豫地答應了，而且明白原理：士兵帶著馬匹回家，抓緊耕種，還能趕上下一季的莊稼。

李將軍來之前是做好成為階下囚準備的，誰知投降文書簽字後，格蘭特率北軍將領脫帽恭送李將軍離去，不能回憶過去四年那些血肉橫飛的戰場畫面了，美利堅需要和解，回到聯邦的南部，需要療傷和重來。

李將軍參戰開始的目的就很明確，不為黑奴也不為聯邦的態度，他只是非常狹隘地想保護他的維吉尼亞家園。所以整個戰中，李將軍的眼光從來沒有離開維吉尼亞這一畝三分地，攻擊北方，也是為了緩解北方對里士滿的壓力。作為南軍的主要大腦，他對西部戰場缺乏足夠的重視，而北方幾乎就是在取得了西部戰場後奠定了最後的勝利。

美國歷史所有資料中，李將軍都是一個沒有瑕疵的人，南方愛戴他，北方敬重他，雖然南方戰敗，似乎誰也不願意歸罪於這位尊貴的老人家。

脫下戎裝的李將軍遠離了政治遠離了喧囂，他回到維吉尼亞，成為華盛頓學院的校長，本來這是不算太出名的普通學校，李校長用了五年時間，將之建設為全美第一所擁有商科、新聞科和西班牙語課程的著名大學。一八七〇年，李校長中風併發肺炎，長眠於華盛頓學院教堂下。

現代戰爭

軍事專家認為，南北戰爭是世界歷史上第一場現代戰爭。現代戰爭這個概念很難說清楚，如果大家熟知兩次世界大戰，就算是最佳解釋了。

南北戰爭之前，打仗就是打仗，雇傭幾個大兵，摧毀一個目標，幹掉對方的軍隊，速戰速決。而南北戰爭則是進入了一個總體戰的格局，也就是採用徵兵制募集軍隊；國家所有的資源包括金融稅收都為戰爭服務（有專門配合戰爭的貨幣和稅收政策）；不僅消滅對方軍事體系，還要摧毀對方的經濟體系；除了打擊軍事目標，還可以摧毀民用設施；既要對付軍隊，也要威懾平民；總之是只要一打仗，上至國王下至乞丐誰都朝不保夕，就是現代戰爭了。

聯邦對沒維護州權沒有偏執，一發動就是全面協調的體系，最成功的就是一開始就對南方實施了海上封鎖。因為聯邦知道，南方能維持的基礎就是與歐洲各國的棉花貿易，只要堵住港口，讓南部的棉花無法外運，則南方折騰不了幾天。

事實證明，聯邦這個名為「蟒蛇計畫」的海上封鎖，還真是卡住了南方的咽喉。

開戰時南方沒有海軍，但南方非常清楚必須突破海上封鎖，他們聽說歐洲已經考慮艦艇裝上鐵甲，於是就提出了裝甲艦的思路。

維吉尼亞脫離聯邦，北方人撤離時，將諾福克港不能離港的炮艦鑿沉。南方的兄弟們可憐兮兮地把一艘護衛艦撈出來，洗乾淨，用鐵皮加個蓋子罩上，這艘護衛艦原名「監視者號」現在取個名字叫「維吉尼亞號」，大模大樣開出海，去找北軍的艦艇練手去了。

當時的艦艇也不過是些木船，冷不丁碰上一個有鐵皮裝甲的怪傢伙，炮彈打過去又傷不到它，北軍一時還束手無策。「維吉尼亞號」出海當天就擊沉了兩艘聯邦海軍的艦艇。

很快北軍也聽說有裝甲艦這東西了，正有個瑞典的發明家在幫著華盛頓搗鼓呢。就在「維吉尼亞號」出海炫耀不久，北軍的裝甲艦也下海了，幾個小時候，抵達了維吉尼亞海岸，預備跟「維吉尼亞號」一較高下。最戲劇的是，這艘北軍的裝甲艦，還叫「監視者號」。

一八六二年三月九日，史上第一次裝甲艦的正面交鋒，兩艘黑呼呼很猥瑣的鐵傢伙，互相發射炮彈，你來我往打了半天，「監視者號」無法打沉「維吉尼亞號」，「維吉尼亞號」更是拿「監視者號」沒轍，最後雙方算打平，撤出戰鬥，南方想要突破海上封鎖的計畫也被拍死。

除了裝甲艦，南方還真想了不少辦法，比如發明了小型魚雷艦和手動潛艇，雖然思路挺創新的，可因為沒有強大的工業和技術做基礎，這些小發明創造也最多就是偶爾困擾了北軍一陣子。必須批評的是，最窮凶極惡的時候，南軍還使用過毒氣彈！

南北戰爭創出過很多第一次，比如第一次用火車運兵。北方密集發達的鐵路系統，讓這一項優勢從戰前保持到戰後；格蘭特將軍在戰中已經非常嫻熟地使用了電報系統，讓軍事指令在白宮和軍營之間傳遞得非常流暢迅速，相比之下，工業發達的北方顯得特別欺負遍地棉花田的南部鄉下。

從滑膛槍到來福槍的廣泛運用，再開發出卡賓槍和散彈槍，殺人武器也在戰中不斷實驗升級。士兵們發現，如果挖一條戰壕躲在後面，可以保全自己並幹掉不少對方衝鋒的敵人，所以除了槍械，挖坑鏟子也成為戰場必不可缺的裝備，後來的第一次世界大戰，我們就看到了熬盡歲月悠悠的漫長塹壕戰。而謝爾曼同學在喬治亞州那種瘋狂動作，我們也可以理解為是，「二戰」時兩顆原子彈丟進日本島的基礎。

南北戰爭讓六十二萬美利堅子弟失去了生命，還有一百七十多萬肢體殘缺，經濟損失更是不可計算。要不要死傷兩百多萬人去解放三百萬黑奴如果是個判斷題，我相信沒有人知道正確答案。這一戰倒是給了美國人一個很好的教訓，以後打架，務必離開本土到別人家去打，因為收拾起來是異常的艱難。

成也是空 敗也是空

一八六四年，戰中，聯邦大選如約而至。戰爭成就了美國歷史上最偉大的總統，林肯無懸念連任。林肯的第二任期有點短，最光彩的篇章就是連任的就職演說，四年的戰時總統生涯太鍛鍊人了，不僅是演講的功力達到了頂峰，措辭和氣概也完全不一樣了：

> 我們天真地希望，我們熱誠地祈禱，這場戰爭浩劫盡快過去，但是，如果上帝讓它繼續，直到奴隸們兩百五十年沒有報酬的艱苦勞作所積累的全部財富化為烏有，直到鞭子抽出來的每一滴血都被利劍放出的另一滴血來清償，那麼，正如三千年前人們說過的，現在依然可以說：主的審判是完全準確和公平的！

第一次就職演說，林肯主打溫情牌，看盡了伏屍千里的畫面後，林肯要求的，是以血還血！

林肯不是戰爭狂，內戰變成高烈度的鏖戰，他承受的心理壓力不可想像，而白宮並不是個適合安居享天倫的地方。

林肯有兒子四個，四年的第一任期內，就死去了兩個，林肯太太因此幾乎崩潰。林肯最鍾愛的四兒子也就比父親多活了幾年。天塌下來有高個子頂著，林肯長這麼高的個子，就是為了頂起這最沉重最艱難的家國苦難。

羅伯特是林肯的長子，也是唯一活到成年的兒子，可就在南北戰爭即將結束前的幾個月，他也差點沒命，讓老林家徹底絕後。

在紐澤西的一個火車站，因為人多推搡，羅伯特跌落了月臺，此時緊挨著他的一列火車，已經徐徐啟動了。幸好不知哪裡伸出來一雙有力的大手，抓住羅伯特的衣領將之拽到安全地帶。羅伯特一回頭，真是嚇了一跳，因為救他的這位，是個大明星——愛德溫・布斯。

你現在去美國擠任何交通工具，碰上好萊塢一線明星的機率幾乎為零，因為他們多半有私家的交通工具。不過在當時，因為明星都是戲劇演員，需要滿世界亂跑下基層走穴，所以，即使是愛德溫・布斯這樣的大明星，他也要親自擠火車。

幾天後，愛德溫・布斯收到了中央來信，他這才知道，他隨手拽出來的這個愣小子，居然總統的大公子。以愛德溫・布斯當時的名聲和社會地位，恐怕這場火車救人的場景中，羅伯特公子更應該覺得榮幸些。

布斯家族是來自英國的演藝世家，在文藝圈享受盛名。對愛德溫來說，解救了總統長子對票房也沒有明顯刺激，在當時的他看來，布斯家和林肯家的緣分，也就是如此了。

尊貴的李將軍卸甲遠去後的一八六五年四月十四日，林肯因為戰爭即將結束興奮得難以自抑，非要去華盛頓的福特劇院看戲，那天正上演一部喜劇《咱們的美國親戚》。

安保人員都說時局混亂，街上什麼鳥都有，還是不要隨便離開白宮去人群紮堆的地方添亂。可是林肯此時心情是太好了，狂喜之下人的智商情商都不容易控制，僅僅是帶著隨行武官就和太太進了包廂，門口守著一位男僕。

一位演員向男僕出示了自己的名片就進入了總統包廂，掏出手槍，對著總統的後腦扣動了扳機。隨後拔出刀子，捅了武官，跳出包廂。

能用一張名片進入總統包廂的，自然不是普通人，他是威爾克斯・布斯，著名演員愛德溫・布斯的弟弟，他自己也是個演員。

兩周後，聯邦軍隊在維吉尼亞北部一個牲口棚子將威爾克斯包圍，並擊斃。

總統卻沒能活這麼久，中槍後，林肯被抬進街對面的一所住宅，經過九小時昏迷，停止了呼吸。

威爾克斯自詡是個南方愛國者，夥同幾個人謀劃了好幾天，沒想到得手如此順利。不管威爾克斯如何自詡，後人研究他行刺的深層原因，還是因為這夥計是個總演不紅的演員。大家都知道，演員這行業，紅是終極目的，如果總是達不到目的，容易抓狂，導致最後行為失控。如何證明威爾克斯其實是想紅想瘋了呢？這夥計殺了總統，跳出包廂扭傷了腳，他居然還一瘸一拐衝上了舞臺，大喊了一聲「這就是暴君的下場」！毋庸置疑，他這次是真紅了！

政府可不分析小演員的內心。這樣的行刺，幕後黑手必須是南方，就算沒有組織或者個人宣布對行刺負責，也可以認定，瀕臨絕望邊緣的邦聯總統戴維斯是第一嫌疑。

在四月一日，戴維斯就將老婆送離了「首都」，送別禮物是一把手槍和若干子彈。他自己在第二天離開里士滿，預備組織南方打游擊。

對羅伯特．李這種把軍人的尊嚴看得比什麼都重要的人來說，捲著褲腿，深入叢林沼澤，找機會放黑槍這種打法是絕對不能接受的，所以，李將軍義無反顧地盛裝向北軍投降了。

將行刺林肯這項美國大罪釘在戴維斯頭上是沒有證據的，他雖然戰敗了還預備打胡攪蠻纏的游擊戰，但絕不是會用下三流手段的恐怖份子頭目。五月十日被俘時，他將身上最後一枚金幣送給一個小男孩，大義凜然地被帶上了沉重鐐銬。

在對待敵人的態度上，戴維斯可以節制，林肯會更有節制，所以，如果林肯不死，戴維斯被俘後的日子會好過很多，而不是被打入監牢，經歷了兩年多苦難的囚徒生涯。

南北戰爭的官司在法律上是個難題，不管拿憲法怎麼玩，它都幾乎無解。戴維斯不知道算是戰犯還是叛國，好多人還都堅持他無罪，最後聯邦政府也只能將之釋放。

戴維斯獲釋後遊歷加拿大和歐洲，寫一本關於邦聯的回憶錄來頤養天年。一八八九年八十一歲時逝於新奧爾良。南方為他舉辦了史上最大規模的葬禮，當天有二十五萬人為其送葬。

另一個世界裡，美國史上最不幸的總統，最悲催的男人林肯見到戴維斯時說，哥兒們，我贏了你，可我羨慕你！

＊威爾克斯．布斯隨便就被聯邦軍隊打死了稍顯輕率，於是歷史揭祕的熱門說法是，死的那個只是長得有點兒像威爾克斯罷了，真凶改名換姓，活到一九〇三年才自殺身亡。要驗證這個事情非

常容易，只要挖掘愛德溫・布斯的遺骨做DNA檢測就能斷定，當年打死的，是不是他兄弟。聯邦法官說挖愛德溫的墳會破壞其他墓穴，不予批准，暫且擱置，好在只要愛德溫的遺骨存在，總有真相大白的時候。

二十六、小院丁香正盛開

當紫丁香最近在前院開放，
而那顆巨星晚上很早便在西天隕落的時候
我曾經哀悼，而且還要在今後年年回來的每個春天哀悼。
年年回來的每一個春天，你一定會帶給我三件東西，
一年一度開放的紫丁香和西天隕落的星星，
以及對我所愛的他的思念，三位一體。

紫丁香開放的季節，林肯逝去了，從此有個叫華特・惠特曼的詩人，年年歲歲，在每一個紫丁香的花季裡，悼念著，懷緬著。

惠特曼出生於美國長島海濱漁村的農民家庭，家族有遺傳性精神病，他是九個兄弟姐妹中的老二。惠特曼全部只讀過六年書，他才情的培養是來自系統教育之外的大量閱讀。

在十九世紀的美國文壇，詩人當然是以愛倫・坡這類為尊，講究格式韻律和旋律，字字珠璣，有音樂美，相當考驗詩人的文字功力。像愛倫・坡這樣寫什麼都像寫詩的天才畢竟少，惠特曼也不願意借別人的鞋，於是，他創造了新的詩體，也就是我們常說的現代詩，自由體。

現代詩對格律要求少了，斷句也沒有特別的節奏，文字傾向散文化，而且，惠特曼的現代詩，還有大膽直白描繪性的內容。

惠特曼名著《草葉集》發表於一八五五年的美國獨立日。初版的草葉集只收錄了序言和十二首詩。到一八八二年第九版時，收錄的詩歌達到三百八十三首。

發行了九版，算是詩集中的暢銷書了，不過其初版僅印了一千冊，還是自費出的，一本都賣不掉，大都當了贈品。即使是贈品，當時那些受贈大家們，只怕也用來墊桌子或者燒壁爐了，在他們看來，惠特曼是粗野下流的鄉巴佬，他寫的根本就不叫詩！（僥倖保存下來的初版都成為珍貴的文物，價值數萬美金）

慧眼認識到《草葉集》價值的，是愛默生，他看到了《草葉集》表現出來的野性天然自由的品質，恰好暗合了他主張的超驗主義。

《草葉集》的核心是一首著名的長詩，《自我之歌》，共有一千三百三十六行，包含五十二首短詩，第一人稱自述，囊括了惠特曼一生所有的思想。

惠特曼用自信豪邁的語氣，向「你」介紹「我」，「我」的想法、態度、價值觀、道德觀，「我」對理想的追求，對美好世界的讚美，對民主平等的嚮往等等。這個「我」是不是惠特曼本人呢，詩人在開篇第一節就講明白了：我讚美我自己，我歌唱我自己，凡我接受者，你也將接受，因為屬於我的每一個原子也屬於你。「我」就是「你」，代表詩人描繪的所有人，是超越現實充分完善了自我的所有人。這也就是愛默生超驗主義理論提出的，相信自我，提升自我，天人合一的過程。

在《自我之歌》的第十七節中有一句：哪裡有水，哪裡有土，哪裡就長著草。聯想到美國人從歐洲來到美洲大陸，一步步向西艱苦拓荒的歷程，美國人正如野草般的強韌，更如野草般的隨性自由，「草葉集」就成了詩集的名字。從《草葉集》開始，美國人寫詩不再遵循來自英國的清規戒律，建立了自然開放的美國獨立風氣，既然詩歌是文字的最高境界，詩歌的突破才是代表美國文化的真正獨立了，因此說，《草葉集》是美國歷史上最偉大的詩篇。

惠特曼的作品中滿滿都是對自由民主的追求，同樣追求自由民主的林肯總統就成了惠特曼最敬仰的偶像，林肯死後，他寫了三首悼亡詩，其中最出色的一首，就是《當紫丁香最近在前院開放》。

支持總統支持戰鬥，惠特曼在戰中是非常積極的，他年齡大了不能上戰場，只能到醫院當護士，被他照顧過的傷兵對他都十分愛戴。戰後，惠特曼進入內政部上班，當某天他的部長知道他是《草葉集》的作者後，果斷地炒了他魷魚！

是因為詩人名聲太大？不是，是因為名聲太差。惠特曼從來不避諱描寫性，不僅寫男女之愛，他還熱情謳歌男男之愛，他著名的詩作《蘆笛集》更是激情四溢。在希臘神話中，河神卡拉莫斯要跟自己的同性情人比賽游泳，情人溺亡，卡拉莫斯悲慟之下化為蘆葦。詩集叫《蘆笛集》，不看內容就讓人懷疑了。

愛默生賞識惠特曼，可看到他的詩稿時，想努力說服他放棄關於「性」的內容，惠特曼當然是「拒不悔改」，以致第一版詩集，沒人敢發行，也讓「淫穢」詩人這個「桂冠」永久地掛在了惠特曼名字之後。惠特曼毫不避諱地承認：戰後他在一次搭乘馬車時，見到馬車夫彼得・道耶爾，第一眼就認識和接受了彼此，後來成了最親密的朋友，出雙入對一起生活了很多年。

惠特曼的性傾向是個爭議話題，不管惠特曼愛誰，都不妨礙他作為詩人的偉大。我們或者可以說，惠特曼是在宣揚一種博愛的理想，愛異性愛同性，愛自己的敵人，根據上帝的安排，愛和寬容似乎是解決所有問題的鑰匙，可總是有人對這鑰匙視而不見。

二十七、重建是另一場戰爭

一個裁縫的逆襲

之前經常說，美國的副總統是地球上最沒存在感的人之一，大部分時候要躲貓貓，不能騷包。但是當美國的副總統，又是地球上最刺激的賭局之一，你可以賭總統莫名其妙被爆了頭，副總統一步登天，從陰暗的角落直接走向燦爛的中心。

沒有哪個總統在競選時首先考慮自己萬一不幸中途翹辮子，自己的副手夠不夠擔當大任的，對於副總統的考量，大多是出於他配合程度的考量。

林肯遇刺，中了頭彩的副總統，叫做安德魯·強森。

安德魯同學絕對是配合度相當高的副總統，出身寒微，沒受過正經教育，職業生涯最可圈可點的，是一位優秀而成功的裁縫。十八歲結婚後，在老婆的鼓勵下，一邊裁衣服，一邊讀書，一邊涉獵政治，經常到街口站在樹樁上演講，就這麼的，安裁縫一步步走進了美國政壇，走向了上流社會，成為州議員，國會議會，田納西州州長，國會參議員。

安裁縫的美國夢在南北戰爭開打後巔峰盛放，作為一個出身南方的民主黨人，安裁縫正是應該背上縫紉包加入邦聯，幫南軍戰士補軍裝和鞋襪，誰知他居然站在了北方共和黨一邊，成了林肯的支持者。

戰端開啟時，全美國只有一個南方的民主黨政治家站在北方這邊，就是我們的安裁縫，他因此成了北方的英雄，引發各種關注，林肯自然而然將安裁縫拉到身邊，讓他成為自己的副手。

不管是逆襲成功的「魯蛇」或者是一步登天的鳳凰男，因為經歷太辛苦，難免不留下些不健康的心理痕跡，在林肯連任的就職典禮上，安裁縫藉著酒興宣誓，當眾吐槽超越出身的奮鬥過程，藐視那些出身良好的政要們，讓林肯和典禮官一頭的瀑布汗，恨不能找根針把裁縫嘴縫上。猜想那個時候林肯就在心裡默默念叨：俺可不能隨便死了，這夥計接班可不靠譜！

是否靠譜先不說，到現在為止，安裁縫肯定算得上是命數極佳的人。不過，在這個節骨眼上接下總統之位，他不見得會說自己「命好」。

林肯遇刺前一段，戰爭結局已定，他最重要的工作就是考慮南方如何重建，南北方往後如何相處，政治局勢會向哪個方向發展。

站在一個國家領袖的角度考慮，林肯認為：仗打完了，讓叛國者受到教訓了，就無謂再擴大隔閡。叛亂各州，選民人數中只要有百分之十宣誓效忠聯邦政府，這些選民就可以重建自己的州政府。南方各州都可以通過這種辦法恢復，重回聯邦。

百分之十的效忠就既往不咎了，這個門檻太低了吧?!北方部分共和黨人不能理解林肯寬恕，對於戰後南方的地位，共和黨人分成了兩派，嗓門最大的是激進派：南部邦聯可是豎起戰旗跟北方決裂的，如今他們回歸聯邦，也是被打回來的，可視為北部的武裝佔領，舊的南方州可以認為不存在了，如何處理南方的土地，要不要讓南方諸州恢復，如何恢復，幾時恢復，那要等國會商量考慮；南方犯下這樣的「滔天罪行」，別想逃脫懲罰。這一派有兩位大佬，一位是薩拉姆，在參議院霸氣十足，一位是史蒂文斯，在眾議院一呼百應，這兩位激進的大哥，是國會的領袖。

激進派雖然對南方有滿腔仇恨，不報仇不能活，但此時此刻，他們並沒有自己系統的重建辦法，只好先把百分之十這個門檻往上抬抬。

一八六四年國會通過了「韋德—戴維斯法案」，百分之五十以上的白人男性宣誓效忠，這個州才能召開立憲大會。會上，選民們要詛咒發誓：再用武力對抗中央，天打五雷轟，這樣才可以組建自己新的州政府，回歸聯邦。

不過共和黨的大部分人，比激進派溫和，比總統代表的寬恕派嚴厲，他們認為：戰爭並沒有消滅南方各州，雖然千瘡百孔，都還在嘛，只是暫時失去了憲法權利，國會要聽其言觀其行，看看表現是不是幡然悔悟痛改前非，在適當的時候恢復他們的權利，一切照舊。

新上臺的強森總統什麼立場呢？他對得起死去的領導，他堅持了林肯的路線不動搖，大家別忘了，這夥計說到底，還是個南方的民主黨人呢。順便說一句，此時共和黨雖然是一黨獨大，民主黨並沒有消亡，南北兩派的民主黨倒是比戰前團結了，堅定地跟民主黨的總統站在一邊。

因為戰時，一八六五年的總統權力還是挺大的，強森不管國會激進派的吹鬍子瞪眼，趁著夏季國會休會，發起了由總統主導的重建。

總統為所有的叛亂州委任了臨時州長，讓他們各回各家，找到願意配合的百分之五十選民，按要求詛咒發誓，而後收拾爛攤子，恢復新生活。新生活有三個重要方面：一、必須通過《憲法第十三修正案》（廢除奴隸和強制勞役），二、廢除奴隸制，三、戰前和戰中聯邦欠南方的債務一概不還，作為叛亂的罰款了。

最讓總統爽歪歪的，是他的特赦案。南部有些囂張叛亂份子，不能不小施懲戒。總統發布了對南方的特赦，但是有些傢伙不在其中，比如主要作戰人員，軍事幹部，邦聯的中央骨幹，政府要員，詭異的是，這其中居然還包括納稅財產超過兩萬美金的南方人。總統的解釋是，南方都是些有錢的闊佬控制的，要不是他們無法無天，搗鼓叛亂，怎麼會打起來呢？

總統很大度，這些人也不是完全不能原諒，只要他們懷著謙卑的心面見總統，當面敬茶賠禮，強森總統是可以考慮放過他們的。

這一下可熱鬧了，白宮趕上廟會了，一八六五年九月，平均每天有一百人低眉順眼到總統御駕前認錯，有自帶眼藥水痛哭流涕的，有讓老婆出面梨花帶雨的，有拉關係走後門的，有加賽插隊的，前後有一萬五千人匍匐在總統面前，強森居然赦免了其中的一萬三千五百人！這些叛亂中堅毫髮無傷回到了老地方，預備重新將南方控制在自己手裡！

這一幕不光是讓激進派，連溫和派看著總統都無力吐槽了。強森的行為很容易理解，作為一個出身卑微的小裁縫，當年他穿針引線縫破褂子的時候，看到南方的權貴們，他是何等的自慚形穢啊。如今他一步登天，成了這些權貴們命運的主宰，不讓他充分享受一下，好像挺說不過去的。

南方人性本桀驁，被痛扁了一頓，又見身邊的繁華頃刻瘡痍，此時心裡多少有點發虛。但總統是如此懷柔客氣，南方人緩解了內心創傷，地主老財的勁兒又有些上來了。

南方被迫解放了奴隸，沒有了奴隸，南方有些闊佬，飯都不知道往哪吃，更何況大宅子大院子，天天多少活計要做，他們十指不沾陽春水，日子怎麼過呢？

而黑人奴隸呢？解放是解放了，他們幹嘛啊？從出生他們就知道，雖然生活苦點，工作累點，可吃喝拉撒都有主家罩著呢，大部分黑奴還是餓不死凍不壞的嘛。

其實解決這個狀況很簡單，改變一下雇傭形式，前奴隸主出錢雇傭黑奴勞動就好了。可對前奴隸主來說，雇傭黑奴，給他們發工資，這就等於承認，他們是有正當合理地位的「正常人」了，按月給黑奴發工資感謝他們的勞動，這個景象怎麼都不好接受啊！

於是，新恢復的南方諸州頒布了一個《黑人法典》，一聽名字就知道，這是一部約束黑人的教條。法典裡規定：沒有工作的、到處遊蕩的、賊眉鼠眼的、文盲的黑人，一概都有罪，要被抓起來，送到私人雇主那裡做工代替刑責或者罰款；有些州黑人不能擁有或者租賃農場；有些州，黑人不能從事種養殖或是家僕以外的工作；黑白人絕對不能通婚。

在這項天才的法典之下，南方的黑人生活跟奴隸時沒啥區別，有的甚至更慘，因為好些原本良善的主家，經過戰事，對黑奴恨之入骨。

聯邦難道不知道這個情況？知道啊，所以聯邦派了南下幹部，組建了一個「自由民局」。這基本就是個毫無規範的慈善機構，不，它就是個路邊的施粥棚子加一個調解辦，他們只管給黑人發糧食，安排他們遮陰避雨之地；黑人實在被原奴隸主欺負得厲害，有個說理的地方；黑白紛爭鬧得太過，這個局出面調解一下。這樣不倫不類的單位根本無法從根本上解決黑人問題，而且像這樣的機構，錢花起來是沒數的，南下幹部們不趁機撈上一筆，都對不住自己。

一個慈善機構比一項法典的作用，顯然太微不足道了，於是激進的國會共和黨也弄一部法典，跟南方對抗。「第一人權案」提出，黑人是合眾國公民，聯邦政府為保護公民的權利，可以干預各州的事務（前面說過，美國憲法規定，正常的州事務獨立，聯邦是不能隨意干預插手的）。

強森總統在潛伏數年後，終於被恢復了身分，他此刻完全是以南方總統的立場對待國會了，對於國會的「人權案」和在南方花錢如流水腐敗說不清的「自由民局」，他毫不留情地給予了否決；國會也不示弱，對總統的否決給予否決。

好吧，不管再怎麼偽裝，總統和國會肯定是公開決裂了，強森不過是撿漏上來的總統，毫無民意基礎，激進派決定，抓住有利機會，一舉肅清國會內緩慢重生的南方民主黨力量，並最終將南方總統踢回南方去！

國會當家

什麼是有利機會？一八八六年國會中期選舉，只要共和黨人在兩院佔有三分之二的多數席位，大部分理想就可以實現了！

為配合期中選舉，國會肯定是不斷加碼攻勢，四月份，他們弄出了《憲法第十四修正案》。

美國歷史讀到現在，「地主們」發現，美國的解決問題方式，如果不打架，就是時常給憲法增加修正案，有的修正案之間或者修正案跟憲法之間，看著還矛盾，非常糾結，也很枯燥。老楊提醒大家，到二十一世紀，美國通過的憲法修正案有二十七條，咱們這艱辛的取經之路，才走了一半。

但是大家千萬別把書丟了，因為這第十四條修正案，所有人都應該了解，因為它幾乎可以說是美國憲法的核心。

第十四修正案規定：凡出生在美國或者是歸化美國的人，都成為美國公民，受到州法律和國家法律的保護；任何州，如果拒絕州內男性公民的選舉權，則國會可以減免該州的議員和選舉人席位。

之所以這第十四號是憲法的核心，就是因為它首次界定了美國公民這個概念。

十四修正案的地位我們暫且不說，國會激進派憋著整南方，整總統，他們搗鼓出這樣一條修正案，目的何在呢？

主要目的就是一個：黑人可以投票！

激進共和黨大愛無疆？當然不是，政治永遠不要和「愛」「美」「善」這些詞彙黏連。南方黑人已經解放，他們按人頭計入了州人口數，國會的席位是按州的人口數擬定的。南方驟然增加了這麼多黑人選民，如果他們不能親自投票，被當地的白人代表，則南方民主黨肯定是議員數量倍增，逆襲國會了嘛。

讓黑人投票，別說南方各州接受不了，北方很多州都嚇一跳。不管是南方北方，廢奴的蓄奴的，從骨子裡說，全美大部分白人，對黑人還是嫌棄和輕視的，就算不是奴隸，黑人也絕對是二等公民，有什麼資格能決定國家大事和國家領導呢？

北方各州可以繼續爭辯，南方沒有爭辯的餘地，國會說了，不通過這第十四修正案的，不准其返回聯邦。

總統國會劍拔弩張，南北雙方劍拔弩張，此時的國內環境，並不比南北開戰前輕鬆。只是南方被打殘，無力再爭強，只能在心裡不斷積累仇恨。南方人想到，戰前受到的不公正待遇，戰時兄弟手足的犧牲，戰後生活困難重重，說到底，就是「黑鬼」惹出的麻煩，最該死的就是「黑鬼」。

一八八六年，南方大城市此起彼伏到處種族血腥衝突，白人暴徒們對黑人發起了殘酷的攻擊，打人殺人燒房子。很快，針對黑人的行動就形成了有組織犯罪團夥，大名鼎鼎的「三K黨」就這樣顯身江湖。「三K黨」白袍加身，晝伏夜出，身藏利器，打砸搶不眨眼，恐嚇謀殺是常備手藝，專門針對黑人社群。冤冤相報沒完沒了，終於讓白黑矛盾不可調和，南北內戰結束了，種族間的內戰，剛剛開始。

南方暴力密集，北方人包括老百姓都覺得是政府不夠鐵腕，激進派佔了上風，當年的期中選舉，雖然強森總統聲嘶力竭為溫和派拉票，共和黨激進派還是完勝，如願取得超過三分之二的席位，如此一來，國會終於可以完全主導南方重建了！

因為田納西州態度良好地接受了第十四修正案，接受他回到聯邦。其他十個州的州政府全部無效，這十個叛徒被分成五個區，每區由一個聯邦的軍事將領負責，完全軍管。在此期間，有關人等重新註冊成為合法選民，必須是沒有參加過反叛行動的成年男性，黑白都有；註冊好後，選民就選出立法大會的代表，開始擬定州憲法；州憲法報國會通過，另外必須通過第十四修正案，然後國會就可以考慮讓這個州回家。

一八六七年，歷史性的時刻，美國的男性成年黑人終於首次投出了自己的選票，到一八六八年，有七個前叛州向國會低頭，回到了聯邦。

國會既然是激進國會，由不得南方的效忠是磨磨嘰嘰的。眼看著還有幾個州就是不馴服，他們又把憲法第十五修正案弄出來了！

「各州和聯邦政府，不得以種族、膚色、和以往的奴隸身分為由，限制公民的投票權」。毋庸置疑，這也是偉大的法律，但大家可以發現其中的硬傷，那就是，只說到「種族和膚色、身分」之類的問題，沒有提到「性別」，也就是說，這一輪對美國公民和選民的確認，沒女人什麼事，不管是白女人還是黑女人，而其實，在內戰期間，全美的女權運動依然如火如荼地進行著。

十五修正案引發的轟動不僅僅限於女權組織的反對，在北方各州，很多州政府也抗拒這一條。新英格蘭地區，資本家們認為，如果投票權沒有財產限制，窮鬼不就翻天了嗎？在西部，最艱苦勞累的崗位上，隨處可見梳著小辮，黑黃色面孔的華人，他們吃著最粗糙的食物，過著最艱苦的日子，可依然保持著驚人的繁殖和遷徙能力，這個種群沒文化的能跟白人拼體力拼吃苦耐勞的精神，有文化的可以跟白人拼智商拼手腕，正以一個讓白人們驚愕的速度不斷壯大。十五修正案如果讓這些華人投票，那將是一支可怕的政治力量。所以，西部某些州，拒絕華人投票。

國會雖然可以一條又一條發布修正案，似乎把南方收拾得很憋屈，但總統畢竟是國家最高行政長官，他還是有否決權的。落實了重建的重要條款後，國會預備工作徹底，把這個不跟國會一條心的總統徹底廢掉。

要炒掉美國總統需要經過幾個程序：第一，整理總統罪狀；第二，眾議院提交這些罪狀；第三，參議員研究罪狀並投票，三分之二的參議員認為總統有罪，則該總統可以直接下課。這個程序有個專用名詞叫做：彈劾。

一八六八年的美國眾議員們很團結，年初他們就把罪狀整理好了，乖乖，整整十一條。這是美國史上首次彈劾總統，大家沒啥經驗，終極目的是總統下課嘛，所以不管參議院怎麼判，共和黨們已經屎盆子尿罐子都往強森頭上扣，侮辱謾罵更是每天都有。強森本來就有點不著四六的，工作生活上能被挑剔的地方不少，想整他的黑素材，並不難。

二月份交給參議員，五月份才投票出結果，三十五票對十九票，感謝上帝，離三分之二僅一票之差，史上第一位被彈劾的美國總統強森長出一口氣，終於能「享受」完自己的任期。

雖然沒讓強森提前下課，好在他也沒幾天了，因為一八六八年，又是大選年，共和黨這次可要找一個靠譜好用的總統了。

中國人民的老朋友

一八七二年，咱們的大清和日本就琉球王國也就是現在日本沖繩的歸屬爭得如火如荼，不知道是緣分還是宿命，美國人總是不可避免地出現在中日之間，即使那時的美利堅還不是世界員警或者街坊大哥。

以當時清政府的羸弱，失去琉球已勢不可擋，大清海外關係最好的官員李鴻章大人，正好接待了來自美國的前總統，尤利西斯・辛普森・格蘭特先生。

中堂大人有點病急亂投醫，他求格蘭特幫忙斡旋，看能不能讓日本人對琉球放手。但日本沒給格蘭特前總統面子，該怎麼欺負清政府就怎麼欺負，絕不留情。

格蘭特見沒幫上忙，也很不好意思，但美國人不會說客氣話，格蘭特留給中堂大人的書信，希望中國人能夠自強！收到這樣的信，全體炎黃子孫都應該覺得羞恥。得道多助失道寡助是個天真的想法，互相幫助尤其是國家間的，基本都是以利益交換為基礎的，羸弱到不可救藥的國家，找人幫忙不是引狼入室就是自取其辱！

一八六八年大選沒什麼懸念，強森總統的作為讓戰後政治動盪，時局混亂，比戰時還迷惘。國家需要強悍的領袖，最合適的就是格蘭特將軍這種人。

作為南北戰爭的國家英雄，格蘭特沒什麼特別的政治立場，什麼黨派都不是，不過顯然共和黨的重建計畫更符合他作為一個老軍爺的眼光，所以他願意作為共和黨的代表參加大選。特別要說明的是，這一次大選，北方的資本家開始全力支援共和黨，而這個支持延續成為傳統，一直到現在。

格蘭特人緣不錯，支持率也高，可軍人玩政治總不讓人放心，最後他能以微弱優勢贏得大選，完全要感謝新加入的南方五十萬黑人選民。

格蘭特出生於俄亥俄，父親是個鞋匠，有個小農場。格蘭特從小看不出什麼大出息，資質平平，但因為是家裡的老大，還是要謀個前程，父親找熟人走關係，將格蘭特塞進了西點軍校。

前面說過，羅伯特・李將軍是西點校史上最優秀的學生，至今無人能敵；而作為校友和學弟的格蘭特，在學校的表現就不值一提了，格蘭特最大的毛病是酗酒，酗酒的人不犯錯誤幾乎是不可能的，僅從學校的檔案看，格蘭特和李將軍好有一比，那是螢蟲之光與日月爭輝。格蘭特同學這時叼著大雪茄（這夥計酷愛雪茄）輕蔑地看了老楊一眼：後來好像是日月向螢蟲投降了吧？提起這段往事，老楊是鼓勵所有在校差生，別看成績，人生是長跑，誰是冠軍不一定呢！

格蘭特參加了美墨戰爭，戰爭太短暫，沒讓他過足癮，和平時期不適合格蘭特，他活得毫無目標渾渾噩噩，還賠掉了父親留給他的小農場。要不是南北戰爭開打，格蘭特一輩子就是個渾身煙酒臭氣的Loser了。

戰中，大部分的西點軍官都加入了南方作戰，留在北部的西點人顯得挺金貴，格蘭特升職有點快，他在戰場上的表現並不辜負對他的升遷。

戰後，格蘭特榮譽更加多了，他現在是格蘭特上將，頂著美國軍隊的最高軍銜，當然最大最牛的榮譽還是：美國人用選票將他送進了白宮，他比李將軍更加為西點軍校爭光，因為他是第一位入主白宮的西點畢業生。

西點真能培養出合格的美國總統嗎？哈佛和耶魯都等著看笑話呢，這個笑話還真讓他們等到了。一脫下戎裝，格蘭特就毫無自信，尤其是戰後這個複雜的局面，對一個政治菜鳥來說，根本無從下手。格蘭特軍旅出身，哥兒們義氣，只相信自己身邊的親戚朋友，尤其是那些圍在他身邊找機會的有錢人。第一個任期，格蘭特任人唯親這種用人方式，讓他收到大量批評。

在當時的態勢中，格蘭特不作為，也沒什麼大事，因為國會還是牢牢控制著大局，按他們的激進想法重建南方。

第一任期能不能算及格不好說，但因為激進派共和黨大旗不倒，他們扶持的格蘭特也還是順利地拿到了第二任期。

這第二任期可就不太好混了，國會重建的各種弊端，南方的腐敗混亂，格蘭特的政治無能都充分發酵，產生出一個個帶著臭氣的醜聞氣泡，讓格蘭特過得狼狽不堪。

第一件醜聞爆發在一八七二年，起因是聯合太平洋鐵路公司。

一八六二年林肯總統簽署了「太平洋鐵路法案」，成立聯合太平洋鐵路公司，計畫用鐵路打通密西西比河和太平洋海岸，為內戰中的北方提供支援。一八六九年五月十日，第一條橫貫大陸鐵路正式貫通。

聯合太平洋鐵路得到了不少政府補貼款，在一八七二年就爆出，為了獲得這些補貼，公司用股份向國會議員行賄，其中甚至包括格蘭特的副總統。

副總統還沒說清楚呢，總統的私人助理又栽了。有人揭發出，格蘭特的有錢朋友和他的官員們建立了一個專門經營酒的所謂「威士忌酒圈」，通過各種辦法做假帳，偷稅漏稅，瞞天過海，發著橫財。

格蘭特自己出身一般，Loser 時代對金錢可能還是挺有渴望的，功成名就後，結交了一群富豪朋友，當時的美國，官商勾結能搞出好多名堂的。

一八七三年，格蘭特的一位頂級富豪密友，搞出了一個震動全世界的大名堂。

在之前的幾部歐洲國家史裡，老楊大致介紹過了，從資本主義誕生以來，每隔七至八年必然會出現的經濟危機，大都是經濟過剩引發的。從十九世紀開始，這個毛病已經普及到了全世界，美國也不可避免地傳染上，比如戰前的一八五七年，就是著名的危機年，也是南北戰爭一個誘因之一。

在全世界的經濟危機史上，一八七三年是明星年份，因為這一年的經濟危機比較猛，引發了大恐慌，觸發了大蕭條，而後又啟動了美國的大發展，這一年幾乎是美國經濟歷史的一個分水嶺，這一年經濟危機的中心，從以往的歐洲英國，轉移到了北美地區，從此以後只有美國人危機了，才算是真正的世界經濟危機了！

經濟危機都由過剩引發，一八七三年，美國什麼過剩？該時該地，一個握著一把錢的傻蛋，他不用任何思考任何建議，他就會義無反顧地投資鐵路。之前的鐵路建設已經讓美國人嘗到了甜頭，而日益發展的西部，也讓這項生意前景被無數人看好，一窩蜂地投進鐵路建設的滾滾大潮中去了。

要想富，修鐵路！以當時的美國人口計算，一八七三年前後，每五百口子美國人就有一英里的鐵路，對當時還有大量人跡罕至的荒原的美利堅來說，這個規模，就算是過剩了。不是鐵路就能賺錢，萬一選錯了地址修錯了線路，一樣血本無歸。

當時全美最大的銀行的創始人傑伊・庫克是總統格蘭特的密友，也是國內的頂級富豪，更是最大的鐵路建設投資人之一。

傑伊・庫克因為上層關係，靠承銷政府債券發家，在格蘭特總統任內混得風生水起。這麼精明的人偶爾也犯糊塗，他跑到美國西北部的蒙大拿去修鐵路，那裡印第安人戰患不絕，坐個火車隨時有生命危險，顯然是錯誤投資。這個北太平洋的鐵路計畫拖垮了傑伊・庫克和他的銀行。

一八七三年美國的大恐慌，就是源於傑伊・庫克銀行的倒閉破產。全美最大銀行的倒閉是個什麼情形，大家是可以想像的，因為這幾年，美國紛紛上演規模不等的同類好戲。當時的人們沒我們這麼見多識廣的，全都嚇慘了，鐵路公司倒了一批，為它提供貸款的銀行也跟著倒閉，多米諾效益，破產的各種機構一家接著一家，沒破產的企業，股票價格也紛紛暴跌，幾近腰斬，紐約證交所驚慌之下，不得不將股市關閉了整整十天！

美國的鐵路投資吸引了大量的歐洲資金，不用說，這輪多米諾骨牌的坍塌，會一直延伸到歐洲大陸。

一八七三年的危機來得猛，砸得凶，隨後的五年時間裡，美國都在蕭條中盤整。

以格蘭特總統的水準，不管是醜聞和危機，他基本都只能靜觀其變，無力回天。同時美國人民發現，這幾年的美國，不管南北，官員腐敗和局勢混亂似乎都比戰時更嚴重。總統肯定是無能而遲鈍的，這些醜聞的主角還都是他的身邊人，會不會這個國家英雄也參與了這些貪污腐敗的事呢？難道我們錯看他了？

沒有證據證明格蘭特的腐敗，但既然遭懷疑，一個政治人物的生涯就算完犢子了。一八七六年，格蘭特想繼續留在白宮，只是大家不給他機會了。格蘭特是在新的總統上任後，才不情不願地搬出了總統府。據說他不肯搬走的原因是「沒地方去」，除了白宮，沒有自己的家。看來這位扶持了好幾個「官辦富豪」的大老闆，自己並沒有落下什麼好處，摧毀自己成全別人，很讓人懷疑格蘭特的智商。

格蘭特的傻故事並沒有隨著退休結束，他在全世界轉了一圈後回到美國，預備進軍商業。不怕狼一樣的對手，就怕豬一樣的兒子。格蘭特當總統的時候被手下和朋友坑，退休了就被兒子坑。跟其他坑爹的傻兒子一樣，小格蘭特容易招惹一些巧舌如簧的騙子，騙子將自己的投資業績說得天花亂墜，小格蘭特就鼓動老爸跟騙子合夥成立投資公司，老格蘭特沒錢就跟人借，用他英雄和總統的聲譽做擔保。

這就是一個簡單的龐氏騙局，華爾街長存常在的老伎倆，只要人的貪念不滅，這個騙局永遠有受眾。結果當然是騙子驀然消失，格蘭特父子血本無歸。

格蘭特落魄潦倒，甚至要拿自己戰時將軍的佩刀去抵債，承載著如此巨大榮譽的一件抵債品，債主都不太敢受。民眾記得他在戰時的功績，全國各地都有人接濟他。

最有效的幫助來自韋伯斯出版公司的董事馬克・吐溫，他預付兩萬五千美元，讓格蘭特寫自傳。動筆不久，老格蘭特就發現自己得了喉癌，他是真正用生命寫作啊，終於在臨死前四天完工交稿。

老格蘭特沒有機會看到自己作為一個作家的成功，自傳大賣，讓格蘭特的後人得到了四十多萬美金的收益，在當時是一筆巨款。

武能領兵作戰，文能著書賣錢，要是不當總統，不混華爾街，格蘭特該是個多麼幸福而成功的人。

又見妥協案

格蘭特的八年，是失敗的八年，恥辱的八年，但責任不在格蘭特，要問責，最該檢討的是共和黨的激進派，因為這八年，說到底，美國的頭號大事，還是由共和黨激進派主導的南方重建。

激進派重建方式的終極目地就是想讓共和黨佔領南方，遏制南方民主黨死灰復燃。可是激進共和黨的做法，似乎讓南方更混亂了。軍事管制讓以３Ｋ黨為代表的針對黑人的行動不斷升級，限制壓制黑人的運動不斷擴大，此起彼伏。共和黨對黑人又沒有一個長遠規劃，就是單純地為他們提供基本食糧，離開了援助的黑人自由民根本無法自由生活。

戰後聯邦對南方黑人的援助，很有慈善的性質，但慈善這個東西，一般都是在自己手頭寬綽的時候才會做的，自身難保誰還天天想著接濟別人呢。一八七三年的經濟危機，讓北方受到重挫，聯邦政府也財政吃緊，這個時候，想再維持南方的慈善機構，就比較難了。

其實，在一八七〇年第十五修正案頒布後，很多北方白人已經感覺，對黑人的幫忙，可以功成身退了。既然黑人們都擁有選舉權了，他們應該有能力照顧自己，管理好自己的生活，不要成為聯邦政府的負擔。

就這樣，隨著北方政府削減各項社會福利，好日子就離南方被解放的黑奴越來越遠了。而一直被壓制的南方民主黨，也在國會不得人心的激進重建中慢慢重建了自己的民意支持，一八七四年國會選舉，民主黨十二年以來首次取得了眾議院，南方各州也陸續回到了民主黨手中。

格蘭特總統在任的八年，被認為是美國史上最貪腐的一段，貪污腐敗已經浸潤了美國政府的上下各個部門。而兩黨的黨魁們更是通過政治操作，讓自己的親信把持城市的重要衙門，而後大發其財。除了前面介紹過的那些醜聞，當時的美國，各主要大城市，都有黨派控制的團體，控制城市政治經濟的各個方面，通過各種手段豐滿自己的腰包。這個基督教的國家突然信仰模糊了，整個社會充滿對金錢的崇拜，瀰漫著急功近利的銅臭味。

當時最大的城市紐約是由一個民主黨的幫派控制的，這個幫派就是聲名顯赫的坦曼尼協會，大佬是做消防起家的老闆特威德。特威德老大自己不擔任任何職務，可整個紐約的官員體系都在他操作中，紐約的市政工程、城建項目、官員調動、貿易事務甚至是稅款收集，都能讓特威德插手並賺去大頭，很難計算這個夥計最後到底搞了多少錢。

好在美國的媒體輿論總還是有一線自由和底限，特威德做得太過，有些小報開始發布些小道消息或內幕傳聞。有些言論甚至說，當時的紐約州長蒂爾登也不是個好東西，他跟特威德絕對是一夥的！

紐約州長蒂爾登還真沒跟特威德同流，對坦曼尼的行為私下也頗有微詞，藉著這個機會就洗清自己，成立了專門的委員會，扳倒了坦曼尼，將特威德送進了大獄。

蒂爾登成了英雄，一八七六年大選，他自然成為大熱，將代表民主黨爭奪白宮。

共和黨那邊呢？格蘭特老爺子再三表示，自己完全可以再辛苦一屆，可共和黨真不敢拿這位名聲有點尷尬老英雄去冒險。面對國會重建的混亂和貪腐橫行，所有人都認為，美利堅需要改革，於是共和黨預備找一位改革派來接替格蘭特，這位改革派還必須是跟格蘭特任內所有的醜聞都沒有任何干係的清白者。

三次出任俄亥俄州長的，前聯邦軍軍官海斯進入了大家的視線，這是一位公認人品正直的人，而且他一直是行政改革的積極宣導者。

海斯和蒂爾登都是改革派，兩人的政見也沒有特別大的區別，到底誰能為自己贏得一個改革的機會呢？

以前說過，美國人選總統是，在某個州獲得了大多數的普選票，就獲得那個州所有的選舉人票；在全國獲得一百八十五張選舉人票，則可宣布當選。

蒂爾登藉著打擊坦曼尼的超高人氣，明顯獲得更多民眾支持，一舉獲得了一百八十四張選舉人票，眼看就要獲勝，可這時，出現了美國歷史上最大的選票爭端。

在南方的路易斯安那、南卡羅來納和佛羅里達州三個州，出現了截然不同的統計結果，共和黨和民主黨都說自家的候選人贏得了這三個州，這成了一個謎案，誰也說不清到底誰贏了。

要命的是，美國憲法沒有解決這個麻煩的條款，皮球只能踢給國會。國會也傻眼，如今眾議院由民主黨控制，參議員是共和黨的天下，到底哪個院決定呢？

好吧，組建一個特別委員會吧，找五個參議員，五個眾議員，五個高院法官來投票。這十五個大神也都分屬兩黨啊，他們的投票都帶著傾向性，他們分別有七名民主黨，七名共和黨，剩下那位就什麼黨都不能是了。

這場投票歸根結柢就是那位無黨派支持誰，換言之，找個什麼樣傾向的無黨派來投票是最重要的。局看起來無解了，好在美國政治一直有個大好傳統，那就是：妥協！南北戰爭就是因為大家破壞了傳統，結果整個國家付出慘痛代價。雙方都有需求，總有利益可以交換，有什麼不能談判的呢？

一八七七年，八票對七票，海斯代表共和黨入主白宮。共和黨贏了嗎？不算，根據妥協案，共和黨要從南部完全撤軍；海斯的內閣至少要有一名南方要員；聯邦要對南方的各項工業化建設提供補貼贊助！

經過一場惡戰，南方民主黨學明白了，早日讓南方恢復並快速發展，讓南部盡快工業化，是比跟激進共和黨置氣（北方方言，慪氣的意思。）更重要的事。

民主黨當時絕對沒想到，他們將海斯送進白宮是民主黨的完勝。這位海斯總統一上任就宣布，他要推行改革，為了保障改革的順利推進，不要給自己掣肘，他只會擔任一屆總統。

因為不考慮連任的事，沒有後顧之憂，海斯做了讓共和黨跳腳的事，那就是完全支持南方民主黨拿回南方，並按這些老白人種植園主的思想「復辟」南方。失去了北方軍隊的庇護，雖然任何人都不能再把黑人變回奴隸了，可黑人的境遇並沒有改善，或許，遭遇更惡劣了。

整整十年的喧囂混亂，南方還是白人的南方，還是南方民主黨的天下，一八七七年的妥協案正式宣告，由國會主導的南方重建，徹底失敗。

無欲則剛，只做一屆的美國總統海斯，頂住來自共和黨內部的各種批評叫罵，推行著他的改革方案，海斯任內，美國走入了健康的發展軌道，並從此在世人的驚歎注視下，持續了三十多年高速而穩健的經濟擴張，科技發展，一步步走上世界頭號大國之路。

二十八、美利堅崛起

跑步進入現代化

內戰不是北軍挫敗了南軍，是北方的資本主義順應歷史潮流幹掉了南方的奴隸主經濟。資本家贏了，當然就將美國帶入資本主義快速發展的時代。

整個美國的工業革命，是圍繞著鐵路的發展進行的。內戰之前，聯邦政府對地方建設沒太多的話語權，在戰中，政府權力增加了。鐵路是戰爭勝利的重要條件，當然是優先關照的。

為了加快鐵路建設，聯邦政府除了大筆撥款，還慷慨贈地，更少不了來自歐洲的各種投資或投機的資本。到一八六〇年，美國基本可以說擁有全國性的鐵路網，一八八五年，有四條鐵路線，從東部延伸到太平洋，到一八九〇年，美國鐵路總里程數達到十六萬英里，總投資超過九十億美元。對美國東西遼闊的國土來說，不管是經濟還是政治，鐵路顯然是維穩的關鍵。

作為起步晚的小弟，美利堅能充分吸收歐洲老牌資本主義國家發展的經驗教訓，而發展工業科技為先，幾乎是一條人類進化的公理，美國人對先進技術是非常敏感的。

十九世紀末，資本主義進入以電力的廣泛應用為標誌的第二次技術革命時代，在用電這個項目上，美國人一直走在前列，有個叫富蘭克林的老前輩，早就用風箏跟電玩過了。玩得更出神入化，將電直接帶進每個普通人生活的，則是愛迪生。

愛迪生是荷蘭人和蘇格蘭人的後裔，出生在俄亥俄州。愛迪生小時候的故事可多了，都挺勵志的，比如他八歲才上學，上了三個月，老師就覺得他是個弱智，給勸退了，以後就在家上學，好在媽媽曾經是小學老師。

為了補貼家用，愛迪生十二歲就在火車上當報童，這個時候發明家的天賦已經初露鋒芒，他在火車上做試驗，嘗試製作火藥，引發小型火警，差點燒了火車，火車管理員一怒之下扇了他耳光，從此愛迪生的耳朵就不太好用了。

這又是我們小時候學到過的故事，並沒有獲得過愛迪生本人的證實。更多人是說，愛迪生幼時的猩紅熱，導致他很早就有聽力問題。不管是真是假，這個故事都不該當學生教材用，在火車上玩火藥，那是標準的熊孩子。

愛迪生的第一份工作是電報員，因為他聽力障礙，他可以完全忽略周遭的雜音，發送電報又快又好。

天才是百分之一的靈感加百分之九十九的汗水，這是愛迪生的蓋世名言。如果從愛迪生本人來看，他的天才靈感至少應該佔百分之五十。二十一歲他就申報了自己的第一項發明專利，到一九一〇年，他名下的各種專利在全世界多達一千五百項，狀態最巔峰時，每隔十一天，他就能拿出一項創新方案。

這一千多項專利不能說是愛迪生一個腦子裡出來的。愛迪生的頭腦在於，他從不蒙著頭揮灑汗水，在紐澤西的門羅公園，他建立了世界上第一個工業實驗室，招募一群跟他一樣的天才，集忠廣益，專門搞發明創造。五十多名助手，每天睡四至六小時，非常辛苦，愛迪生對待他實驗室的員工，絕對不比任何一個資本家仁慈。估計那百分之九十九的汗水，說的就是他那些可憐的雇員們。加入實驗室的人，每一項發明，其專利權都歸屬愛迪生。

第一項重大發明是留聲機，誕生於一八七七年，但對於一八七九年問世的白熾燈來說，留聲機就黯然了。一八八二年，愛迪生在紐約建立了第一座發電站，向整個曼哈頓地區供電。

說到燈泡，就要提到愛迪生發明的直流電，就會同時想到交流電。直流電是指大小和方向不隨時間變化，不能用變壓器改變電壓的電流。用乾電池的那些電器，都是直流電。直流電如果要長途運送，為了保持穩定，就要每隔一公里建設一座發電站。而交流電則是大小和方向隨時間做週期變化的電流，因為可以用變壓器改變電壓，利於長途運送，我們現在使用的大部分電器，冰箱空調，都是交流電。

這樣聽起來，似乎交流電作用更大。這話要當著愛迪生的面說，他能唾你一臉！作為一個蓋世的天才，愛迪生很鬱悶，上帝既然造了我，何必再造特斯拉！

尼古拉·特斯拉，不管當年他如何被輕視，科學史他的地位如何被低估，最近幾年他贏回了屬於他應得的榮譽。即將引領全球新工業革命的電動汽車以他的名字命名，特斯拉現在象徵著至炫至酷的未來生活方式，全人類都期待著公路上跑滿特斯拉轎車的那一天。

美國的崛起一定要歸功於他開放包容的移民政策。

特斯拉是塞爾維亞人，父親是個東正教牧師。什麼是天才？特斯拉在十八歲時就學會了六種語言！

一八八四年，特斯拉到了美國，進入愛迪生的工業實驗室工作。特斯拉和愛迪生的矛盾，從老闆和雇員這種關係時就開始了。傳說愛迪生作為老闆在金錢和待遇上頗為刻薄，最糟的是，他不喜歡雇員有超出他理解之外的創造。比如愛迪生已經把直流電搞得風生水起了，你特斯拉非要搗鼓交流電，分明是擠兌自己的老大。

特斯拉最後憤而出走，自立門戶專心搞交流電去了。交流電成功後最大的工程，就是堪稱偉大的尼加拉水電站，一八九七年，在尼加拉大瀑布，第一座十萬馬力的水電站建成，為三十五公里外的水牛城提供電力。隨著這組水電站不斷擴充，每日可提供美國紐約州和加拿大安大略省四分之一的用電。這組電站歷經一百年正常運行，穩定而源源不斷地提供著真正的清潔能源。

交流電的成功，讓愛迪生失去了平常心。在很長的一段時間裡，他的天才都用來變著法子詆毀特斯拉和交流電。特斯拉在功利心方面似乎少很多，他也不和愛迪生較勁，在長途電纜傳輸電流成為可能後，他就考慮不用電纜傳輸電流了。

一八九一年，他點燃了一隻沒有電線連接的燈泡，這種不通過導體，能量從一點到另一點的現象，就是著名的特斯拉效應。

特斯拉一生也有七百多項發明，對現代社會影響很大，比起愛迪生，特斯拉是巨超前的發明家。可能就是太超前，他的很多發明當時不被理解，無法引用，但其他剽竊者只要摘取其中的一部分，就能讓自己暴富，反而特斯拉本人一生清貧。

特斯拉擁有交流電的專利權，每生產一匹交流電就必須向特斯拉繳納一美元的費用。可當時的大財團想獨佔這個項目牟利，就糾纏特斯拉轉手。交涉無果，特斯拉最後決定放棄交流電的專利權，讓其成為免費的發明，貢獻給了人類。

一九一二年，諾貝爾獎同時將物理學獎授予特斯拉和愛迪生兩個人，被特斯拉高傲地拒絕了，因為他不願跟他看不起的愛迪生共用這一榮譽。

直到一九六〇年，特斯拉死後快二十年時，巴黎度量委員會正式將磁場強度的衡量單位命名為「特斯拉」，讓他終於享受到了世界一流科學家的榮譽。而愛迪生在臨終前，也懺悔了他對特斯拉不公正的態度。

特斯拉的事蹟非常多，看他搗鼓的那些東西，忍不住懷疑這夥計是潛伏在地球的外星人。他幾乎是無所不能的，有一陣子，很多人猜測一九〇八年發生在俄羅斯西伯利亞的通古斯大爆炸，根本就是特斯拉遠距離輸電試驗造成的！

特斯拉說過：「我可以將地球劈成兩半！」如果你稍微了解一下他的事蹟，你會知道，這不是吹牛！

因為擁有愛迪生和特斯拉這兩大天才，美國在電力時代跑在歐洲前面。而其他方面也毫不遜色，從一八六〇年到一八九〇年，美國政府批准了四十四萬項各種專利，這些發明創造，讓整個美國的社會景觀短期內翻天覆地。

一九〇三年，地面上，杜里埃兄弟造出了第一輛汽油動力機動車，天空中，萊特兄弟在北卡羅萊納飛行了第一架飛機。一九〇六年，福特生產出第一批以他名字命名的汽車，十年後，有五百萬輛汽車在美國的道路上奔馳。

現代化進程伴隨著大都市的出現，芝加哥和紐約赫然已經成為超大城市。一八七一年，一頭乳牛踢翻了草堆上的油燈，點燃了牛棚進而點燃了整個芝加哥。作為早期的重要港口和都市，芝加哥的建設還算用心，就是滿大街木頭房子早晚是隱患。這場大火讓三百多人死去，十萬人無家可歸，經濟損失不計其數。

從另一個方面考慮，這頭闖禍的乳牛等於再造了一個城市，如果沒有這場大火，芝加哥不會有改頭換面地重建，從木頭屋小城進化為世界頂尖的豪華都會。芝加哥重建吸引了全美的設計師、工程師、建築師，以白地為根基，塑造屬於美國的繁華，最標誌的景觀，就是摩天大樓。

建築大師路易斯・沙利文，出生在波士頓，畢業於一八六五年建校的麻省理工學院。麻省理工開辦了美國第一個建築學院。

沙利文的建築思想對後世影響很大，他認為「形式要服從功能」。他為聖路易市設計的「溫賴特大廈」被認為是開啟了摩天大樓這個概念。但史上第一座公認的摩天大樓是芝加哥家庭保險大廈，它鋼架結構帶電梯，設計者是沙利文原來的老闆──詹尼。以至於到現在，詹尼和沙利文誰該被稱為「摩天大樓之父」是個問題。

但在建築史上，顯然沙利文的成就更高，芝加哥的主要地標，如芝加哥的施萊辛格和邁耶百貨商店（C・P・斯科特百貨公司）大樓就是他的傑作，芝加哥被認為是摩天大樓規劃得最好的城市，而紐約，則是摩天大樓最摩天的城市，畢竟大公司大財團都以紐約為基地，他們需要更敞亮更巍峨的門面，蓋的房子一幢比一幢高。導致了後來，看一個都市的豪華摩登程度，摩天大樓是最重要的指標。

牛仔很忙

延伸到太平洋後，美利堅的國土，東海岸到西海岸近五千公里，是一片廣袤的大陸。美國人一直在向西進軍，聯邦政府也用各種行政手段和經濟手段加強對西部的整固。鋪天蓋地的鐵路建設，其中最重要的原因，就是希望鐵路線織成大網，將西部網羅其中，牢牢控制。

雖然之前一直說到美國人對西部拓荒，其實到內戰開始前，真正的西部開發不算開始，風聞加州有黃金，吸引了一批人，摩門教建了幾個小鎮子也有點兒人氣，大部分的東部人對西部還是無動於衷的。一八六一年那會兒，從愛荷華州到加州之間這麼大的一片土地，大約只有五十萬人，這裡依舊是印第安人和野牛的逍遙天堂，沒感覺到白人的危險。

隨著林肯總統頒布的《宅地法》，西部才真正變成一片熱土，有人說，十九世紀六〇年代，東部和南部是「可怕的六〇年代」，而西部是「沸騰的六〇年代」，因為東部南部打得水深火熱，西部則在這段時間快速繁榮。

西部建設熱火朝天的修鐵路就不用說了，更熱火的，是西部進軍時，對印第安人的態度。

林肯的發令槍一響，西部的土地就以最快的速度被插上了各種樁標圍欄，宣布該土地有主。土地這東西，再多都是不夠分的，白人們發現，印第安人還好整以暇地放牧呢，他們還佔著好大一片地呢。根據美國人的傳統，佔據印第安人的土地，一般不打招呼不申請，於是樁標圍欄逐漸逼近印第安人的家門口。

白人們先騷擾到的，就是居住在密西西比河到洛磯山脈之間的平原印第安人，他們在大平原上狩獵野牛，是游牧部落。隨著白人的越來越多，印第安人賴以生存的美洲野牛是越來越少，印第安人在失去土地之前，首先要失去生計。

小範圍衝突到大規模群架，終於意識到自己終將失去家園的印第安人不再忍耐，他們三四十人組合在一起，向白人發動襲擊。當然以他們的力量也只敢向小型孤立的牧場，或是落單的郵車、貨車下手。

雙方的仇恨日漸增加，白人移民也下定決心一不做二不休，殺光印第安人獨佔他們的家園。聯邦政府不能做事太絕，他們提出一個方案，乾脆建兩個保護區，把印第安人圈養起來。兩個保護區，一個建在奧克拉荷馬州，一個建在達科他州。要命的是，達科他州的印第安保護區發現了金礦，要進入淘金的人，攔都攔不住。印第安人被逼上絕地，血性讓他們決定放手一戰，雖然大家都知道，結果一定是宗族滅絕。

為佔據西部，白人和印第安人的戰爭陸續打了三十年，印第安人最榮光的一次戰鬥是小比格霍恩之戰又叫小巨角河戰役：北部的平原印第安人，是蘇族部落，算是北美印第安族群中最強大的一支，因為不滿白人的不講信用和白人官員的腐敗，一八七五年，他們集體撤出了保護區，並在「瘋馬」和「坐牛」兩位酋長領導下，跟白人對抗。

一八七六年，三支聯邦軍隊包圍了這支印第安「造反軍」。第七騎兵團有位叫卡斯特的上校，是南北戰爭時的英雄，他大概是覺得對付幾個印第安人，直接開槍打完收工，完全不用戰略戰術，所以不顧上級給他的包圍指令，率先發動了進攻。沒想到印第安人的反擊這麼猛烈，他和兩百多名白人士兵很快就被印第安人團團圍住，以全軍覆沒告終。

不能說卡斯特上校是草包，他對付的是兩千五百名印第安戰士，而這支印第安戰隊，可以算的上是美洲大陸存在過的人數最多的一支印第安「軍團」。

「軍團」存在是短暫的，印第安人習慣了分成小股行動，一分散就被各個擊破，又被關回了保護區，「瘋馬」和「坐牛」最後也死在保護區的騷亂中。

最後的抗爭是在一八九〇年，蘇族人預備以宗教覺醒的方式復興，有個「先知」教蘇族人跳群舞，猜想可能是像「跳大神」，蘇族人一度堅信，他們通過「跳大神」可以跳回過去的生活，驅逐白人，拿回家園。

舞蹈鬼氣森森，跳得白人心煩氣躁，又是第七騎兵團，將蘇族三百五十名印第安人圍起來，想驅逐印第安「廣場舞」。不知道怎麼兩邊就動了手，最後是白人士兵用新型機槍展開屠殺結束了戰鬥。到此時，對印第安人的戰鬥就算是結束了，因為還能還手的印第安人已經不存在了。

到底是個大國，做事不能太流氓，聯邦政府覺得，至少在表面上，要做出一個對印第安人的交代。美國人最會搞法案了，針對印第安人搞一個吧。

《道斯法案》可以說是對印第安人智商的嚴重侮辱。法案將保留區內的土地切割成小塊分給印第安人，接受了土地的印第安人即成為美國公民。

印第安人是以部族為單位生存的，土地一分，各家過各家的日子，部族自然瓦解，法案的真正目的，就是打散印第安人的聯合，讓他們單一地融入白人的社會，永久消除威脅。

印第安人是游牧的，給他們土地他們也不會種，拿到土地，大部分都被白人欺騙出售，自己落得生活無著，日益潦倒。而白人，終於全取了西部的土地，可以任意妄為了。

也不怪白人太狠印第安人太笨，面對巨大的誘惑，再文明的族群，也會露出猙獰。白人這麼狼吞虎嚥吃相難看，實在是因為西部，它的富饒超出大家的想像。

西部的經濟發展經過幾個過程，而新的機遇在這裡是一輪接一輪。

最早的西部，是不斷地發現金礦！內戰開始前，加州發現了金礦，一八五八年，科羅拉多州又有金礦，一八五九年，大家的注意力又被內華達州的金礦吸引，一八七四年，達科他州的黑山又冒出金子，也就是因為黑山的黃金逼瘋了白人，也逼得蘇族人拼死一搏。

除了金子，還有銅礦，鉛、錫、鋅、石英，都找到了儲量不錯的礦床，以採礦業為主要經濟活動的幾個州，快速發展起來。而在大部分礦挖不動後，美國西部還有豐厚的石油資源！

第二個讓西部興隆的產業是畜牧業。印第安人只知道捕殺野生野牛，美國人是主動飼養大型牲畜的，並發明了帶刺的鐵絲網這種高科技畜牧設備。東部對西部的牛羊肉需求旺盛，內戰結束時，德克薩斯州的草原上，有成群的牲畜。

養牛羊供應東部，這個生意要解決的最大難題就是運輸。鐵路線是挺發達的了，把牛羊趕上火車，一路向東，就上了紐約人的餐桌。可不是每條鐵路都經過牧場啊，所以，將牛羊趕到某個火車站，是一項技術含量很高的工作。

這時，帶著寬簷帽、穿著帆布褲、蹬著馬靴的牛仔們就出現了。他們平時在農場打工，放牧、修柵欄、管理牧場，到牛羊需要交易的季節，他們就組織一個團隊，驅趕上千頭的牛羊千里迢迢趕往目的地。

牛羊沿途都有草吃，進食運動都不少，到了目的地還長膘。牛仔們就辛苦了。最多的時候，十二個牛仔驅趕兩千五百頭牲畜，沿途餐風露宿自然是不用說了，鬧印第安人的時候，隨時操著傢伙投入戰鬥，人和牛一起死半道上這種事是很多的。路上牛羊走得緩慢，辛苦動輒就是幾個月。

到了目的地，交割了牲畜，牛仔們頓時有了大把錢，怎麼都要補償一下這幾個月受的罪。於是，在交割牛羊的城鎮裡，牛仔們一進城，就跟過年了一樣。酒館、餐廳、賭場到處都等著牛仔光顧撒錢，那些操皮肉生涯的女子，更是愛死了這些粗狂豪爽的異鄉人。牛仔喝高了少不得惹是生非，比武決鬥打群架時有發生，小鎮被他們攪得昏天黑地。

牛仔會趕牛會放羊，會跟印第安人戰鬥，還會耍帥，誰不愛啊。東部的男人道聽塗說後，對牛仔的生活也浮想聯翩，就是到現在，穿上馬靴帶上牛仔帽縱橫荒原，肯定還是好多美國男人的少年夢想。

牛仔們天生愛秀，趕牛的時候，經過一些市鎮，如果遭遇圍觀，他們就自動自覺地做些馬術、套牛之類的表演，現場尖叫聲一片。有人看到這個商機，索性組織專門的牛仔巡演。

有個早期驛馬快遞的騎手科迪，深諳西部，他就組建了一個西部大漠巡演團，非常轟動受歡迎。他設計了各種節目，其中有關於和印第安人戰鬥的，他還真找來印第安人客串，據說，「坐牛」酋長就參與過巡演。科迪外號叫「水牛比爾」，成為當時的牛仔帥哥的象徵，不過在一九六〇年的西部史詩巨片《西部開拓史》上映後，男演員約翰・韋恩成了美國牛仔的終極象徵。

除了東部和西部的發展，戰後，美國人還幸運地遇上了一段冰雪奇緣。一八六七年四月四日，俄國以七百二十萬美元將阿拉斯加賣給了美國。

二〇一四年，烏克蘭內亂，克里米亞全民公投，脫烏入俄，重回了俄國的懷抱。克里米亞公投的行為，激發了很多敏感地區的情緒，比如在美國的阿拉斯加，大約有十分之一的東正教徒，在俄國有關社團的煽動下，阿拉斯加有些人就號稱，他們也要公投，讓阿拉斯加回到俄國去。

世界局勢詭異地輪迴，在《最冷和最熱的俄羅斯》中介紹過，就是因為克里米亞戰爭的曠日持久，才將俄國的經濟拖到崩潰的邊緣，讓沙皇不得不出售阿拉斯加搞錢。

阿拉斯加面積近六十萬平方公里，佔美國全部領土的五分之一，雖然有一部分在北極圈內，但愛斯基摩人是很可愛的，不會給任何主家找麻煩，反而是幫助本來就很多彩的美國增加了文化多樣性。

俄國人肯出讓，除了自己經濟上有過不去的坎，急等錢用，更重要的原因肯定是覺得，在那麼遠的地方維護一個大冰箱毫無意義。而美國人願意接手，首要的考慮是，把北美的土地盡量控制在自家版圖內。當時對美國人來說，阿拉斯基也是個沒用的大冰箱，力主購買阿拉斯加的國務卿西沃德，被美國輿論大罵了很久，因為內戰後的美國，自己手頭也很緊。直到十幾年後，冰箱裡居然發現了金礦，現在更探明有北美最大儲量的石油及其他各種礦藏，尤其是當地肥美的鮭魚，輕鬆就形成了一個很賺錢的產業。

只是在佔地這個問題上，美國佬一貫是得了便宜還傲嬌的，這麼一片寶地，他們從一八六七年到手，到一九五九年，快一百年後才正式承認它為美國的一個州。為了感念西沃德的堅持，每年三月的最後一個周一，被定名為西沃德日，成為阿拉斯加的正式節日。

也許是地理位置的原因，對阿拉斯加，美國政府的關注是明顯不夠的，到現在為止，也只有一條砂石路讓阿拉斯加與美國本土連接。最近有人翻出，當年的交易過程，值得商榷的地方很多，要較真，美國人根本不算支付了全款，所以，俄國人要跟美國打阿拉斯加的官司，並不算荒唐。更有人玩笑說，阿拉斯加現在可不是隨便哪個國家能買得起的，中國可以考慮，等美國人欠債還不起時，拿阿拉斯加來抵債。

二十九、托拉斯

內戰基本掃除了資本主義的發展障礙，美國工農業迅猛發展，到十九世紀末，雖然美國還擁有全球四分之一的小麥產量，但他的確是完美地實現從農業國向工業國的過渡，一八九四年，美國的工業生產佔據世界首位，到二十世紀初，美國的工業產值佔全世界的三分之一，歐洲的老牌資本主義國家已經是遠遠地跟不上了。

自由資本主義就是自由競爭，自由競爭發展到白熱化的狀態，資本和生產力被高度集中，伴隨殘酷的競爭和淘汰，最後就發展為資本主義的高級形式——壟斷資本主義。似乎，美國也該進入這個階段了。

既然要壟斷，小型企業肯定不行，那必須是一個大型的企業集團，各種企業整合在一起，成為一家。整合一般有兩個方向，一種是把同類的企業都綁一塊，加多寶跟王老吉握手言和，再拉上和其正，組成一個企業，就可以壟斷中國人的涼茶。另一種方向就是，產業鏈上下端聯合，賣涼茶的，把種草藥的熬草藥的做易開罐塑膠瓶的組合在一起。當然，最成功的整合就是兩種方式的綜合。

在競爭激烈的十九世紀晚期，美國的企業嘗試各種聯合的方式，效果都不好，直到，托拉斯出現了。

托拉斯來自單詞「Trust」，就是信託，信任委託。一個公司兼併、控股大量的同行企業達到在該行業壟斷的目的。

十九世紀末，石油作為燃油的功能還沒被充分開發，當時鋼鐵工業發展迅猛，原油被當作工業潤滑油市場也很大。

美國最早的油田發現在賓夕法尼亞州，隨後在俄亥俄和西維吉尼亞都有收穫，很快原油就成為美國排名第四的出口商品。

在賓夕法尼亞州的某個商人發現浮在河水上的那層黑油可以提煉出石蠟和潤滑油，並計畫用它賺錢的時候，旁邊的俄亥俄州，有個十六歲的小店員不滿足於一周五美元的薪水，開始下海買賣，存儲自己的創業資金了。

賓夕法尼亞州豎起第一口油井的兩年後，二十二歲的小店員看到了石油行業的前景，帶著他存款進入了這個行業，小店員的名字叫洛克菲勒。他先是在俄亥俄州的克里夫蘭建立了煉油廠，似乎從一開始，洛克菲勒就覺得，這個行業，還是適者生存比較好，所以他一邊煉油，一邊清理其他的煉油廠。三十一歲時，他創立了俄亥俄標準石油公司，克里夫蘭本地的二十五家煉油廠，被他吃掉了二十家。

很多人理解的兼併方式是這樣的，我實力雄厚我就大力壓價，競爭對手拼不起了，退出市場時，我就能任意漲價了。洛克菲勒不喜歡這種方式，他比較光明正大地用真金白銀收購對手。標準石油公司運作的科學良性，同行都看在眼裡，被標準石油收購，似乎並不壞，用這種辦法，還能讓大量的人才聚集在洛克菲勒旗下。

洛克菲勒開始向全美收購油企，包括上下端企業，油桶、油庫、管道、物流，到一八八〇年，美國生產的石油，百分之九十五出自標準石油。

吃掉這麼多企業，公司越來越大，對龐然大物應該有不同的運作方式吧，更何況，美國不同的州，還有些預防壟斷和不當競爭的條款呢。

洛克菲勒的律師在研究了各種《公司法》後，提出了「托拉斯」這個壟斷組織的概念。

一八八二年一月二十日，洛克菲勒召開「標準石油公司」的股東大會，組成九人的「受託委員會」，掌管所有標準石油公司和附屬公司的股票，洛克菲勒成了委員長。就這樣，洛克菲勒創建了一個史無前例的聯合事業——托拉斯。托拉斯以更大的胃口消化了四十多家廠商，壟斷了全國百分之八十的煉油工業和百分之九十的油管生意，洛克菲勒本人，就成了美國史上第一位億萬富豪。

從一個雜貨店的小夥計到石油大王，美國的高速崛起期，造就了很多瑰麗的美國夢。還有個來自蘇格蘭的小孩，他叫安德魯•卡內基。

作為一個窮苦的移民家庭小孩，卡內基十三歲出門打工的時候，比洛克菲勒苦多了，他在紡織廠做個繞線工，一周才一．五美元的薪水。

卡內基靠艱苦的打工仔生涯，完成了原始的「財富積累」，這筆財富，是他在二十八歲那年積攢的四萬七千八百六十美金，體力活賺不到這麼多錢，其中的絕大部分，來自他對股票的投資。卡內基決定不再打工了，他要創業。

在卡內基成長的這段時光，鋼鐵在美國算是奢侈品，橋是木頭做的，房子是木頭做的，船也是木頭做的，但卡內基敏感到，鋼鐵必會成為生活必需品，所以，他選擇了進入這個行業。

五〇年代，英國的貝西默發明了一種工藝，用鼓風機向熔鐵中吹入空氣，去除雜質，煉出了很好的鋼。兩年後，美國的專家又發明了平爐煉鋼工藝，鋼鐵行業因此而發生了一次革命。卡內基了解到這些新技術後，預感煉鋼業的機會來了，他立即成立了自己的鋼鐵公司。

卡內基深知技術的重要，他從德國聘請化學家，專門操作鼓風爐，卡內基算是最早將實驗室技術人員用於企業生產的資本家。

內戰時，美國的鋼軌全憑進口，大鐵路網的建設，多數還是使用鐵軌。戰後，鋼軌迅速取代了鐵軌，產量急速攀升。卡內基也採取收購、兼併等方式清理著自己的競爭對手，到十九世紀末，美國的鋼產量的三分之一來自卡內基的高爐。

現在卡內基已經成為成功學的偶像，有大量名言，全都可以放在桌上當座右銘，其中最牛的一句是：人必須有一個偶像，積累財富是最糟糕的偶像崇拜之一，沒有比崇拜金錢更掉價的了！為什麼說這句最牛呢，因為這話如果不是從一個財富積累到富可敵國的人嘴裡說出來，肯定會遭板磚。

卡內基用實踐踐行了他的名言，一九〇一年，六十六歲的卡內基將他的鋼鐵公司售出，售價四．四七億美元，他晚年的全部生活，就用來花掉這筆錢，其中大部分是通過慈善回饋了給了社會。

先不說卡內基的慈善生涯，這篇既然介紹美國的商業巨頭，我們應該更感興趣的是，誰花近五億買走了卡內基鋼鐵？

J．P．摩根，如雷貫耳的名字，不光在今天，就在十九世紀中後期那段日子裡，美國政治經濟任何一件事，都脫不掉來自摩根的影響力，摩根家族對美國乃至世界的影響力都是不可想像的。

跟前兩個苦孩子出身的老闆不一樣，摩根世家子弟，猶太人後裔。摩根祖輩來到新大陸，積累了不少土地，摩根爸爸在倫敦售賣美國債券發家，因緣際會，得貴人扶持，在倫敦金融界呼風喚雨。摩根遺傳了他父系的金融血統和母系羸弱的體質，小時候體弱多病的孩子，尤其是不缺吃少穿的富家孩子，容易爆脾氣。

摩根爸爸在倫敦混，少不得跟那幾個控制了全球金融的人打交道，比如羅斯柴爾德家族。玩金融的一般都是家族生意，要對別人的終生財富負責，聲譽特別重要，家族血統是個很好保障。摩根爸爸為了讓摩根家族也成為世界金融領域的一支重要力量，他必須全力培養他唯一的兒子，唯一的接班人——摩根。

摩根人生的第一次大買賣，發生在新奧爾良的大街上。有個往來巴西美國運送咖啡的船長，看摩根穿得精緻，像個有錢人，就說他有一船咖啡從巴西運來，可美國的收貨方破產，他問摩根願不願意半價接手這船咖啡。船長拿出來的樣品不錯，可這個事怎麼聽都像騙局。摩根決定賭一次，摩根爸爸毫不猶豫地在金錢上給予支持。後來到底這船咖啡有沒有賺到錢，歷史資料有爭議，主流記錄說摩根大賺了一筆，也有人說，他最後是虧本脫手了。

說他賺錢的，將這定義為摩根天才的經典故事，粉絲們都說充分顯示了他商業冒險精神和準確的眼光。就算這船咖啡真賣了好價錢，也不過是個富二代交了狗屎運的故事罷了，摩根爸爸願意花錢陪兒子賭博，摩根家也賠得起。

投機冒險幾乎貫穿著摩根全部生涯，只是早先他必須服從賭局，後來他自己坐莊操作賭局罷了。

摩根從德國哥廷根大學畢業的禮物，是老爸在華爾街證交所對面為他預備了一個商行。正逢南北戰爭，兵荒馬亂的戰時，一個頭腦精明，膽子賊大，又不怕落下惡名的投機者，很容易發家。摩根的成功，來自於他幾次倒賣黃金。炒黃金消息是關鍵，黃金的漲跌大部分時候都是源於大眾對時局的態度，這幾次交易中，摩根私下搞了些小動作，自然離不開他老爸通過各種關係的鼎立幫忙。在華爾街的道德觀裡，既然是投機生意，不擇手段是必須的。

戰後工農業迅速發展，資本需求增加，傳統的商業銀行有點跟不上形勢，投資銀行很快彌補了服務空缺，成為華爾街最受歡迎的機構。

投資銀行，也就是神祕的投行，到底是幹嘛的？商業銀行主要是存貸業務，投行不涉足，它主要是針對企業的融資服務。最核心的業務就是幫著企業發行股票、債券等，並負責包銷，以解決長期資金問題，投行做仲介為收購併購牽線搭橋出謀劃策，隨時提供商業諮詢等。

從投行的性質就決定了，它跟實業是密不可分的。如果操控得當，實體很容易被控制在一些高明的金融家手裡。

摩根先切入的，肯定是美利堅的鐵路。一八六九年，連接紐約州首府奧爾巴尼到賓州北部城市賓加姆頓的薩斯科哈那成為華爾街投機家眼中的香餑餑，賓加姆頓有幾條通往煤炭產地的鐵路，所以薩斯科哈那線就是一條連接東部工業區和煤炭產地的黃金線路。

當時的鐵路大王比爾德在華爾街幾名悍將的幫助下，想將薩斯科哈那線搶在手裡。薩斯科哈那的總裁遭到排擠，無奈之下，他也到華爾街求救，他找到了年輕的摩根。摩根沒辜負信任，上演了一幕神奇的虎口奪食，從鐵路大王手裡搶下了這條黃金鐵路線，他被任命為副總裁，從此正式進入鐵路行業，並因此一戰成名。

鐵路過熱，競爭惡劣，造成了嚴重的資金困難。幾次出手後已經成為鐵路界重要人物的摩根，覺得他有義務為鐵路行業重新規劃一下秩序。摩根在麥迪遜大街二一九號自己的家裡，舉辦了一次盛大的飯局，座上客包括來自英法和美國的投資銀行家，和全美主要鐵路的所有人。

這頓史上著名的飯局吃完，美國鐵路業自我毀滅的削價競爭停止了，因為主要的鐵路都易主了，新主子都是來自華爾街的狼。從此，美國的鐵路經營進入「摩根化」的模式。必須說，由投行控制的鐵路，服務品質還是相當不錯的。

鐵路可以摩根化，其他各行業都可以。「托拉斯」這個概念一上腦，它就不是整合一個行業那麼簡單了，它恨不得控制所有能賺錢的東西。

一九〇一年，卡內基萌生退意，摩根順勢將卡內基鋼鐵收在手裡。卡內基打心眼裡不喜歡摩根，兩個人的矛盾是出名的，但誰能在出價上高過摩根呢？當時，洛克菲勒也想買下卡內基鋼鐵，雖然洛克菲勒看起來個人資產雄厚得多，可對摩根來說，就算他的口袋裡一毛錢都沒有，他也能調動億萬資金為他活動，這一點，是洛克菲勒很無奈的。

摩根一拿到卡內基的畢生心血，就成立了美國鋼鐵公司，也是個巨型托拉斯，先後吞併了各種鋼鐵企業七百多家，控制了全美五分之三的鋼鐵生產。

一八七八年，摩根支持愛迪生建立電燈公司並建立了世界上第一個集中供電的發電廠。十年後，愛迪生將旗下的電燈公司、照明公司、機器製造公司整合成通用電氣公司。摩根顯然是不會放過「電」這門新興產業的。據說是在愛迪生並不知情的情況下，摩根就談定了併購業務，在整合了三家企業後，就成了我們現在都很熟悉的通用電氣。

摩根主導了多少收購併購是算不清楚了，全美的主力企業裡，都有摩根系的董事，一九二九年大危機之前，摩根系擁有七百八十億美元總資本，佔美國全部資本的四分之一。而摩根在華爾街的中樞地位，更是不容置疑的，摩根獲得了一個很霸氣的綽號，他被稱為是華爾街的朱庇特。朱庇特是羅馬神話中的眾神之神。

到十九世紀結束時，美國基本已經被托拉斯牢牢控制，到二十世紀初，八個主要財團控制了主要行業百分之九十以上的產量，除了石油鋼鐵電氣這些大業務，連糖、罐頭、穀物加工、煙草等生活用品，也都被托拉斯壟斷著。

三十、鍍金時代

為時代命名

戰後到十九世紀末，是一段風風火火熱熱鬧鬧的歲月，東部人騷包西部人浮躁，到處都是喧嚣，神人、牛人、騙子、賭徒各種人物都在很努力的生活。這篇開頭，老楊講一個當時在美國很熱門的故事：

有個叫吉姆・斯邁雷的礦山屯子混混，酷愛賭博，不，是癡迷賭博。見什麼賭什麼，狗打架賭、貓打架賭、雞打架也賭，萬一那天在路上看到屎殼郎在爬，他隨手抓一個人就賭這屎殼郎要奔哪去，只要有人接了賭局，哪怕屎殼郎是爬去墨西哥的，他都一步不落地跟著！

這夥計賭馬、鬥狗，後來他抓了頭癩蛤蟆，激發了創意。他閉關修練三個月，專門在家練癩蛤蟆，終於讓癩蛤蟆能飛了——只要從尾部一點它，它就激靈地向上跳，有時空翻一周，有時空翻兩周，可能偶爾空翻還加轉體，然後穩穩落地，四腳紋絲不動，參加跳水或者體操比賽應該都沒問題。

癩蛤蟆完成集訓後，斯邁雷就重出江湖，回歸賭壇。癩蛤蟆，對不起，現在它有個名字叫丹尼爾，在蛤蟆蹦高這個賭博項目上，丹尼爾遇神殺神，遇佛殺佛，果然沒有對手。斯邁雷從此就拎著個籠子，帶著丹尼爾滿大街找對手開賭。

有天，斯邁雷遇上個外鄉人，外鄉人還以為拎著癩蛤蟆瞎逛悠是獨特的本地風光，所以上前搭話，言語間他對丹尼爾的優秀天賦表示了嚴重質疑。斯邁雷由不得有人叫板，他讓外鄉人找隻蛤蟆來PK。外鄉人人生蛤蟆不熟，哪找去啊，斯邁雷服務態度好，他把籠子交給外鄉人，說「你幫我拿著，我去幫你抓隻蛤蟆來。」

外鄉人也是老江湖，不打無準備的賭，他拎著丹尼爾想了一會兒，就用隨身攜帶的獵槍鐵砂，灌了丹尼爾一肚子。過了一會兒，斯邁雷滿身臭泥跑回來，為了刨一隻癩蛤蟆，他可費老勁了。

賭局開始了，不管斯邁雷如何喊叫跳腳拍桌子，丹尼爾釘在地上紋絲不動，倒是那隻野癩蛤蟆傻兮兮地一蹦一高，動作輕快。外鄉人聳聳肩，拿了雙方下賭的錢走了，臨走他還說：哥兒們，我真沒覺得你那隻蛤蟆比別的蛤蟆強！

故事很有趣吧，講這個故事的人更有趣，他叫馬克・吐溫。故事發表於一八六五年的紐約《星期六郵報》，短篇小說，標題叫《卡拉維拉斯郡著名的跳蛙》，文字鮮活幽默，全紐約的讀者都笑翻了，文章的作者馬克・吐溫此後就算是小有名氣了。

一八三五年，馬克・吐溫出生於密蘇里州的鄉村。父親是個窮律師，要養活七個孩子，馬克・吐溫是老六。屢遭離喪的人，性格普遍不會太開朗，有幽默感就更難了。馬克・吐溫是個異類，他遭遇的親人夭亡可太多了，母親在他四歲時亡故，兄弟姊妹在他幼年時就死了四個，十一歲那年，父親死於肺炎。

生活貧窮而艱辛，父親死後，十二歲的馬克・吐溫到印刷廠當小學徒。二十多歲時，馬克・吐溫在密西西比河上跑船，他是領航員。

密西西比河上的木船時代，要防止明火，天黑也不好點燈，夜間行船，考的就是領航員的導航水準，技術含量很高，在當時，是一份高薪的工作。

馬克・吐溫英語中是「Mark Twain」，是航船的術語，大約就是指船吃水兩英尋（折十二英尺），是船隻安全的水位。這名字一聽就是筆名，會用這個筆名，可見領航員的生活對馬克・吐溫影響至深。當時他本人的確是看好這個行業，還說服唯一的弟弟一起跑船，不幸後來弟弟死於輪船的鍋爐爆炸。戰中，密西西比河的運輸萎縮，老馬上岸到內華達的銀礦去做了礦工。

寫稿投稿有了點小名氣，老馬從藍領轉行為白領，開始記者生涯，文學作品也就一部部面世了。

要介紹馬克・吐溫的重要作品太難了，因為部部經典，《競選州長》還依然在中國的中學語文課本上，出於對學校教育的尊重，老楊決定照搬教案對本文的評價：「揭露了美國『民主政治』的虛偽，也暴露了美國『言論自由』的虛偽，撕開了資本主義國家『兩黨制』的畫皮。資產階級政黨在本質上都是一樣的，都不能反映廣大人民的意志。這篇小說的思想意義遠遠超出了它所產生的那個時代，今天，它依然是我們認識資產階級民主的虛偽和欺騙性的好教材。」

本書不評價中國幾十年如一日的語文教育水準。不過，到馬克・吐溫這一輩，美國的作家真的是開始揭露和批判了，也就是在這個時代，浪漫主義逐漸向現實主義進化，這個時代，老馬給它起了個名字叫《鍍金時代》。

十九世紀七〇年代初，馬克・吐溫帶著一家人遷居到了康乃狄克州的首府——哈特福德，這裡被老馬稱為美國最美麗的城市。此時的老馬除了是個知名的寫手，還是個很受歡迎的演講家。在那個時代的美國，演講絕對是個正兒八經且易受矚目的行業，包個大廳賣門票，除了財務收益，也能讓人快速成名。老馬言語幽默，偶爾還帶點兒憤青的毒舌。

一八七三年的一個晚上，老馬拜訪他的鄰居查理斯‧華納。老馬和華納都是《哈特福新聞報》的編輯，工作上私底下關係都不錯，華納也是個作家。兩個作家湊在一起，一定是大罵文學界各種不公，那些小三小四的無聊濫情故事就那麼受歡迎呢，純文學還能不能寫了?!兩個太太在旁邊聽不下去了，說，你們嫌別人寫得不好，你們就自己寫一部唄！

雖然之前寫過隨筆、遊記、短篇小說，真要獨立完成一部長篇，老馬心裡有點沒底，他覺得拉著華納一起，有個幫手能壯膽，於是他倆就合作創作了《鍍金時代》，馬克‧吐溫的第一部長篇小說。

一般作家第一次創作長篇，都脫不了自己熟悉的生活。老馬按自己的生活經歷塑造了一戶西部窮人——郝金斯老爺一家。

郝金斯家原本住在田納西州，跟其他西部居民一樣，郝金斯會盲目地買下一片土地，反正不貴，然後夢想這片土地能發現什麼礦藏因而暴富。郝金斯守著七萬五千畝貧瘠的土地，家裡還是衣食難續，於是他聽從一位朋友塞勒斯上校的建議，舉家遷到密蘇里州去尋找新的機會。

塞勒斯上校是個樂觀熱心的人，只是他的熱心和樂觀都透著不靠譜。在密蘇里州，他一樣帶著一屋子孩子過著貧瘠潦倒的生活，可在他嘴裡，他自己的生活如同王室，每天業務繁忙，「每分鐘幾千萬上下」，結交的不是高官就是顯貴。

郝金斯在塞勒斯的「忽悠」下，舉家辛苦搬家到了密蘇里州，途中還收養了一個男孩克萊和一個女孩蘿拉。郝金斯將全部的錢投入了塞勒斯的騾子生意，起起落落沒個保險，跟著不靠譜的塞勒斯，生活狀況改變不大。生活艱苦時，有人願意出價一萬購買郝金斯在田納西的土地，被他拒絕了，他堅信這塊土地可以徹底改變他孩子們的生活和未來，這個念頭，一直維持到他貧困而終。

這時華納的故事開始加入小說，華納是個理想主義者，他願意為馬克・吐溫的小說帶來一點正能量，他塑造了一個東部的有為青年，斯特林。雖然是耶魯畢業學的法律，斯特林還是揣著去西部的發財探險夢。

斯特林和朋友到了西部，碰上了「無所不能」的塞勒斯上校。塞勒斯「忽悠」兩個東部的年輕人，修一條鐵路到他們的社區，就能讓他居住的社區的繁榮起來，他們可以在工程中大賺一筆。

這種鐵路建設，最好是有國會的撥款，他們設法搭上了一個叫迪爾華綏的國會參議員，參議員從私利考慮，答應跟這幾個西部人聯合起來玩票大的。迪爾華綏的能量很大，他真的搞到了二十萬的國會撥款。

可等塞勒斯他們拿到這筆錢，一算帳，都哭了，因為這二十萬打點了議員、中間人、各種拉關係走後門的關聯人物後，連工人工資都付不出了！

而迪爾華綏更是看上了郝金斯老爺留下的那片地，他決定繼續上下活動，爭取拿到更多的錢，在那片土地上蓋一座給解放黑人的大學。當然，他的出發點絕對不是為黑人謀劃未來。在賄賂的過程中，迪爾華綏被他的政敵揭露，計畫破產。只是他的能量足夠他自保，雖然被揭破，不但自己沒受損失，他還把他的政敵整翻了。

在華盛頓上下活動時，迪爾華綏發現郝金斯收養的女兒蘿拉頗有姿色，就將其帶入首都，讓她成為一個「國會說客」，誰會拒絕一個美女的意見呢？可是蘿拉自己的感情生活不如意，被騙被拋棄，後來她終於一怒之下射殺了負心男人，自己也陷入官司。好在以她的背景和後臺，此時的她完全可以通過各種關係保護自己順利逃過殺人刑責。雖然逃過了官司，蘿拉還是抑鬱而死。

郝金斯老爺的長子終於發現，那片田納西的土地是萬惡之源，他下決心賣掉土地。倒是正能量斯特林在西部吃了很多苦頭後，終於挖出了煤礦，又娶得了美人歸，算結局完美，不過，塞勒斯上校肯定還是認為自己是最成功的，他現在計畫著要學習法律，預備當大法官了。

《鍍金時代》維持著老馬幽默諷刺的文風，全書的亮點就是對塞勒斯上校的塑造，像個漫畫人物，誇張而生動。可惜這是兩個人的作品，是兩個文風和思路都不太一樣的人的作品，強行合在一起，結構情節語氣上都有漏洞，所以僅從小說的技術角度看，它的地位並不高。

技術上地位不高，在整個歷史上的地位是非常高。《鍍金時代》發表後，引起了轟動，小說裡諷刺的各種人都表示了自己的意見。傳說，有記者問老馬，你把國會議員寫得太離譜了吧？老馬答了一句：美國有些國會議員就是狗娘養的（Son of a bitch）。記者們趕緊把這句勁爆的語錄發表出來，引發國會極為不滿，他們要求老馬趕緊道歉。老馬態度很好，第二天就登報道歉：我錯了，應該說，美國有些國會議員不是狗娘養的。

為什麼小說叫《鍍金時代》，因為所有人都認為，從戰後到二十世紀初，美國處於發展的黃金時代，到處欣欣向榮，而馬克•吐溫看來，這種繁華都是虛表，其社會內部，墮落、腐敗、邪惡一樣欣欣向榮地滋生著，這個時代金玉其外敗絮其中，它是個鍍金的假貨。從此，美國歷史上的這個發展時期，就被各種媒介甚至官方稱之為「鍍金時代」了。

老馬是多面手，寫批判小說，寫遊記，寫兒童文學都是高手，《湯姆歷險記》、《乞丐王子》是老楊小時候很喜歡的童書。在美國的文學界，老馬牢牢佔據著武林盟主的地位，數一數二，老楊原來說過，同樣是作家，批判現實的似乎地位要尊崇些，不過，老馬的江湖地位應該有其他的構成條件。

一說到老馬，就會說到他文字幽默，可真正讀下來，老馬的幽默能讓人笑不能讓人快樂，他的幽默是帶著悲情色彩的，有許多的無奈和無助。能讓人笑著流淚，才是煽情的最高境界。在《鍍金時代》中，冷得要命的日子裡，塞勒斯一家圍住一個壁爐，爐子裡居然只點了一支蠟燭。塞勒斯解釋說，根據他對法國最新資料的研究，冬天室內溫度太高，容易風濕，所以點根蠟燭，造成烤火的假象，而溫度又不會讓家裡人生病。塞勒斯的孩子們，凍得鼻青臉腫，都認為老爸說得對，一家人還很快樂！

老馬的文字極其口語化，帶有濃郁的美國鄉土氣息，它是真正屬於美國英語的小說，是徹底美國化的作品。馬克・吐溫在世界文學史上的地位充分說明，就算是嚴肅文學，也不用措辭太嚴肅，文學作品說到底，還是給人閱讀的，把文字寫得艱深晦澀一點不深入群眾，算不得能耐。

不負好時光

根據歷史經驗，社會轉型期文壇最繁榮，最容易出文豪。老馬的出現也是因為到了老馬應該出現的時代。鍍金時代的美國文壇，還有其他很多高手。那個時候說老馬是武林盟主，文壇泰斗，他絕對不敢受領，他一定會將這些稱號送給他的摯友兼導師威廉・豪威爾斯。

豪威爾斯地位尊崇，作品讓人很感冒。這老夥計有個讓老楊最恨的理念，他總感覺，文學要承擔教化責任，總要讓人從他那裡學到了什麼才好，現實主義的作品要非常現實。這也許是他的作品略顯平庸的根源。但如果不從作家的角度看，豪威爾斯絕對是眼光獨到的評論家，他提攜指導了那個時期很多優秀的年輕作家，他的尊長地位是不可撼動的，也就是因為這個，一九〇九，他成為美國藝術文學學會的第一位主席，按行政級別，他是當之無愧的美國文壇一把手。

在文學的所有形式中，小說影響最大，成果也最多的，諾貝爾文學獎，大部分的時候，還是會頒給小說及其作者。但因為小說的出現晚於詩歌和戲劇，在一段時間裡，小說地位並不高，有點下里巴人，大約十七至十八世紀，法國的高等學府還認為小說是給剛認識幾個字的下層賤民消遣的。

在十九世紀末，隨著小說作品的不斷增加，看小說的人越來越多，漸漸有人開始研究小說的理論，但真正把小說提升到藝術門類的高度，將其當作藝術研究的，就是美國作家亨利·詹姆斯。

詹姆斯常年成活在歐洲，喜歡寫美國人和歐洲人交往的故事，美國人在歐洲生活的故事，他最好的作品出現在二十世紀初，三部重量級小說《鴿翼》、《使節》、《金碗》問世，一九九八年世界上最大英文出版商業集團——蘭登書屋評選二十世紀百佳英文小說，詹姆斯這三部作品全部上榜。

「我們在事前可以要求一部小說承擔的唯一約束，而不致受到獨斷專行的責難的，就是它必須讓人感到有趣」這是詹姆斯的《小說的藝術》中的一句話，表達詹姆斯小說創作的重要理念——首先要有趣，一本小說如果故事不好看，情節不生動，讀者沒共鳴，表達的思想再高端都毫無價值。

世界文壇大都以長篇小說華山論劍，老楊堅持認為，短篇小說才是最考功夫的。所以，文學藝術了發展上千年，作家出了無數個，能稱得上短篇小說高手的，只有三個，還都顯身在十九世紀末二十世紀初這一段。法國的莫泊桑和俄國的契科夫，已經介紹過了，剩下的這位「三哥」就是來自美國的歐・亨利。

歐・亨利也是筆名，他原本跟英國的天才魔法師同姓，叫威廉・波特，生於北卡。高中肄業，善於繪畫。

異常豐富的人生經歷，可能是歐・亨利小說好看的原因。歐・亨利幹過藥劑師，西部放過牛，跑過記者，經營過報社，當過銀行出納。不知道是不是數學不好，歐・亨利算不清楚帳目，三十四歲時，他受到虧空公款的指控。問題本來不大，歐・亨利居然選擇棄保潛逃，還一直跑到洪都拉斯去藏匿了！

一年後，聽說妻子患上了肺結核，歐・亨利回國，入境就被捕，半年後，妻子去世。歐・亨利入獄服刑，也就是在獄中，他開始創作短篇小說，不是因為他寫不出長篇小說，而是短篇來錢快，他要獨立撫養女兒，第一篇小說的起源，是他想給女兒買一份聖誕禮物。

歐・亨利小說的最大特點是故事好看，行文通俗，富有時代特色，而結局往往出人意表。以至於，現在文學作品中突如其來出乎意料的結局，被稱為歐・亨利式結尾。

雖然也算是現實主義作家，作品也諷刺也揭露，但總感覺，歐・亨利的小說不缺正能量，不缺愛。

看歐・亨利的小說可以一組一組看，比如《麥琪的禮物》和《愛的犧牲》是一組，都是講年輕貧賤小夫妻心酸的愛情。在《麥琪的禮物》中，為了給對方預備聖誕禮物，妻子賣掉長髮為丈夫的祖傳金錶配了一根錶鍊，而丈夫為了給妻子買一套梳子梳理她美麗的長髮賣掉了金錶；《愛的犧牲》則是兩個藝術家夫妻，為生活所迫，妻子去洗衣店做粗活賺錢養家，支持丈夫畫畫，回家謊稱自己是在一位將軍家教授鋼琴，而丈夫呢，也號稱自己的畫買出了好價錢，其實，他也去打了一份苦工賺錢。

《汽車等待的時候》和《華而不實》又是一組，前者講述一個男青年在公園找一位姑娘搭訕，姑娘號稱自己出身高貴，地位尊崇，看不上男青年普通卑微，其實姑娘不過是對面餐館裡的小出納，而男青年是真正的闊少；後者則是講述一個城市打工仔嚮往上流社會的生活，每星期攢一元錢，等攢夠十元，就將自己打扮成上流社會的紳士，去高檔的餐廳，照上流社會的排場讓自己奢侈一晚上。有天他攙扶了一個在冰上摔倒的姑娘，出於對愛情的渴望，他請姑娘和他一起奢侈。他將自己介紹為一個百無聊賴的上流社會閒人。雖然他對姑娘有好感，但考慮到姑娘穿著打扮不過是個女工，飯後自然也就打消念頭，其實，姑娘是穿了傭人的衣服跑出來的富家小姐，她對請自己吃飯的男士印象不錯，就是不喜歡他是個有錢的閒人。

至於經常出現在各種文摘、雞湯之類的刊物上的世界經典——《最後一片藤葉》則更是溫情美好，一個病重的女孩數著窗外的落葉，她覺得最後一片常青藤葉落下，她的生命就會隨之而去。鄰居的一位老畫家在北風呼嘯的寒冷夜晚爬上牆，在最後一片葉子的位置畫了一片藤葉。葉不落，女孩逐漸恢復了健康，只是老畫家得肺炎死去了。

其他的如《警察與讚美詩》、《雙料騙子》、《兩位感恩節的紳士》等都是讀完可以叫好的作品。歐・亨利在世的最後一年創作了《紅毛酋長的贖金》，講述兩個笨賊綁架了一個熊孩子，被折磨得死去活來，後來不但不要贖金，反而倒貼給熊孩子家裡兩百五十元，把孩子送回去的故事。歐・亨利的文字也幽默，他的幽默還可以很快樂，一點不夾槍帶棒的。

不管是宗師還是盟主，碰上遊俠全都完犢子。馬克・吐溫和華納湊在一起大罵通俗文學搞壞讀者的審美；詹姆斯一邊提升小說的藝術地位，一邊無奈於通俗小說——粗俗藝術的暢行不衰。

不管是什麼檔次的歷史書，在介紹鍍金時代的文學時，漏掉了霍雷肖．阿爾傑是不嚴肅的。因為以上介紹的這幾位大佬，他們的書銷量加起來，可能還抵不上阿爾傑的零頭。而如果說阿爾傑作品的影響力，恐怕更不是上述幾位大家可以比的。

之前說過，美國的家庭婦女喜歡看女人寫的家庭生活小說，意淫一個落魄美女，經過生活的磨難，又過上了錦衣玉食的貴婦生活。人類從直立行走到現在，進化了千萬年，有一點是絕對不會進化的，那就是人艱不拆，意淫無罪。

女人喜歡意淫灰姑娘變成王妃的故事，男人們當然是意淫魯蛇逆襲，草根升天。阿爾傑就是寫這個的：流浪的窮苦孤兒，因為善良聰慧有信仰，在流浪的過程中，得遇貴人，而後翻身成為富豪。不用自卑出身，不要在意背景，只要你努力，就會有機會，人人都能成功，這就是著名的美國神話——美國夢。

鍍金時代，壟斷當道，百分之十的人控制著百分之九十的社會財富，在這個狀態下，很難有人通過自我的努力改變命運，甚至控制命運，於是，這種超越了出身超越了階層獲得成功的夢想，還真是挺吸引人的。

阿爾傑的作品可能銷售了幾億，但相信沒有任何一個文學評論家說他是個好作家，說他是美國歷史上最差作家的倒是有。其實，阿爾傑小說寫得好不好，是不是惡俗已經不重要了，他已經成為美國文化的某種象徵，提起他的名字，大家自然聯想到的，美國的機遇和成功，他是真正美國夢的代言人。

文學能影射經濟和技術的發展，而經濟和技術的發展影響深遠的幾個行業中，新聞界應該最是敏感。鍍金時代，美國的新聞界發生了一些不知道如何評價的轉變，反正當時的老百姓是感覺，報紙越來越好看越來越熱鬧，似乎，也不太看重底限和節操了。

一八六七年，出生於匈牙利偷渡到美國的普立茲加入了美國國籍，一八七八年，三十一歲的普立茲創辦了自己的報紙《聖路易快郵報》，幾年後，成為當地銷量最好的報紙，普立茲也晉身報業新貴。

以前的美國報紙，要麼為政治政黨服務，要麼為商業經營活動服務，基本都是「喉舌」。普立茲發現，取悅普通大眾對報紙的銷量刺激是最直接有效的，提升報紙的影響力也是最快的。於是他開始將報紙的身段放低，主要報導老百姓感興趣的家長里短，雞毛瑣事。考慮到底層百姓的文化水準，報紙上刊登大量漫畫和圖片。而最重要的是，普立茲聰明地選擇了立場，就是幫著老百姓擠兌富豪。想想看，是不是跟老百姓一起跳腳罵權貴的報紙會更受歡迎？

一八八三年，普立茲到了紐約，買下了搖搖欲墜的《世界報》，從此，紐約有了一份對富豪權貴階層噴射炮火的紙媒。沒幾年，《世界報》成為美國新聞界的當家大報，普立茲甚至高票當選紐約的眾議員。

普立茲一直認為新聞學可以當作專門的學科系統地學習深造，所以他向哥倫比亞大學捐款，成立了新聞學院。現在，大家都知道，哥大的新聞專業是全世界最牛的，世界級的名記者大都出自那裡，而哥倫比亞大學的新聞學院每年還要負責主持新聞界的最高榮譽頒獎——一九一七年設立的普立茲獎，獎勵在新聞界也包括藝術界對新聞採訪報導有卓越貢獻的人。

鍍金時代末期，美國有超過三千八百個百萬富翁。美國人有錢了，跟現在中國人有錢了一樣，也附庸風雅。中國人的附庸風雅玩收藏：黃花梨、雞血石都成為投資熱點，十九世紀美國人附庸風雅，還是脫不了去歐洲花錢，購買歐洲的奢侈品和藝術品。有些美國人遺憾美國沒有宮殿城堡這些東西，他們乾脆到歐洲收購古堡的廊柱、屋頂、牆磚，到美國來復原，在他們看來，這樣的建築就算是有傳統有歷史有價值了。

美國的收藏品多了，像J・P・摩根、卡內基、洛克菲勒這幾位大佬又有做慈善的心，願意拿出來幾件造福普通百姓，於是在紐約第五大道的一〇〇〇號，大都會博物館開張了。雖然成立於一八八〇年，在世界上所有著名的博物館中都算後進，可現在，它與大英博物館、法國羅浮宮、俄羅斯東宮齊名，並稱世界四大美術館。

歐洲的主要博物館，布滿搶來的贓物，參觀大都會博物館時，不用這麼激憤。大都會博物館究竟有沒有搶來的文物不清楚，但展出的那幾件中國寶貝，真不是美國人搶去的。

在美國，中國和東方藝術品展出最多的，是華盛頓的弗利爾—賽克勒美術館（Freer & Sackler Galleries），現在去這間藝術館參觀，東方藝術倒不是重點關注，很多人都奔著，這裡有專門為惠斯勒開闢的兩個展室。

大約是因為美國的富豪們喜歡盯著歐洲的畫家，總認為來自法國的繪畫作品才有含金量，所以，很多美國頗有前途的畫家，不得不到歐洲去發展。

惠斯勒出生在麻塞諸塞，跟著鐵路工程師的父親到處漂泊。十五歲時父親病逝，根據他的遺願，惠斯勒必須進入西點軍校學習。一個未來畫家進了西點，想讓他守紀律有點難，三年級時，惠斯勒被勸退了。通過關係，他到地圖處找了工作，都知道他會畫畫，畫地圖算是輟學生很好的出路了。要命的是，惠斯勒畫的地圖，空隙裡亂七八糟被他填滿了各種人物動物，他把地圖當畫紙練筆了。

一八五五年，二十一歲的惠斯勒總算找到了他的路，到法國正式學習繪畫，從此，他再也沒有回到美國。四十二歲時，繪畫技巧成熟的惠斯勒為他的母親畫了一幅側身像，根據他的習慣，用音樂標題，讓畫作有色彩和旋律糅合的美感，他將這幅畫命名為：《灰與黑的協奏曲——畫家母親的肖像》。這幅畫在法國受到極高評價，並獲得了一項藝術大獎。惠斯勒覺得，他的畫作，應該由自己的祖國——美利堅收藏。可惜當時美國的大都會博物館館長看不懂，認為惠斯勒簡直不配叫畫家，讓他自己留著，不用送回紐約來顯眼。最後是在法國的藝術家大力支持下，讓「惠斯勒的母親」留在了法國，現展出於巴黎奧賽博物館。作為十九世紀肖像畫最傑出的代表之一，惠斯勒這幅作品價值如今難以估計，而每每想到這樣一幅偉大的美國人作品流落於巴黎，大都會的歷任館長都應該有現在俄國人對阿拉斯加的感覺。

惠斯勒出走法國的第二年，在歐洲遊學的阿爾伯特・比爾施塔特回到了美國，隨後他開始了前後六次西部之旅，創作了大量以美國西部風光為主題的寫實油畫，也為哈德遜畫派奠定了風格基礎。比爾施塔特是真正走出去的美國畫家，他的西部畫作在歐洲巡展，吸引了很多歐洲人舉家移民到美國西部去。老楊的臥室放著兒子臨摹的比爾施塔特的名畫《洛磯山脈》，雖然手法稚嫩，但我每天看著，也有蒼涼豪邁的感覺，有穿越回那時美國西部的衝動。

鍍金時代也是消費時代，有錢人玩藝術品，中下層老百姓也要找樂子。這個時期，美國的公共娛樂發展迅速，最吸引美國人群體圍觀的，就是各種體育活動。

十九世紀四〇年代，紐約棒球俱樂部成立。棒球號稱是發源自英國，進入美國後，被改良了。現在美國棒球遵循的所有規則，都由當年的紐約棒球俱樂部制定。

棒球在戰後日益盛行，很快就職業化，一九〇三年，著名的美國職業棒球大聯盟成立，讓職棒成為美國人最熱愛的運動。第一支職業棒球隊就是「辛辛那提長紅襪隊」，好多球隊的名字都跟「襪子」有關。現在美國的大聯盟有三十支球隊，東部的紐約洋基隊最為我們這些外國外行熟悉。

而第二受歡迎的橄欖球，一看就是荷爾蒙過剩需要釋放的運動，它自然是發源於美國的大學校園。小夥子們不壘成一堆搶東西發洩一下，還不知道會闖什麼禍呢！

大學生玩橄欖球的時代沒想過這比賽有搏命的潛質，隨著對抗性越來越高，打一場球傷筋動骨抬下去好幾個，到一八七〇年，美國也出臺了關於橄欖球的各種規則，還慢慢發展出一身盔甲般的護具，漸漸形成了現在職業聯賽的格局。

到一八九一年，有人感覺，打球啊，還是要有點技術含量，不能敢拼就能贏啊，一位在美國的加拿大人發明了籃球，誰知籃球成了美國文化最有攻擊力的武器之一，席捲全球。

這三大項球類一正式進入美國人的生活並職業化產業化後，伴隨著相應的體育博彩業也跟著發展起來。除了看打球，美國人也喜歡看拳擊賽下注，似乎拳擊這種狂躁的運動很適合這個時代。

喜歡體育的看球，不喜歡體育的選擇更多。一八八三年，紐約大都會歌劇院開張，有三千多個座位，標誌著在歐洲人最看重的歌劇欣賞上，美國人也後發先至了。四〇年代，紐約成立了自己的愛樂樂團，賣掉了產業專心做慈善的卡內基正好要蓋會館，一八九三年，卡內基音樂廳矗立在紐約第五十七街，紐約愛樂樂團開張表演，宣告所有歐洲的藝術，不管是陽春白雪還是下里巴人，美國人都能玩了！

三十一、進步時代

描述一個畫面：經濟快速發展，GDP年年攀升，國家的影響力不斷增加，越來越多的巨富讓歐洲老牌貴族們羨慕嫉妒恨；壟斷企業橫行，小微企業幾乎沒有機會；官商勾結，腐敗叢生；環境嚴重污染，自然資源日漸枯竭；食品安全令人揪心，連嬰兒奶粉都不能保證安全；貧富分化嚴重，底層生活日趨艱難……

這正是十九世紀末期一場盛宴即將結束時的美利堅！

上篇介紹了，在內戰結束後的那個鍍金時代裡，美國人用短短二十幾年的時間創造了驚人的發展成就，頃刻間就打造了一個現代化的工業帝國。到二十世紀初，美國的製造業總產量超過英國、德國、法國三個歐洲老牌帝國的總和，加上金融等虛擬經濟產業的配套發展，說美利堅是當時世界上最發達或者是「經濟權力」最大的國家，他是當之無愧的。

正如非典和禽流感都有些感冒症狀一樣，一個國家有了病，症狀也都大同小異，但是造成這些症狀的病菌卻是不盡相同的。

美國這場惡疾，犯病的根源就是「自由」。

脫胎於英國的美利堅，堅守著標準的資本主義自由經濟的發展方式，一切都應該是自由的，買賣自由、經營自由、模式自由，個體的自由永遠是最大的，有市場經濟那隻「看不見的手」調控一切，根本不需要政府任何干預。

既然不需要政府干預，政府的權力最好是越小越好。即使是南北惡戰之後，美國人還是堅持青睞小微政府，安分守己，大多數時候可以忽略不見。

內戰之前，美國社會小商人、小手工業者、小農場是經濟的主流，跟小政府正好搭配，大家在小小的世界裡很和諧。十九世紀末，和諧被打破了，小政府還在小世界裡自得其樂，經濟社會裡的主宰可都變成龐然大物了，財富的力量大到已經可以控制國家了！

龐然大物怎麼養成的呢？不是有達爾文那套優勝劣汰的自然法則嗎。美國社會認為，市場就是叢林，不管用什麼手段，你能存在並盈利沒被競爭對手整翻了，你就是好樣的。

如果你是開肉場的，你就售賣病豬病牛肉，毒死的老鼠肉還做成火腿腸，降低了成本賺了大錢，這些錢去行賄官員，沒人敢查你，還能有效地偷稅漏稅；那些真心實意做生意的，沒法跟你打價格戰，他就死定了，你就壯大了；賣牛奶的就更簡單了，摻水、摻三聚氰胺、摻什麼都行。老楊在此並非藉機諷刺中國的乳製品企業，我說的還是美國。當時的美國媽媽沒有現在的中國媽媽路子野，可以去香港去歐洲去紐西蘭掃貨，當時的美國媽媽只能用低劣的乳製品餵養孩子，很多美國寶寶冤死在美利堅成為世界上食品最安全的國家之前。

從內戰結束到二十世紀初，美國政府在做什麼，美國總統是誰，是非常沒有意思的話題，因為在幾十年裡，美國的實際控制者，就是幾個大型的私人利益集團。有了財富就有了權力，有了權力當然也是為私利服務，所以有財富就有一切，整個社會唯一的信仰就是鈔票！

富人高高在上，擁有特權，還不斷地掠奪底層，普通老百姓難道會麻木逆來順受?!當然不會，美國公民尤其不會，因為如果沒有對公平、自由、幸福生活的追求，這個地球上就不可能出現美利堅這個國家了。

英國的稅賦不公，美國人可以造反，遇到權貴當道時呢，美國人當然可以要求政府出面收拾權貴，遏制他們的無法無天。美國人可以這麼做，因為他們有兩個殺手鐧，公民擁有這兩件武器，感覺是最後的保障，一是選票，一是言論自由！

泰迪熊

幾乎所有的孩子，特別是女孩子，幼時都喜歡小熊的玩具，而基本可以說，所有熊樣的公仔（布偶），其靈感大都來自美國完美玩具公司出品的泰迪熊。這頭造型簡單的憨熊，到現在一百多歲了，陪伴了全世界好幾代人的成長，即使老到老楊這個程度，偶爾看到泰迪熊，心中還是會湧起一種莫名的溫柔，這是賣萌的鼻祖，告訴全世界，萌是一種多麼強大的軟實力！

泰迪熊算是世界上少數出身顯貴的玩具，它的名字和設計靈感都來自二十世紀初的美國總統西奧多・羅斯福。

一九〇二年底，羅斯福辦完了他總統生涯中一件非常要緊的大事，心力交瘁，想找地方渡假。

羅斯福出身豪門世家，學業優等，名校畢業，可從幼時就病歪歪一直身體不好，小時候哮喘，長大心臟病。以他的學歷背景，正應該找份坐辦公室的工作，養尊處優。可羅斯福是個很作的人，比起哈佛的學歷，他更希望做一個成功的牛仔。在第一任妻子死後，他不管女兒，跑到達科他州真的去當牛仔了，頗寬邊帽，繫絲綢圍巾，一手左輪手槍，一手來福槍，腰裡別著鑲銀的獵刀，獵刀是著名的珠寶公司蒂芙尼出品！

這個牛仔絕對不是普通的拗造型，外表風騷，內心狂野，獵熊、騎馬、酒吧打架、抓捕盜賊，傳說中西部牛仔會幹的事，羅斯福基本都涉獵了一下，過了把癮，也算是鍛鍊了身體吧。

因為這段牛仔經歷，入主白宮後，大家都知道這位總統，最喜歡打獵，尤其是獵熊。所以，當他感覺要度假休整，自然有懂事的人請他去屠殺黑熊。

密西西比州的州長有幸請到了總統，可進入森林尋找熊蹤，而後合圍擊斃，這個過程太漫長了，總統很不耐煩，要求州長，趕緊找到熊，讓朕一槍命中，活動結束。州長無奈之下，費老大勁找到一頭黑熊，將其揍個半死然後綁在樹上，請總統御駕開槍，親自將黑熊超度了。

羅斯福來到現場，看到這個畫面，熱情一下子降到冰點。我堂堂一個牛仔，對一頭將死被捆綁的熊開槍，傳出去還怎麼混啊？

隨著報業越來越市民化八卦化，二十世紀初的美國媒體，已經有狗仔隨時追蹤總統了。總統不願意對黑熊開槍的光輝事蹟，頃刻傳遍了全美。

在紐約的布魯克林區，有一對猶太夫婦，開著一家糖果店。因為是猶太人，他們的思維絕對不會單純停留在賣糖果上。連夜，猶太妻子用絲絨做了一頭小熊的玩具，放在店裡。因為羅斯福總統的昵稱是泰迪，小熊就起名為泰迪熊。

客觀地說，最早的泰迪熊長得猙獰透著猥瑣，可它帶著總統光環呢，居然引起很多顧客的興趣，並表示希望購買，猶太夫婦覺得，用總統的名字來命名一頭絲絨熊這麼大的事，怎麼也要跟白宮寫個申請報批吧。

羅斯福總統完全不介意為一頭氣質差的熊代言，大度地批准了泰迪熊的誕生，猶太夫婦勤勞地做了好些玩具熊上架，很快售罄。商機來了，還賣什麼糖果啊，專心做熊吧，著名的Ideal Novelty and Toy Company（完美玩具公司）就這樣成立了，泰迪熊走進了無數孩子的生活。泰迪熊變成現在這個萌樣，當然是幾代設計師不斷修改調整的結果。

跟泰迪熊的誕生一樣，羅斯福成為總統也是戲劇性的。一九〇一年九月，麥金萊總統出席布法羅的泛美博覽會，跟排隊等候的粉絲們握手寒暄時，被一位「無政府主義者」開槍擊中，幾天後身亡。雖說麥金萊被認為是美國繁榮期的總統，但之前已經說到美國社會出現那麼多問題了，有個別激進的認為幹掉總統能解決問題也是可以理解的，所以，對於這場美國開國後的第三次總統行刺案，就不用多解釋了。

羅斯福本來是副總統，一個很作的人在美國當副總統本來是很憋屈的，好在麥金萊在適當的時候讓羅斯福出來透氣了，橫空出世成為總統的泰迪那年才四十二歲，是史上最年輕的白宮主人。

改革派泰迪

在美國中部的南達科他州，有一座花崗岩的小山，叫做拉什莫爾山，這裡現在是著名的國家公園，因為山上四座高達十八米的總統頭像，成為美國的地標之一，經常被稱為總統山。

四個總統的頭像雕塑開工於一九二七年，距美利堅正式立國一百五十一年，中間經歷了三十任美國總統，選擇哪四位總統站在山上日曬雨淋，是個課題。

第一尊，毋庸置疑華盛頓會當選，第二位的，當然應該是起草了《獨立宣言》的湯瑪斯・傑佛遜，第三位最有資格的是解放了黑奴，並主導了南北戰爭的林肯，而第四位，就是我們的泰迪熊——希歐多爾・羅斯福。

都知道美國有兩個叫羅斯福的著名總統，較多的人比較熟悉「二戰」中那位輪椅上的美國英雄，作為一位連任了四屆的美國總統，他的功績我們會在後面的章節裡大書特書，但是大家也不要忽略了眼下的這位羅斯福總統，他能夠被供在總統山上，肯定是對美國的發展進程做出了突出而明顯的貢獻。

泰迪喜愛牛仔，就去了達科他州進修牛仔課程，雖然牛仔很少帶眼鏡的，但顯然「四眼」並不影響這位「貴族牛仔」的氣場；泰迪還喜歡海戰，有海軍情結，於是麥金萊總統任命他為海軍副部長。當時的美國，恐怕只有泰迪看出了海軍的重要作用，正好海軍部的正部長是個喜歡清閒的主兒，泰迪大權獨攬，為美國海軍建設大提速，美西戰爭，他還想方設法湊到戰場上，過了把打仗的癮。

古巴回來，仕途進入正軌，泰迪成了紐約市長。此時美利堅，我們上面說的「美國病」已經病入肌膚，十九世紀末期，美國農民組建了主張自己權益的黨派，工人階級也蠢蠢欲動，社會問題層出不窮，只是，因為權貴富商們已經控制了政府和行政機關，就算有政治責任感的人想要做出一些改革，也要考慮一下自己黨派的前途，和自己在黨內的前途。

泰迪雖然牛仔，卻算不得反骨，他當然也要忌憚黨派的利益。可他就任市長後，還是提出了要限制大企業，改革食品安全，保障工人婦孺權益等主張。

共和黨覺得這個夥計有點礙事，就想將他請出紐約，最客氣的辦法，就是讓麥金萊邀請泰迪作為副總統，以後永遠安分守己無聲無息地生活在白宮的小黑屋裡。誰知道，上帝不讓泰迪這樣的人無聲無息，於是，麥金萊總統用生命成全了泰迪的抱負。

泰迪這樣成為總統，不服的很多，想讓他好看的更多，剛接班，他就遭遇了幾乎無解的難題。

一九〇二年春天，美國無煙煤行業大罷工，工人們要求改善煤礦安全條件並增加工資。罷工維持了很長時間，煤礦主們堅決不低頭，根據美國自由商業的傳統，各種勞資糾紛，政府一般是不干預，即使干預，大部分時間也都是站在雇主這邊。

根據此時的美國社會氣氛，貧富分化嚴重，這次罷工，大部分底層百姓甚至是中產階級都站在了煤礦工人一邊，譴責煤礦主無良。大家都知道，國內外的煤礦主都一樣，無良且心理素質極佳，被人罵成孫子了，還就是不低頭。

眼看著，隨著罷工的僵持，美國的冬季燃煤供應要受到影響，泰迪不得不出手，將煤礦主和工會領袖拉到白宮調解。

煤礦主不知道牛仔的厲害，在總統苦口婆心幾輪勸告無果後，泰迪給予了煤礦主一個驚人的警告：如果煤礦主不能同意政府的調解，則聯邦軍隊將進駐礦山，安排生產，因為美國人不能過一個沒有煤的冬天！

雖然煤礦工人沒有百分之百實現自己的訴求，但總統以出動軍隊令煤礦主低頭，應該也算是很給工人們幫忙了。

對一個小政府的自由資本主義國家來說，泰迪做出這個決定，是冒天下之大不韙，所以事後他也感覺到筋疲力盡，上文說的，他必須去獵熊才能緩解讓他心力憔悴的大事，就是這一樁，泰迪熊的成功也有煤礦工人的功勞。

泰迪在紐約市長任內就想限制大企業，成為總統後，他理想更大了，他預備收拾雄霸美利堅的那幾個大托拉斯。

都知道，托拉斯這種大怪獸，幾乎是無敵的，他們操控價格，壟斷原料、把控運輸和市場，不管是打工者還是競爭者還是消費者，都只能承受他們強加的各種待遇，而大財團和銀行等金融機構勾結，組成一股特權勢力，又可以影響政治，更輕鬆地玩弄廣大民眾。按說托拉斯是自由競爭的產物，而它的出現又恰恰損害了自由競爭，為了維護美國賴以發展的「自由」，也為了照顧佔選民大多數托拉斯的受害者，美國政府不得不對托拉斯有所控制。

美國經濟騰飛的基礎是鐵路，鐵路行業也成為幾個大托拉斯的龍頭。十九世紀末的美國，幾乎所有的商業都要依賴鐵路運輸，「地主們」應該很熟悉，當鐵道成為壟斷行業，將面臨一個什麼樣的境況。比如，鐵路大佬只需要控制運輸煤炭的車皮，則煤炭價格必然暴漲，並引發搶購。同樣的道理，糧食、禽蛋、豬肉、木材、棉花，所有的必需品，只要鐵老大們願意，都可以操控價格。對中小農場主來說，產品放在倉庫裡，遲遲不能發運，最後只好降價出售，而鐵老大們預備了大量貨倉，低價收購這些「便宜貨」。

一八九〇年，有點良知，當然也是迫於輿論壓力的國會通過了共和黨參議員謝爾曼提交的《謝爾曼反托拉斯法》：凡以托拉斯形式訂立契約、實行合併或陰謀限制貿易的行為，均屬違法；凡壟斷或企圖壟斷，或與其他任何人聯合或勾結，以壟斷州際或對外貿易與商業的任何部分者，均作為刑事犯罪。

這是美國歷史上第一項授權聯邦政府干預經濟的法律，按說應該有改天換地里程碑般的意義，只是，這個法律出臺後，托拉斯的大佬們看了直樂。

對於立法很專業的國會來說，這部法律有點兒戲，相當於，你頒布了一項法律：不准欺負人，欺負人會被抓起來。可並沒有說怎麼算是欺負人，言語侮辱算不算呢？找水軍上網黑他算不算？扇了一耳光砸一板磚我非說是出於愛行不行？所以，托拉斯怎麼界定，壟斷又怎麼界定，完全沒有明確的說法，這個法律在很長一段時間裡，成了笑話，最牛的是，那些被托拉斯控制的法院還能通過這個法律針對工人運動！

泰迪上任之初，為了安撫共和黨內對他的不滿情緒，曾公開說過，對於托拉斯還是要給予適當的保護。站穩腳跟後，泰迪就預備對托拉斯下手，他瞄準了當時最張狂的北方證券公司。

北方證券公司是個巨型托拉斯，掌控著世界上最龐大的鐵路聯合體。它的誕生起源於一場收購戰。美國西北的兩大鐵路財團，聯合太平洋鐵路公司和大北方鐵路公司是死對頭，他們都想全取西北鐵路的控制權。這兩邊背後都站著一位華爾街的大佬，聯合公司是洛克菲勒罩的，而大北方是摩根罩的。

這兩頭大鱷在資本市場收購相關鐵路的股票，打得不可開交，整個證券市場當時是跌宕起伏，腥風血雨，引得無數散戶賣掉其他股票，追逐這場托拉斯盛宴。

惡鬥相持不下，彷彿是要兩敗俱傷時，最有大局觀的摩根發話了，「哥兒幾個，停火吧，打啥啊，咱們兩邊合併，天下無敵，有多少錢賺不到啊？」是啊，既然是托拉斯，當然是規模越大越好嘛，這樣內耗太傻了。於是，北方證券公司就這樣成立了，以上兩家鐵路公司的網路全部被納入其中，從此汽笛一響，黃金萬兩。

一九〇二年二月，泰迪指示司法部長依據《謝爾曼反托拉斯法》對北方證券公司起訴。華爾街沒想到總統突然襲擊下狠手，當時就亂了陣腳，證券市場應聲大跌。摩根有責任心啊，他一手安排的合併計畫，豈容輕易打斷。這廂一邊重金組建律師團應訴，一邊親自跑進白宮，跟總統說好話。

總統也組建了律師團，這場官司，注定要載入美利堅的發展史。一九〇四年，最高法院那九位大長老，以五票對四票裁決北方證券公司兼併案不合法，泰迪贏了。官司足足打了兩年，可見這其中的艱辛。

一九〇四年，泰迪競選連任勝出，選戰中，美孚石油公司（標準石油公司更名）非常懂事地向這位有點囂張的老大送出十萬美金的贊助，泰迪義正言辭地要求把錢退回去，並且釋放了一個信號：別以為你們打點十萬過來就沒事了，下一個就收拾你們！

沒錯，既然要讓自己成為托拉斯的毀滅者，當然要對托拉斯之母下手，洛克菲勒注定將為泰迪開啟輝煌的第二任期。

一九〇六年，在各種證據資料準備到位，媒體配合充分，民意被調動得熱情高亢後，羅斯福政府對美孚石油公司提出起訴。

這是美孚石油的生死戰，如果輸掉官司，洛克菲勒一手組建的這個石油帝國將被分拆，所以老洛賠上老命也要殊死一搏。這場曠世的官司驚動了當時美國所有的法律界精英，出庭的證人超過四百位，最後的法庭資料有一萬多頁。

直到一九一一年五月，羅斯福已經卸任離開白宮，最高法院才給出結果。美孚石油在六個月內解散，罰款兩千九百二十四萬美元（在當時是一筆驚天的數字）。

美孚解散，應該是泰迪的大勝。雖然，不管是分拆還是罰款，對美孚都沒有造成嚴重傷害，獨立出三十九個公司的美孚，其實際控制權還是掌握在原來那幾個大佬手裡，而分拆後的美孚股票還飆升，應該說比之前更強大了。

對洛克菲勒來說，自己辛苦經營的巨型航母被解體，心裡多少有點傷感。不知道是不是這種傷感，讓這史上第一位億萬富翁更看輕了財富，後來的歲月，他的工作就是不斷地將家產往外捐，終於讓自己從一個托拉斯大鱷魚的形象成功地轉變為一代大善人，並在美國社會的不少領域，深刻地留下自己的影響。而對美國人說，連美孚這種公司都可以被解體，說明公平自由的商業環境，還是可以指望的，這是老楊忍不住想到，咱家那幾個壟斷巨人，有沒有機會轉變為大善人呢?!

泰迪任內，發起了四十五次反托拉斯的行動，為自己贏得了「托拉斯馴服者」的美名，而更高的榮譽來自挪威的奧斯陸，泰迪獲得了諾貝爾和平獎。

諾貝爾獎由瑞典化學家諾貝爾設立於一九〇一年，最開始設五個獎項，其中四個獎項，在瑞典頒發，而只有和平獎在挪威的奧斯陸，由挪威議會選舉出五人委員會來揀選。

物理、化學、生理醫學甚至是文學，都還是能找到一個大致公平的評選標準，和平獎卻是個抽象的東西，在人類的發展史上，有的時候，戰爭不見得是不和平的，而和平也不見得是安全的，加上這個獎誕生在挪威的議會，它或多或少會帶著北歐的認知觀念，大家都知道，咱家和北歐或者地球上大部分發達國家在某些價值觀世界觀方面都有些差異，所以，由挪威議會選出來的和平獎，很多時候，挺考驗咱們的三觀。

一九〇六年，奧斯陸將史上第六座諾貝爾和平獎授予了美國總統泰迪，獎勵他的原因是他出面調停了日俄戰爭（日俄戰爭的故事，請「地主們」參看《最冷和最熱的俄羅斯》之二十二）。日俄戰爭的結果，大家都知道，日本和俄羅斯瓜分了咱家的東北，所以，泰迪的動作基本可以說是，充當了兩股強盜的分贓參謀，挪威為了表彰美國從犯，頒給泰迪一座諾貝爾和平獎。

泰迪是史上第一個拿到諾貝爾獎和平獎的美國總統，後來，和平獎這東西挺青睞美國總統的，因為大部分時候，這個地球和不和平，全看白宮裡那位大佬的心情，越來越多的美國總統發現，自己稍微扮個乖就能騙來和平獎的獎金，錢放好後，該打誰照打不誤，挪威的議會就沒有那種敢把和平獎收回去的膽量。倒是泰迪任內做過的影響世界的大事真不少，他甚至還修改了世界地圖呢。

美利堅是地域廣大的國家，國土從東海岸到西海岸大也就是比中國版圖的形體稍微瘦一點點兒。十九世紀末，橫貫美國大陸東西的鐵路分別從兩頭開始修建，一八六九年在猶他州接軌，將大陸東西方向的交通捋順了。

鐵路通車只是陸上方便，可海運沒有解決，從東海岸到西海岸，費老大勁啊，必須繞道南美的合恩角，一不留神跑偏就到南極了。所以啊，全世界有腦子的人都知道，如果在南北美之間找個狹窄而低窪的地方開條運河，那可真能省不少路費，大筆銀子。

最開始承接這個工程的是法國人（參看《聞香法蘭西》第三十五），因為巴拿馬運河公司的經營不善，還搞了些黑幕，導致工程可能爛尾。

運河工程對美國的意義顯然是更大，所以，美國人比法國人還想挖運河。可既然法國人已經選擇了黃金寶地——大哥倫比亞共和國的巴拿馬省動工，美國人只好另尋地點開工。

美國人本想在尼加拉瓜開挖，可這地方不爭氣，居然火山爆發，這顯然不適合擁有一個世界級的工程。正好，法國那邊資金鏈斷了，於是美國人就跟法國公司的人一勾搭，接手了法國人未完的工程。

接手歸接手，現在是美國人要在哥倫比亞挖河，肯定要經過人家批准啊，批文要另辦啊。這個批文談判一談就是九個月。最後，還是在美國人威脅說不跟哥倫比亞玩了，預備再回頭找尼加拉瓜談，哥倫比亞這才低頭，同意劃給美國一條寬十公里的地帶，允許他們使用一百年，另支付哥倫比亞一千萬美金，每年再給二十五萬的租金。

聽上去挺好的生意，可哥倫比亞人太聰明了，他們一簽約完，就覺得自己被美國佬坑了，吃虧了。怎麼辦？反悔唄，要兩千萬美金才准開工！

本來泰迪總統就很看不上拉美人，覺得他們離文明還是略有距離，如今出爾反爾，坐地起價，實屬無賴。

既然哥倫比亞先無賴，美國人就做什麼都可以了。正好巴拿馬是在脫離西班牙統治後併入哥倫比亞的，沒什麼忠誠度，一直想獨立，哥倫比亞讓這個小地峽地方自治，但巴拿馬一直吵著要徹底脫離哥倫比亞。

一九〇三年十一月三日，巴拿馬人起義了，三天後，美國就宣布承認巴拿馬為獨立國家。美國人當然沒有明火執仗幫巴拿馬人獨立，只不過美國炮艦停在巴拿馬的重要港口，隨時預備「幫助弱小」，確實是巴拿馬獨立輕易得手的關鍵。

巴拿馬一獨立，美國人就把跟哥倫比亞簽的運河協議改了個甲方，再把徵地面積擴大到十六公里，美國擁有永久控制權，交給了巴拿馬政府。

新政府敢不接受嗎？不管巴拿馬人有多不情願，必須簽字，然後坐看運河開工，美軍入駐運河區，使之成為美國領土，巴拿馬人不得入內。

開通並佔有巴拿馬運河讓泰迪非常得意，他應該得意，巴拿馬運河工程被認為是世界七大工程奇蹟之一，它讓大西洋到印度洋之間的航線縮短了一萬公里，產生的經濟效益更是無法計算。再多的榮光和收益巴拿馬人都只能看著，利益基本都歸了美國。

泰迪可能以為他為美國永久取得了巴拿馬運河，他不知道，不到一百年後，美國人即使發動戰爭，也再不能佔有這條「世界橋樑」了，這事後面再說。

運河不能佔有一百年，但泰迪還有其他的百年大計。泰迪是第一位提出了「可持續發展」的美國總統，他率先認識到，必須善待環境保護資源，「不僅要保持現有的繁榮，還要保障未來的成功」，而這個保障，就是對環境和資源的合理利用。泰迪任內，有專人研究如何保護水土，有效灌溉；成立了專門的林業管理部門，設立了大量的國家公園和自然保護區，壯美的大峽谷森林公園就是其中之一。就是因為二十世紀初的這位「環保總統」，讓美國人在激烈迅猛的發展途中，依然保持了環境和水土的安全，沒有掠奪子孫後代！

說了泰迪這麼多豐功偉績，他應該也稱得上是偉大的總統，相信在當時，飽受各種列強蹂躪的大清，也會覺得泰迪是個可愛的夥計。一九〇一年，也就是泰迪上任那一年，包括美國在內的八國聯軍在中華大地上開了個大 party，燒殺搶掠忙完後，大清政府還簽下《辛丑合約》向各路洋大人支付辛苦費。

沒聽說敲詐的嫌苦主錢給多了的，老山姆家還是厚道，在家裡算了幾天，哎呦，有點要多了哈，黑社會也要講道理嘛，要多了就該退一點給人家。但是退給清政府那幫廢物呢，早晚還不知道會便宜了誰家，於是，就用這筆「庚子賠款」的退款，在北京開設了清華學堂，專為培養對美國的留學生。

當然大家不要因此覺得泰迪對中國人民有某種特殊感情。當時清政府廢了科舉，好多孩子跑到日本留學去了，美國人大約是怕中國孩子跟日本人學壞了，所以出錢鼓勵大家求學轉向美國。

建立清華學堂對美利堅的功績絕對還在保護森林之上，即使中華民族已經不受外敵屈辱，赫然以大國姿態屹立世界的今天，在學堂被改名為清華大學高居華夏第一高等學府近百年後，還是保留著為美利堅輸送人才的優秀傳統。一茬茬中國最優秀的學生在自家完成基礎教育後，還是願意跑到美國發光發熱，為美利堅貢獻青春，並創造了有目共睹的巨大財富，偶爾還能幫著美國佬擠兌中國同胞，不能不說，這實在是泰迪最了不起的成就！

因為泰迪對鍍金時代末期腐敗惡劣的美國社會進行了良性的改革，並進行了一系列的制度建設，所以從十九世紀末到二十世紀二〇年代初這段時光，被稱為是進步時代。

扒糞運動

一九〇六年春天，在華盛頓的一場重要典禮上，泰迪總統被邀上臺講話。天氣不錯，氣氛也喜氣，可老泰迪分明是一腦門子鬱悶加暴躁，上臺就吐槽：先生們記得吧，英國人班揚在《天路歷程》一書中，描述過一個扒糞者，整天低頭扒糞，死盯著地上的污穢物，從來看不到高尚和潔淨的東西，即使有人用天國的王冠換他的糞耙子，他也不換！現在我們有一幫子新聞記者就是扒糞者！

英國人班揚寫的《天路歷程》是著名的英國古典文學名著，講述了一個基督徒歷經艱辛尋找天國和救贖的寓言故事，是基督教世界著名的靈修書，在整個宗教世界影響力可能僅次於《聖經》，書中班揚刻畫的扒糞者，顯然是個負面形象。

老泰迪有文化，罵人不帶髒字，可他沒想到的是，被他指責為「扒糞者」的這群人，不以為恥反以為榮，他們還就以扒糞者自居了，還就給他個天國的王冠他們也不換了，即使是到今天，那些敢於頂住各種壓力，披露揭露社會陰暗面的記者文人們，還都認為，「扒糞者」這三個字，就是桂冠！

從十九世紀末到二十世紀初，美國的傳媒業爆炸式的發展，尤其是報紙。一八五〇年的時候，美國只有兩百六十種日報，到一九一〇年，每天有兩千六百種報紙出籠。根據普立茲的成功經驗，必須是符合了廣大底層讀者的口味，這個行業才能如此迅猛增長，老百姓眼裡揉不得沙子，還都有道德立場，於是就造成了報紙和雜誌對美國社會秩序的約束，似乎比政府和立法更加有效。

開篇說到，鍍金時代末期美國社會的種種不堪，大約從一八八〇年開始，報紙和雜誌上就有專門對社會這些陰暗面的調查，記者臥底、暗訪、買通線人，發布內幕，按現在的話說，就是行業大爆料。

出生在三藩市的林肯·史蒂芬斯從歐洲留學回來後，加入了美國報界。先是在華爾街採寫金融新聞，而後又被派到警署盯犯罪新聞，讓他認識見識了紐約商界人士、警界人士及犯罪界人士。史蒂芬斯發現，財閥、警署、黑幫有著千絲萬縷不可告人的聯繫，錢權交易讓雙方暴利，犯法作惡的人可以通過行賄逃避制裁。史蒂芬斯恍然大悟，原來整個城市都由一個極其腐敗墮落的圈子控制著。

史蒂芬斯開始挖掘腐敗的背景和黑幕，並撰文發表，這些揭黑的文章，讓報紙銷量劇增。不久他接受雜誌《麥克盧爾》的邀請，成為該刊編輯部主任。

《麥克盧爾》是一份面向底層讀者的低價雜誌，因為這樣的定位，它在揭黑扒糞方面，肯定是最狠的，史蒂芬斯的城市腐敗系列報導在這裡繼續連載。在扒糞運動最熱鬧的時候，《麥克盧爾》每月發行量都超過三百萬份，它當之無愧成為運動的橋頭堡。

其他著名的「扒糞」刊物還有《人人》和《科利爾》，這三份雜誌在二十世紀初發表了一千多份各種揭露文章，爆出來大量猛料，涉及工商界、勞工界、種族歧視、性別歧視、童工、物價、假冒偽劣等社會各個方面。

本來，對於一心社會改革的泰迪來說，扒糞者的所為是他歡迎的。有個叫厄普頓‧辛克萊的作家，寫了一部叫《屠場》（The Jungle）的小說，描寫了一家立陶宛移民在美國生活的悲慘遭遇。

立陶宛人約吉斯帶著美國夢來到芝加哥，在一個肉類加工廠打工，他本以為憑著自己辛苦的勞動就能獲得美好的生活。誰知，芝加哥肉類工廠裡，條件惡劣、工作辛苦、收入低微、長時間高強度工作導致工傷事故頻發。肉食廠老闆是個黑心奸商，腐爛發臭的肉，被他化學加工後，做成罐頭和肉腸賣給居民。小說之所以叫《屠場》，寓意芝加哥的肉食廠，就是一片血腥叢林。

泰迪讀完這部小說很受觸動，雖然是小說，可大家心知肚明，這是美國社會真實的寫照。泰迪下決心要改良美國人的食品衛生，他努力促成了《肉類檢驗法》和《純淨食品與藥物管理法》通過，在美國社會掀起了一場「純潔食品」的運動。

扒糞者既然認定要揭黑幕，越是高層就越有價值，泰迪沒想到，自己也很快被「黑」了。泰迪自以為很清廉，沒有把柄，所以他答應史蒂芬斯造訪白宮，做總統訪談。泰迪在訪問中吐槽，說自己為了某些法案的通過，不得不與兩院的議員周旋，有時需要滿足他們的一些條件。作為老牌記者，史蒂芬斯在「誘供」方面頗有手腕，他迫使泰迪承認，某個參議員總與總統作對，後來泰迪不得不委任此參議員情婦的弟弟為某地方檢察官，從此這個參議員對總統態度好多了。

這個是猛料，史蒂芬斯評論指出，總統用公職賄賂，是典型的腐敗行為。報導一出，轟動是正常的，泰迪差點氣瘋了。這的確是他自己「招供」的原話，他又不能告史蒂芬斯誹謗，更不能把史蒂芬斯抓起來送監。於是，在不久後的記者招待會上，他就將史蒂芬斯之流命名為「扒糞者」。更讓他生氣的是，史蒂芬斯之流，對這個稱呼洋洋得意，他們認為自己現在進行的，是一場道德革命，其地位不亞於當年的獨立戰爭，越是受到當局的詆毀壓制越是體現自己鬥爭的價值。

的確，轟轟烈烈的扒糞運動十年，讓美國人看清了社會的黑暗和腐敗，也激發了人們與之鬥爭的信念，手握選票的選民們，用他們的權力迫使政府訂立有關的法律，挽救不斷滑坡的社會道德。更重要的是，越來越多的腐敗，已經讓美國社會矛盾劍拔弩張，扒糞運動揭黑打黑，也讓這些社會矛盾得到了略微的緩解。扒糞運動讓美國人很驕傲，他們驕傲於美國社會的自我糾錯自我調節自我治療能力，讓大病恢復後的美國走上了健康穩定大道。

毋庸置疑，中國似乎也處在一個需要有人「扒糞」的時代，各種新舊媒體上，已經出現了幾個知名的「扒糞者」，我們希望，「扒糞者」這頂桂冠應該授予一顆正直正義的良心，而不是成為某些階層的喉舌，或是純為一己私利。

三十二、美帝國主義

跟「日本鬼子」一樣，「美帝」是中國人從小到大在語言系統中約定俗成的片語，而對美國人來說，他們從小到大也知道一個片語，叫「Manifest Destiny」，從字面理解就是「顯然命運」，最有才的翻譯為「昭昭天命」，再翻譯得通俗點就是，上帝安排的，你敢反對?!

說到美國的「天命」，我們隨口提一個組織——共濟會。這幾年，尤其是《貨幣戰爭》一書大火後，共濟會成為地球上最高端最神祕的組織，根據各種傳說，這個組織幾乎是地球之主，可能再過幾年還能統治銀河系！二〇一一年，從倫敦流傳出一個聳人聽聞的「盎格魯—撒克遜計畫」，中心內容是，共濟會預備利用其對國際政治、金融、科學技術等的控制力，發起一場對有色人種特別是華人的滅絕計畫，甚至還包括細菌戰爭，「非典」流行，就是其中一個行動！

如果要介紹共濟會，恐怕一本書都不夠寫，而且很容易寫成一部純野史（因為沒有經過驗證的實據）。而老楊出於對宗教的敬畏，一直盡量迴避評價任何一種宗教組織，在這裡提到共濟會，是因為不知道從什麼時候開始，或者就是現代共濟會在十七至十八世紀成型開始吧，地球上的人突然就三六九等分級了，佔某種統治地位的主流思潮認為，所謂盎格魯—撒克遜這個人種，才是地球上最優質的生物種類，可以凌駕在其他人種之上。（關於盎格魯—撒克遜的來歷，參看《老大的英帝國》）

本篇的主人公美國佬，甭管他們早先被英國同胞整得多麼狼狽，多麼流離顛沛，建立了山姆帝國後，他們全忘了，光記得自己就是來自盎格魯—撒克遜那支「高貴」的種族，而因為美國人率先在地球上建立了最民主最自由的國度，所以美國人更應該是盎格魯—撒克遜族群中的佼佼者，這麼優秀的人種，是帶著使命向全世界擴散的，這，就是美國人心中的「昭昭天命」，這個「天命」也一步步激勵著老山姆終於進化成為著名的「美帝」！

Aloha 和 OMG

從越過阿帕拉契山脈開始，一路吞食路易斯安那、佛羅里達、德克薩斯、奧勒岡、加利福尼亞、新墨西哥、阿拉斯加，老山姆偶爾會消化不良，可並沒有影響胃口，很快它就從趴在大西洋東岸的一條瘦帶魚，暴飲暴食成為一頭巨鯨。到十九世紀末，除了加拿大實在咬不動，北美主要地區，已經找不到他的食物了。

老山姆在北美的擴張，最開始還都是遵循一個接壤的原則，就算是阿拉斯加，跟加拿大人打個招呼借個道，也能散著步溜達過去。到十九世紀，轉變思路了，幹嘛要連著啊，上帝給了美國人兩片大洋，可不是為了把美國人夾在中間的，「天命」肯定是說，海上的小島，也拿去吧！

這都十九世紀了，想在本土範圍之外佔地盤，難度很高，非洲南美大部分地方，都被歐洲親戚們瓜分了，老山姆雖然入夥晚，好在還跟上了最熱鬧的盛宴——對大清帝國的分食。不管是欺負清政府，還是到中國去賺錢，穿過太平洋還是挺費勁的，於是，「天命」就將夏威夷群島送到美國人跟前。

浩瀚的太平洋並不荒蕪，散落著大小島嶼，這些島嶼按位置關係基本可以分為三大島群，分別是波利尼西亞、密克羅尼西亞和美拉尼西亞。其中最大的就是波利尼西亞，美麗的夏威夷群島，就是波利尼西亞島群中面積最大的一個群島。

波利尼西亞人當然就是夏威夷的土族，一八一〇年，一位酋長統一了夏威夷所有的小島，建立了夏威夷王國。當年的夏威夷島，陽光明亮，海水蔚藍，各色蝴蝶舞翩躚，遍地芙蓉別樣紅，波利尼西亞人種地打漁生活美，紮上草裙舞起來！夏威夷土族男的女的都不穿上衣，喜歡在身上刺青，逢人就說「Aloha」，沒心沒肺得一塌糊塗。

夏威夷王國的酋長幫著美國人和中國建立了貿易關係，讓夏威夷成為中美貿易的中轉站，也就將喜歡亂跑的美國人，引入了這個世外仙源一般的小島。

先頭部隊依然是傳教士，一落地就大叫一聲「OMG」！然後汗都顧不上擦就教導土族什麼是文明什麼是素質。現在我們去夏威夷旅遊，找不到原始半裸的草裙舞了，應該去找美國政府退一半的旅費。

吃掉夏威夷的進程跟美國西部大致一樣，越來越多的美國人上島，這種熱帶的氣候最適合種甘蔗，頃刻間遍地都是美國甘蔗園。甘蔗園需要大量勞工，土族自由懶散，而來自亞洲，尤其是中國的勞工是什麼苦都不怕吃的。中國人、日本人、菲律賓人五顏六色的人群都有了，五光十色的各種病菌也都跟來了，如同西方人滅絕南美人，夏威夷土族也大量死於外來病菌。

當甘蔗出口美國成為夏威夷的經濟支柱時，美國人就可以綁架夏威夷很多事了。一八九一年，夏威夷王國迴光返照，得到一位女王，叫利留卡拉尼。她登基後就胸懷大志想要反美重獲王權，抗爭持續了兩年，美國人取消了對夏威夷島蔗糖的最惠待遇，島上的各種哭爹喊娘。鑒於這種情況，島上的美國種植園主們就對華盛頓喊話：「京城的大爺們，行行好，收了俺們吧！」

在一八九四年前後，美國基本同意了兼併，可美國的事沒有痛快的，國會兩黨日常工作就是事無巨細地扯皮，最終敲定是在一八九八年克利夫蘭總統任上，到一九五九年，夏威夷才正式成為美國的第五十個州。

夏威夷這麼好的地方，覬覦的肯定不止有美國，只是從地理位置方便上考慮，最容易下手的，是美國和日本。小日本不是不喜歡草裙舞，他是太忙了實在顧不上了，大家注意時間，一八九四年，美國人收了夏威夷的那一年，小日本在幹嘛？一八九四、一八九五，中日甲午！其後的時間裡，有中國這麼巨大的肥肉擺在眼前，夏威夷就只好先放手了。心不甘情不願的，要不然他後來幹嘛去炸珍珠港呢，即使是到現在，在夏威夷群島上，日本人還是非常主流且人數眾多的一個族群。

波西尼亞島群的第二大群島，是夏威夷南邊的薩摩亞群島。現在這個群島在政治上分為兩部分，靠西邊一點的，西薩摩亞是一個獨立國家，而靠東那部分，近兩百平方公里的地區，東薩摩亞又叫美屬薩摩亞。

薩摩亞比夏威夷不幸，它同時被英國、德國、美國看中了，三方各施手段，挑唆著群島上各個部落內鬥，打得昏天黑地。眼看小島要被打沉了，三個大佬決定和解，美國和德國給英國和其他看熱鬧流口水的經濟補償讓他們退出，美德兩家瓜分了群島。

兩次大戰，德意志都是人民公敵，紐西蘭從一戰就不客氣地佔領了當年的德屬薩摩亞，二戰後，薩摩亞人爭取獨立自治，終於在一九六二年成為獨立的國家。至於美國人佔領下的東薩摩亞，現在他們大力發展金槍魚經濟，椰子芋頭也有銷路，生活也沒什麼好埋怨的，就跟著美國人混吧。

姜蘭和茉莉

姜蘭和茉莉是老楊最喜歡的兩種花，因為她們純白且鬱香。而老楊也是最近才知道，姜蘭和茉莉分別是古巴和菲律賓的國花，這讓人鬱悶，在老楊的印象中，古巴和菲律賓都是熱呼呼的、黑黝黝、牛哄哄的。（熱呼呼是氣候，黑黝黝的是膚色，而牛哄哄的是這兩家都敢跟自己強大的鄰居叫板。）反正跟這兩種潔白無瑕，柔軟纖弱的小花應該是沒什麼關係的。

古巴和菲律賓一個在加勒比海地區，一個位於西太平洋地區，本來八竿子打不著，多虧了地球上隔三差五地出現幾個帝國，把這兩家聯繫在一起了。

西歐的殖民主義源於資本主義的高度發展，產品需要廣大的海外市場和原料產地。當美國發展到這個階段時，他當然也面臨這個問題。尤其是在十九世紀末遭遇了經濟危機後，美國人意識到，國土之外的空間是關乎發展存亡的大事，瓜分了亞洲固然重要，可近在咫尺的南美還有西班牙的勢力呢，西班牙這種落魄子弟，憑啥還賴在美洲啊，他們聽不懂門羅宣言嗎?!

十九世紀，落魄子弟西班牙在南美剩了兩塊地盤，古巴和波多黎各，在亞洲，還剩下菲律賓。而古巴人早就開始有組織地「反清復明」了，古巴的「天地會」——古巴革命黨，黨部就設在美國紐約，雖然美國政府並沒說他們公開支持。

西班牙人腦子不好用，他們千里之外控制一個殖民地，在經濟上還沒有話語權。古巴的主要經濟產業也是甘蔗園和其他種植業，最大的市場是美利堅。美國對古巴的蔗糖和作物免稅，則古巴是明朗的天，一旦增加關稅，就陰霾壓頂。

一八九四年，美國人通過一項關稅法，以後古巴的作物進口，要徵收百分之四十的關稅了，立竿見影，古巴立即陷入混亂。古巴不能怪罪老山姆增加關稅，他們只怨恨西班牙政府無能，於是要求獨立的各種運動又開始了。西班牙政府在全世界的地盤都被搶跑了，更不能容忍拉丁美洲僅存的領地失去，分外焦躁，鎮壓古巴起義下了狠手，還成立了不少集中營，收押暴動份子和異見人士。

美國人從立國開始就揣著「齊家治國平天下」的心思，他們覺得自己反欺壓反強權，建立了這麼偉大的一個國家，不僅是全地球的榜樣，更應該把這種為自由獨立而鬥爭的美國精神傳遞到全世界。家門口就有個被欺負的兄弟，跟當年不列顛欺負北美一樣，美國人感同身受，義憤填膺。

在那個言論自由如火如荼大發展的時代，新聞工作者當然是緊跟老百姓的關注焦點。老百姓最近就關心拉美局勢，報紙上就煽風點火添油加醋地連篇報導，加上流亡美國的古巴革命黨到處遊說，很多美國人開始覺得，自己對古巴兄弟有道義責任，美國政府就該出面幫古巴人主持公道。

民間的情緒容易受挑唆，政府總是要理性的。該時美國剛剛經歷一場經濟危機，這一段時間的美國總統，都小心謹慎，生怕捲入一些不必要的風波，影響了自己的任期和連任。

一八九七年，麥金萊總統上臺，嚴厲譴責西班牙的粗暴行徑。作為一個沒牙的老虎，西班牙覺得唬人唬得差不多就行了，還真敢刺激美國殺過來麼？於是，西班牙也態度適宜地表示了悔改，那一年，美西很平靜，戰爭似乎遙遠了。

一八九八年，事情變化了。西班牙駐美國公使，給自己在古巴的朋友寫了一封信，這封信不知怎麼的輾轉落入美國媒體手裡，信上西班牙大使說麥金萊總統是個懦弱無能的人，滿腦子想的不過是利用選民贏得選舉而已。

因為麥金萊對西班牙的態度，國內很多人，包括他的副總統都說他是個沒種的孬貨。自家人說自家人，怎麼難聽都沒問題，可一個外人這樣說美國總統，就是赤裸裸地拉仇恨了。

信件這個事還沸沸揚揚沒有完結，又發生了更大的災難：

年初，因為西班牙的局勢，為了保護在西班牙的美國人人身財產安全，美國派出了一艘戰艦「緬因號」停在哈瓦那港。

二月十五日夜晚，一聲巨響後，「緬因號」變成一個火球，船上的官兵毫無防備，混亂中死傷兩百六十多人。

跟許多年之後的韓朝「天安艦」事件一樣，美國人一口咬定爆炸是因為西班牙的水雷襲擊，西班牙抵死不承認，要求上艦調查。美國人不接受西班牙調查，把「緬因號」拖到大西洋中間，沉入海底了。

「不忘緬因號」！「為緬因號復仇」！「跟西班牙人決一死戰」！這些作為報紙標題都讓人熱血沸騰，世界上最磨嘰的美國國會在三個月的時間裡批准了五千萬美元的軍備撥款，四月二十五日，向西班牙宣戰。

這就是美西戰爭，在我們學習的帝國主義發展史上，是狗咬狗的第一戰，不管美國人怎麼講，我們看來，就是一場殖民地重新分配搶地盤引發的械鬥。

西班牙調來殺氣騰騰的艦隊，都以為他們會直接打擊美國的主要港口或者是運輸線，誰知他們一路駛進聖地牙哥灣駐守，逼得美國人封死了航道甕中捉鼈，在一場很不嚴肅的海戰後，西班牙艦隊幾乎全軍覆沒，而美國艦隊可以說沒有任何損失。

陸上部隊進入古巴還是吃了點苦頭，跟西班牙軍隊沒關係，主要是自然條件太惡劣，伙食水土都不服。陸上戰場主力是古巴革命軍，已經佔據了優勢並進入古巴的美國大兵，有幾個是黑人軍團，不怕苦不怕死，即使被白人大兵欺負，也願意流血淌汗賣命，所以陸上戰場也很快有了結果。

陸上最著名的戰役是聖胡安嶺戰役，這場戰役的明星就是泰迪·羅斯福。這夥計從加入麥金萊的政府就是主戰派，成為海軍部長助理後，更是摩拳擦掌地鼓動加快海軍建設，力爭美利堅成為海上強國。終於如他所願開打後，泰迪興奮得立刻辭職，組建一支騎兵部隊，衝上了戰場。也就是聖胡安嶺的戰役勝利，讓西班牙失去了戰鬥之心，終於投降，而泰迪也因此役成為戰鬥英雄，回國成為紐約市長，而後進入白宮。

整個美西戰爭，泰迪玩得最high，他不僅親自上陣，打了一場面對面的血戰，還運籌帷幄，決勝了千里之外。

泰迪在建設太平洋海軍時，一直做著戰爭準備，他早早指令亞洲艦隊的司令員，一旦這邊宣戰，啥也不管，一門心思駛向菲律賓，並快速佔領馬尼拉。

對西班牙正式宣戰五天後，太平洋艦隊的司令喬治·杜威就出現在馬尼拉灣，輕鬆打敗了駐守在當地的西班牙艦隊，幾個月後美國大兵登陸後不久，菲律賓就算易主了。美國人能打得這麼輕鬆，跟古巴一樣，當地的起義軍都死磕得差不多了。

古巴的西班牙軍隊投降後不久，美軍就無驚無險無所事事地佔領了波多黎各，打了三個月，佔領隔著大洋兩個洲的三個國家，美帝國主義橫空出世了！

根據西方的習慣，打完了照例去巴黎談協議，西班牙雖然是霜打的茄子，可聽說老山姆除了古巴和波多黎各之外還要求菲律賓，還是挺震驚的，只是對付一個落魄的貴族，砸錢一般都有用，西班牙含淚收下了兩千萬美金，連再見都沒跟菲律賓人說，一併打包奉送的，還有關島。

古巴和波多黎各就在家門口，有事都好辦，菲律賓可遠啊，怎麼控制怎麼管理是個問題。關鍵是，當初美軍登陸，打的可是幫助菲律賓獨立自由的大旗哦，如今跟西班牙支付兩千萬美元，而後軍隊留下不走，似乎還要設立美國總督，這是什麼情況啊？

佔領菲律賓後的三年，讓美國人愁死了。之前他們抨擊西班牙殖民者在古巴大地上的種種暴行，等輪到他們親自殖民的時候，他們不得不感慨，西班牙人太厚道了，太婦人之仁了。美軍開始在菲律賓清理門戶，發現游擊隊，一律殺掉，掃蕩村莊，把不老實的看著礙眼的丟進集中營。本來自詡素質挺高的美國人在菲律賓發現了自己深藏的獸性，美國大兵開始視殺菲律賓人為某種樂趣，根據當時的資料，在這種慘烈的屠殺氣氛中，殺人比賽之類的獸行，很可能也發生過。

直到一九〇六年，美國對菲律賓的佔領才算穩固，選舉了符合美國人意志的總督。美國政府非常清楚，他們不方便徹底兼併菲律賓，更不容易將其變成自己的一個州，只好對菲律賓增加建設，改善營生，擴大貿易聯繫，最後導致，菲律賓即使完全獨立了，他對美國的依賴也是非常嚴重的。

大棒和金元

搶了西班牙的地盤，美國終於進入帝國主義序列了，但美國人還不敢妄自稱老大，他們始終感覺自己是安於現狀的保守國家。終於讓美國人自信爆棚，重新定位的，就是泰迪。

之前我們講了泰迪的很多工作，對後世的美國乃至世界都影響巨大，而其實最終讓泰迪成為泰迪，美國成為現在的美國的，是泰迪的外交工作的態度。

泰迪就是我們前篇說的，喜歡給地球同類分三六九等的人，他認定白人，尤其是盎格魯—撒克遜的種族更優等，其他有色人種各方面差點兒，所以注定了，白人發展工業，其他二流種族只能提供原料，當然生活品質教育水準個人素質都有差距。而白人也不能光顧著自己享受就完了，二流種族腦子不好用，容易犯錯誤，需要白人們經常提點他們，教導他們，為了上門授課方便，美國應該大力發展海軍。

對，老山姆如今能有十一個航母編隊縱橫地球的水域，基礎就是泰迪任內對海軍建設的重視，雖然起步晚，在一九〇六年美國的海上實力已經僅次於不列顛。一九〇七年，美國十六艘最先進的戰艦組成一個編隊，繞著地球航行了一圈，震懾了所有人，尤其是剛剛戰神附體，覺得自己可以稱霸太平洋的日本人。

說到由泰迪開始的進攻型的美國外交政策，要從泰迪引用的一句諺語開始：Speak softly and carry a big stick, you will go far，老楊翻譯為，手持大棒說軟話，走遍天下都不怕。對，這就是著名的大棒政策，而能夠提出這個政策，首先是，你的那根大棒已經在手裡了。

回憶一下，從調停日俄戰爭到全取巴拿馬運河，如果不是泰迪彬彬有禮地舉著大棒，歐洲諸國和日本恐怕不會這麼配合。

一九〇二年，委內瑞拉換了個政府，因為連年內戰，局勢混亂，債臺高築。主要債權國英國、德國催債無果，又藉口本國僑民在內戰中受損，叫上義大利，組成聯合艦隊封鎖了委內瑞拉的海岸，炮轟港口，德國人甚至宣布，他們預備在附近建立永久的軍事基地。

歐洲還不太適應一個新老大的成長，華盛頓及時站出來吹哨叫暫停，泰迪一邊舉著大棒，一邊從圓鏡片後面射出幽幽的目光，在委內瑞拉封鎖的歐洲艦隊就非常識趣地離開了美洲。可到了一九〇三年，多明尼加欠錢不還，艦隊又來了。泰迪只好又舉了一次大棒。

雖然沒動手，歐洲列強已經實實在在感覺受了一悶棍，而泰迪，他本人受的刺激更大。他本以為門羅宣言已經把規矩界定得很清楚了，「美洲是美洲人的美洲，也就是我美利堅的後院，沒什麼事，歐洲人最好連看都不要看過來！」可歐洲人還是對拉美總是色心不死，未來可能會花樣百出地找藉口，把艦隊送到門口來，原來棒子不夠大，不能放狠話，現在既然大棒能奏效，就要換個態度放話了。

一九〇四年，泰迪決定，為門羅主義加上一個注解：美國反對歐洲國家插手西半球的事務，如果南美國家內部出了失去控制的問題，美國可以親自干預！

這就是著名的羅斯福推論，也就是在這個著名推論中，泰迪提出了給美國人重新定位的「國際員警」概念，工作職能就是「野蠻干預別國內政」，不過他當時只決定在西半球履行「義務」，後來的美國總統不斷給自己任命的這個「員警」頭銜增加轄區。

羅斯福推論成立後，在其後的很多年裡，成為籠罩在拉美上空的陰雲，根據這個推論，美國人到拉美去辦了不少「實事」。比如接手古巴後，雖然允許古巴人政治獨立，可還是隨時插手他家的大小事務。藉著幫古巴鎮壓暴亂，美國強行租借了關塔那摩基地，即使是古巴和美國橫眉冷對這麼多年後的今天，關塔那摩依然是美利堅在拉美最重要的軍事基地，卡斯楚不管多麼橫，還就是拿不回去。

雖然沒有寫入憲法，泰迪之前的歷任美國總統都自動自覺地在兩個任期後不再爭取白宮，泰迪因為功績卓越，他所在的共和黨想讓他在一九〇九年的大選中，再次出戰。但泰迪有自己的想法，他看好自己的陸軍部長，最信任的副手——威廉·塔夫脫接班。

塔夫脫是泰迪班子裡不容易被忽視的人物，因為他實在太胖了，身高雖然有一八〇左右，但體重達到了驚人的一百五十二公斤。直觀地描述一下這個體型吧：這老夥計在泰迪扶持下入主白宮後，洗澡時被卡在白宮的浴盆裡，後來白宮只好重新安裝了加大號的浴盆！

泰迪卸任時才五十歲，大好青春還沒結束呢，所以他不會留在他紐約的家裡養老，他跑非洲打獵去了，帶著大量的戰利品標本回國，美國的各博物館還都留有他的獵物。

老泰迪這麼悠閒，顯然是認為，塔夫脫會嚴格複製他的政策，安分守己幫他再完成一個任期，沒想到塔夫脫是個腦子非常僵化的人，崇拜法典，法律至上，不會靈活，又沒有手段，幾面不討好，到處得罪人，等老泰迪從非洲回到美國時，共和黨已經因為塔夫脫的不著調面臨嚴重分裂。

大棒政策玩得不算完美，讓拉美人很抱怨，塔夫脫覺得他應該緩和跟鄰居的關係，所以在他前任的大棒政策之下，通過了一種「金元外交」策略。

想要市場和資源也不非要硬搶，美國的企業家和銀行家，走出去，到別人家裡去投資，招募當地的工人，向當地交稅，慢慢地當地政府就會上趕著求美國了，慢慢地也能綁架地區經濟了，控制了經貿，比槍炮戰艦都好用。

這麼多年的歷史證明了，大棒加金元的外交政策，還真挺有益於一個超級大國的發展壯大。

塔夫脫在白宮的工作乏善可陳，他在法律方面的偏執和熱愛，終於讓他在離任白宮後，成為了美國的首席大法官——他一直夢寐的職務，他是史上唯一擔任過總統的首席法官。

塔夫脫對後世美國的影響最明顯的是審美，他之前的美國男人，大杯喝酒大塊吃肉，胖點就胖點，沒人覺得不好，自從塔夫脫作為全美最有權勢的胖子天天出現在報紙首版後，美國人發現每日面對一個胖子是要比餐餐吃肥肉膩歪；而塔夫脫出名的嗜睡，經常白宮開著會，他就鼾聲如雷了，比起老泰迪保持良好的意氣風發，是有點讓人覺得這胖子不著調。於是，很多美國人，尤其是中產階級以上的男人，漸漸開始控制自己的體型，讓自己保持一個精幹的狀態，而其後的美國總統，幾乎沒有大胖子了。到歐巴馬這一茬，他和普京所代表的新時代領袖，更是動不動就脫衣露點博版面，好身材成為他們爭取選票的重要道具！

三十三、魔嬰降世

美國的故事，總是從每個大選年起始或終結。轉眼到了一九一二年，又是大選，這一年什麼故事開始了呢？

從一八九七年麥金萊總統，共和黨把持白宮整整十五年，民主黨的少壯精英熬白了頭，這一年，他們有機會實現一個政客的終極理想麼？

前面說到，老泰迪代表著美國共和黨內比較進步的勢力，他以為繼承者塔夫脫跟他一條心，會牽著自己的衣襟向前走，誰知塔夫脫體型太大，誰的衣襟也牽不動他，他越走越慢，最後幾乎停滯不動了，於是，一群本來也不喜歡「進步」的共和黨，自動地跟在塔夫脫周圍，形成了一幫不愛動彈的保守派。這樣看來，共和黨似乎是分裂，擺明不和諧了，民主黨的反攻機會就在眼前。

候選人是選舉致勝的關鍵，塔夫脫是個法學家，精通法理，西方的法學是基於哲學的，而法學理論發展到一定的高度又轉化為哲學，所以，對付一個法學家，最有優勢的當然是一位哲學家，而且應該是一位學院派的大知識份子。

新澤西州的州長伍德羅．威爾遜獲得了民主黨內的提名，這位州長，曾經是普林斯頓大學的校長，在北美學術界頗有名望的哲學博士，根據柏拉圖在《理想國》一書中的說法，一個國家的管理者，最好是哲學家。

威爾遜最終為民主黨贏回了白宮，卻跟柏拉圖和《理想國》一毛錢的關係都沒有。不是哲學家太牛，實在是對手太菜。

卻說塔夫脫終於適應了白宮的浴缸，沒住滿八年還不太想搬家。那天他睡醒了覺，吃飽喝足後就磨拳擦掌預備投身選戰，很快，他就收到了一個晴天霹靂般的消息：老上司羅斯福從非洲回來後，對現任總統甚為不滿，在不明身分的各路大仙的挑唆下，他居然自組「進步黨」加入了競選！

塔夫脫當年上任是羅斯福一手扶持，如今共和黨內還有大量擁躉，老泰迪出山，對民主黨是驚天利多，因為他分走的，必然是共和黨的選票！

泰迪可不是閒著玩票，在一九一二年的這次競選中，有人向他行刺，子彈進入胸腔，老泰迪竟然不叫救護車，他壓著傷口完成了一個多小時的演講！這種用生命拆台的精神，讓共和黨很無奈，民主黨都很咋舌。後來去了醫院，醫生通知他，堅持完演講是對的，因為這個子彈的位置邪門，醫生也取不出來，以後就留著玩吧。好在那陣子還不能飛機旅行，否則老泰迪喜歡滿世界亂走，怎麼過安檢呢？

也許是共和黨的內耗，讓威爾遜的勝利顯得不那麼帥，所以他奮發圖強，爭取做總統比泰迪帥，並親身證明，一個哲學家真的很適合做領袖。

上任第一年，威爾遜就辦了兩件影響美國發展的大事，而其中的一件，讓後來的世界隨時心驚肉跳。

伴隨威爾遜進入白宮的，是一個小魔怪呱呱墜地，威爾遜抱著他慈愛微笑時，似乎已經感覺到了這個魔嬰的強大的魔性，也許會禍害全美的百姓，而新總統沒想到的是，這熊孩子長大後能禍害全地球的老百姓。小魔怪的名字叫美國聯邦儲備局，大家都叫他FED，到二〇一三年，正好一百歲。

最早的中央銀行誕生於一六九四年的英格蘭，由英王特許成立的。至於中央銀行為什麼會成立，是一個非常簡明的問題。工廠靠生產產品賺錢，商行靠貿易流通賺錢，武大郎賣燒餅，劉皇叔賣草鞋，總是能有個進項。而在這個世界上，不管哪國的政府，他都是無法賺錢的，他還最需要錢。

政府缺錢收稅嘛。是啊，政府可以收稅，而且苛捐雜稅都行，可前提是，你要有本事壓住老百姓不反啊。人類的進步都反應在底層的老百姓膽子越來越肥上了。別人兜裡的錢總是不好隨便要的，只有自己的錢自己才說了算。普天之下，莫非王土，英王沒錢，他不會自己印啊！感謝中國人居然能發明出印刷術來！

金融專業的人士對央行可能有大篇複雜而花哨的定義，在老楊看來，央行就是印鈔票的，如果這些紙片必須能保證承兌黃金，咱們就少印點兒，如果跟黃金不相干，就把印手紙的原料都用來印鈔票，想怎麼印就怎麼印，為了表示不是亂印的，出臺一個學術名詞叫：量化寬鬆。

英格蘭銀行成立後，其他國家一看，還有這麼好的事呢！於是歐洲大國陸續都開設國立印鈔廠了。回到北美。隨著美國兩黨政治的成熟，在二十世紀前大部分時間裡，美利堅的國家大致形態是隨著執政黨的不同而變化的。

從聯邦黨到輝格黨再到共和黨，這幫子人是做夢都希望中央集權，有個強悍的政府，由政府主導巨高的關稅，控制外來商品進口，補貼與政府合作默契的民族大企業，說明白點就是，政府要管事，能控制大局。這一派既然是從漢彌爾頓流傳下來的，當然是支持政府大規模欠債，而且最好是有一個央行。

至於民主黨，從傑佛遜到傑克遜，他們是堅持自由的，自由市場、自由貿易、去中央化、小政府，政府應該無為而治。這一派最怕銀行家合謀搞鬼，以為貨幣就應該老老實實地建立在相應的金銀數量基礎上，哪個銀行都沒有特權。

兩黨的分歧在一九〇〇年前後變得不太明顯，因為此時的美國政治，兩黨淪為了配角。沒錢就不能競選，哪個黨派上臺都需要財團支援，進入白宮的，不是黨派的代表，而是財團的代表。此時的美國，兩黨幕後的最大勢力正是兩個財團，一個以摩根家族為核心，一個以洛克菲勒家族等為核心。

這兩個幕後老闆一現身，所有的事情都可以解釋了，老泰迪為什麼對洛克菲勒步步緊逼下黑手呢？因為泰迪是摩根系的總統。而上文說到，老泰迪在不知道什麼力量的挑唆下，突然摻和一九一三年大選，直接在背後插刀塔夫脫，顯然是摩根財團預備收拾塔夫脫，並保送伍德羅．威爾遜上位了。

前面介紹過J．P．摩根的發家史，可能對於他到底有多大的能量，讀者們感覺不是太清晰。舉個實例吧：

隨著美國從鍍金時代到進步時代大量新興工業的崛起，創業機會很多，投機的創業者更多。大量品質不高的個人企業轉變為股份公司，發行摻水股票，牟取暴利。歐洲資本通過提供短期信貸來美國資助創業投機，一九〇六年，金融投機吸引到美國的資本總額達五億美元，美國信貸機構投入的資金約為三億美元，大家都不陌生，這種熱錢投機的結果就是泡沫，泡沫總是會破碎的。一九〇七年十月，紐約一半的銀行貸款都被押在信託投資公司的各種股票債券上，金融市場岌岌可危。

隨著美國第三大信託公司即將破產的傳言喧囂，驚恐的投資者徹夜排隊在信託公司門口要求撤資，銀行也手忙腳亂催收貸款，到處都要錢，到處都沒錢，貨幣緊張，借款利息飆漲，混亂中，股市只能暫時停盤。

一直在歐洲旅行的老摩根此時晃晃悠悠回到美國，不吭聲不評論，在家等著。沒幾天，他就等到了上門的紐交所主席，主席臉色蠟黃，帶著哭腔，「摩老救我！要不然紐交所只能關門！」

救世主摩根不會讓人失望的，按他做事的規矩，一個通知，全球主要的銀行家火速來見，坐下開會。十六分鐘以後，摩根就向美國金融界宣布，他的系統開閘放水，貨幣管夠，紐交所一片歡呼。

一九〇七年的經濟危機是資本主義世界幾次重大的經濟危機之一，而在美國，幾乎就是老摩根的力量，一手將美國從金融系統崩潰的邊緣拉回來。懂行的一眼就看出來了，在這個事件中，摩根的系統承擔的就是央行的角色。

一九一三年，摩根和洛克菲勒難得地目標一致，那就是送威爾遜進宮，讓他為美國央行接生。

話說摩根和洛克菲勒都權傾朝野富可敵國了，為啥子非要整出一個中央銀行來呢？講個簡單的故事吧，比如，某個地區賣肉包子的組成了一個肉包子托拉斯，實力剽悍，很容易就控制了原料和市場，號稱包子是皮薄餡大十八個褶，一個只賣二塊五。因為一家獨大，所以買包子要拿號排隊，拿號說不定還要交錢，有關係的提前把大量包子都買走了，你要吃包子還要約黃牛；拿到手的包子就算是咬一口沒餡，咬兩口到頭了，你也沒處投訴。

如果在一個自由市場的環境下，有個叫王二麻子的青年頭腦靈活又勤勞，他肯定可以想辦法弄到原料，在自己家門口擺個小包子攤，真材實料，一個八毛。

結果可想而知，大量的吃貨都被王二麻子吸引過去了，而原料供應商之類的，之前被托拉斯欺負苦了，王二麻子願意現款現貨跟他們買豬肉和麵粉，還能保持進貨量，長此以往，慢慢發展，王二麻子是會對托拉斯造成有效衝擊的。

托拉斯不急，他有絕殺。他只需要跟他一直「保持良好關係」的政府打個招呼，為肉包子設計一個準入標準，比如，銀行裡沒有一千萬存款的，上年繳納利稅低於五百萬的，臉上長麻子的，一律不准賣包子！王二麻子被輕鬆收拾掉。為了防止以後再有張三李四出來賣包子，政府規定，以後只有托拉斯能生產包子，政府給他們補貼，包子降價五分錢，算是照顧廣大消費者。

一個不受干預的自由市場，能公平地調控很多事，不想公平的人，就會想各種辦法，打亂自由市場自由競爭的自然規律。在這個故事裡，摩根和洛克菲勒的共同目的，就是建立一個由政府保駕護航的金融托拉斯，保證他們的銀行可以漂亮地規避任何市場風險。所有的生意都是為了賺錢，賺錢是沒有盡頭，但如果能擁有印刷鈔票的權力，直接控制其他人的財富水準，大家評估一下，這是一門什麼樣的生意啊！

一九一〇年十一月二十二日，老摩根又盛情地發起了一次富豪聚會，地點在摩根名下著名的度假聖地：喬治亞州的哲基爾島。哲基爾島上有個獵鴨俱樂部，雖然野鴨不算什麼保護動物，可這裡作為一個打野鴨子的狩獵會所，顯得太高端神祕了。

該俱樂部提前撤換了所有的服務人員，安保工作嚴密緊張，更是不准任何記者狗仔隊接近小島，連受邀的嘉賓都必須用假名，登上一輛私人名義租下的火車，沿途緊閉窗簾，一路南下直接上島。

受邀的嘉賓名單就不用公布了，因為每一個拿出來都夠老百姓仰視、記者跟蹤的，而他們的權勢和控制的財富，也幾乎不能計算。

這些政界和金融界的大拿打鴨子打得悄無聲息，有一周的時間，島上幾乎沒有任何動靜。而就是這一周的會議，這些人制定了詳盡的美國央行成立法案，從此後，對這些頂級富豪來說，獵取全美國人的財富要比獵鴨子刺激多了。

從哲基爾島上的法案到美聯儲正式成立，財團寡頭們還是費了腦筋的：歷史上美國人民，尤其是中西部居民，對東部的金融寡頭是非常怨懟的，對華爾街更是痛恨、連帶絕對不接受中央銀行。那我們就不叫美利堅中央銀行，我們叫美國聯邦儲備系統；既然大家都不喜歡紐約，那就不會讓紐約的銀行一家獨大，找各地十二家銀行來組建這個系統，連總部都設在華盛頓，看起來跟紐約和華爾街毫無關係；為了顯得更像一個政府部門，美聯儲的當家和十二家銀行的董事必須由總統任命！提醒大家注意一個bug，這個所謂國家機構的美聯儲，除了由總統任命主席，其他任何事都是獨立的，也就是說，大小事，他們自己定奪，不用驚動國會！財團選舉推出總統，總統制定聯儲局主席，聯儲局決定美元的大小事，財團還堅持說聯儲局是個美國的國家機構，這真是一個完美的計畫。

一九一三年，十二月二十三日，新上任的威爾遜總統以驚人的速度簽下了參院剛剛通過的聯邦儲備法案，美聯儲在華爾街的歡呼中呱呱墜地了！簽字時的威爾遜在想什麼？或許是初入白宮的喜悅戰勝了所有的想法，他腦子或是空白的或是無奈的，晚年的回憶錄上，他寫到：我一時大意，摧毀了我的國家！沒錯，他讓一個國家失去了最重要的貨幣發行權！

陰謀論當道的時候，什麼都有陰謀。老摩根有錢後到處投資，「鐵達尼號」遊輪的大老闆就是摩根。「鐵達尼號」神祕沉沒，疑點甚多，除了老摩根的騙保理論，最嚇人的就是老摩根將他不願意出現在美聯儲核心機構的幾個人送上了船，讓他們葬身大海，死得無聲無息。最大的證據就是，世界第一豪華遊輪的下水典禮，還請了這麼多貴賓，作為主人家的老摩根居然沒上船，他當時的藉口又顯然站不住腳！敢下手讓兩千多人陪葬，有了這個故事墊底，美聯儲成立時的故事怎麼編都不能算離譜了。

在咱家，最「權威」（因為看的人多）的經濟書籍《貨幣戰爭》中，我們了解到，一九一三年的大選是陰謀、一九〇七年的美國經濟危機也是陰謀，所有的一切都是羅斯柴爾德家族一手操作的，摩根和洛克菲勒兩大財團也不過是羅家在北美的代言人，我們大概可以說，美聯儲這個魔嬰，是羅家的骨肉。

前面說到威爾遜一上任就完成兩件驚天動地的大事，另一件雖然比不上魔嬰降世來得震動，對後世美國的影響也是很大的。威爾遜是民主黨總統，雖然幕後財團糾纏不清，上任後的動作總要跟共和黨有所區別吧。共和黨一貫是支持高關稅的，威爾遜上臺後，降低了關稅。關稅一降低，政府收入就減少，虧空怎麼補？開徵所得稅啊。

大家都知道，從成立之初，在美國收稅就是個敏感話題，如果不敏感，美利堅都不能獨立了。所得稅能夠最終被美國人民接受，威爾遜和民主黨起了關鍵作用，他們非常聰明地選擇了對有錢人徵稅。即使是現在，美國兩黨在競選時，徵稅的議題依然是扯皮的主要項目，歐巴馬競選時，說的最多的就是向富人徵稅，這幾乎成了民主黨的一個核心思路了。

上任第一年，威爾遜很忙，可國際局勢一點兒也不體諒他，一九一四年，他會更忙。

（續下集）

世界歷史有一套之後發先至的美利堅／楊白勞著.
-- 一版.-- 臺北市：大地, 2016.02
面：　公分. --（History：85-86）

ISBN 978-986-402-095-9（上冊：平裝）
ISBN 978-986-402-096-6（下冊：平裝）

1. 美國史

752.1　　104029180

世界歷史有一套之後發先至的美利堅（上）

HISTORY 085

作　　者	楊白勞
發 行 人	吳錫清
主　　編	陳玟玟
出 版 者	大地出版社
社　　址	114台北市內湖區瑞光路358巷38弄36號4樓之2
劃撥帳號	50031946（戶名　大地出版社有限公司）
電　　話	02-26277749
傳　　真	02-26270895
E - mail	vastplai@ms45.hinet.net
網　　址	www.vastplain.com.tw
美術設計	普林特斯資訊股份有限公司
印 刷 者	普林特斯資訊股份有限公司
一版一刷	2016年2月

大地

定　　價：320元